Probst

Objektorientiertes Programmieren

Uwe Probst

Objektorientiertes Programmieren

Eine Einführung für die Ingenieurwissenschaften in C++

2., aktualisierte und erweiterte Auflage

HANSER

Dieses Buch ist in der Erstauflage unter dem Titel „Objektorientiertes Programmieren für Ingenieure – Anwendungen und Beispiele in C++“ erschienen.

Der Autor:

Prof. Dr.-Ing. Uwe Probst
Fachbereich Elektro- und Informationstechnik, Technische Hochschule Mittelhessen

Bibliografische Information der Deutschen Nationalbibliothek:
Die Deutsche Nationalbibliothek verzeichnet diese Publikation in der Deutschen Nationalbibliografie; detaillierte bibliografische Daten sind im Internet unter http://dnb.d-nb.de abrufbar.

www.hanser-fachbuch.de

Lektorat: Frank Katzenmayer
Herstellung: Frauke Schafft
Coverkonzept: Marc Müller-Bremer, www.rebranding.de, München
Titelmotiv: © shutterstock/ConceptCafe
Satz: Eberl & Koesel Studio, Kempten
Druck und Bindung: CPI books GmbH, Leck
Printed in Germany

Print-ISBN: 978-3-446-47651-6
E-Book-ISBN: 978-3-446-47838-1

Vorwort

In den vergangenen Jahren haben sich Bachelor- und Masterprogramme in vielen Fachrichtungen an den deutschen Hochschulen etabliert. Der Stellenwert studentischer Eigenarbeit hat sich durch die Verkürzung der Präsenzphasen im Zuge des Bologna-Prozesses sowie durch tiefgreifende Umwälzungen im Zuge der Corona-Pandemie stetig gesteigert. Ein solches Selbststudium anhand von übersichtlichen Übungen zielgerichtet zu strukturieren sowie mit klaren Beispielen zu begleiten, ist wesentliches Ziel der zweiten Auflage dieses Buches. Die Inhalte basieren auf den Modulen „Softwareentwicklung" und „Höhere Informatik", die ich seit vielen Jahren für Bachelor- und Masterstudierende der Elektrotechnik an der Technischen Hochschule Mittelhessen anbiete.

Die ersten vier Kapitel widmen sich den grundlegenden Paradigmen der objektorientierten Programmierung, erläutern Schlüsselkonzepte anhand des Vergleiches von C++ mit der rein prozeduralen Sprache C und illustrieren wichtige Anwendungsbereiche anhand zahlreicher Beispiele. Ein wichtiges Hilfsmittel der Softwareentwicklung ist die Beschreibungssprache UML, die im Entwicklungsprozess durchgängig verwendet wird. Die bewusste Konzentration auf beispielhafte Aufgabenstellungen aus der Welt der Elektroingenieur:innen soll die praktische Anwendung der vorgestellten Programmiertechniken sowie der UML-Diagramme in diesen Themengebieten veranschaulichen.

Im fünften Kapitel stehen Programmiertechniken im Vordergrund. Zunächst werden die sogenannten fünf Phasen der Softwareentwicklung vorgestellt, in die ein Softwareprojekt grundsätzlich gegliedert werden sollte. In diesem Zusammenhang werden auch Vorgehensmodelle für die Softwareentwicklung besprochen, die zurzeit kommerzielle Anwendung finden. Sie legen fest, in welcher Reihenfolge die einzelnen Phasen durchlaufen werden und in welcher Beziehung sie zueinander stehen.

Eine bewährte Methode professioneller Softwareentwicklung ist es, vorhandene und geprüfte Lösungsansätze auf neue Aufgabenstellungen zu übertragen. Diese Technik ist unter dem Oberbegriff Entwurfsmuster bekannt. Anhand von Problemstellungen wird die Grundidee solcher Muster am Beispiel von drei Vertretern erläutert.

Wichtige Klassenbibliotheken sind Gegenstand des sechsten Kapitels. Zunächst wird das Konzept der Templates (Vorlagen, Schablonen) eingeführt. Sie bilden die Basis der Klassen und Algorithmen in der Standard Template Library (STL). Großen Raum in diesem Abschnitt nimmt die Erstellung grafischer Nutzeroberflächen (Graphical User Interfaces, GUIs) ein. Sogenannte GUI-Klassen sind jedoch nicht standardisiert, sondern stehen in proprietären Bibliotheken unterschiedlicher Hersteller zur Verfügung. In diesem Buch werden die Microsoft Foundation Classes (MFC) verwendet. Den Abschluss bildet ein Abschnitt zum Model-View-Controller-Muster (MVC), das seine Stärke in der Entwicklung von Anwendungen mit grafischer Nutzeroberfläche zeigt.

Im siebten Kapitel werden die Lerninhalte aller vorausgehenden Abschnitte auf mehrere Aufgabenstellungen angewandt. Bei diesen Programmen handelt es sich durchweg um Applikationen, welche die Leser:innen während ihres Studiums einsetzen und ggf. anhand eigener Fragestellungen und Interessen erweitern können.

Für alle behandelten Themengebiete enthält das Buch neben vielen Beispielen eine Fülle von Übungsaufgaben mit Lösungen. Wesentliche Teile der Lösungen sind am Ende des zugehörigen Hauptkapitels abgedruckt, ausführliche Lösungsvorschläge können Sie online abrufen. Zudem finden Sie die Programmierübungen als komplette kompilierfähige Projekte für Microsoft Visual Studio Community 2022 zu diesem Buch auf den unten genannten Websites. Die Kompilierung mit anderen Versionen dieses Entwicklungssystems stellt kein Problem dar, da die Projekte entsprechend konvertiert werden können. Sofern lediglich Compiler anderer Hersteller verfügbar sind, können die Quellcode- und Headerdateien der Konsolenanwendungen aus den Projekten isoliert und in die anderen Systeme übertragen werden. Für grafische Oberflächen geht dies aufgrund der herstellerspezifischen Klassenbibliotheken allerdings nicht.

Dieses Buch richtet sich gleichermaßen an Studierende der Elektrotechnik und Mitarbeiter:innen an Universitäten und Fachhochschulen sowie an Ingenieur:innen in der Praxis, die das objektorientierte Programmieren und die zugrunde liegenden Konzepte anhand von elektrotechnischen Fragestellungen erlernen oder vertiefen wollen.

Ich danke allen Personen, die zu diesem Buch beigetragen haben, für ihre kreativen Anregungen und Vorschläge. Ein ganz besonderer Dank gebührt Dr. Malte Probst, der das Manuskript Korrektur gelesen und an entscheidenden Stellen in die vorliegende Form gebracht hat.

Gießen, im April 2023 *Uwe Probst*

Sie finden die ausführlichen Lösungsvorschläge zu den Übungsaufgaben sowie die kompilierfähigen Projekte zu den Programmierübungen unter:
https://www.thm.de/ei/uwe-probst/lehrbuecher#vorlesung-softwareentwicklung ■

Inhalt

1 Einleitung

Viele Maschinen und Anlagen im Bereich der industriellen Fertigung weisen einen hohen Anteil an Software auf. Die dort eingesetzten Programme bilden einen wesentlichen Teil des Hersteller-Know-hows und sind eng mit dem elektrischen bzw. mechatronischen Gesamtsystem verknüpft. Der Konzeption, Erstellung und Pflege dieser Programme kommt damit eine hohe Bedeutung zu. Praktisch alle Ingenieure und Naturwissenschaftler, die mit der Entwicklung und dem Vertrieb technischer Anlagen befasst sind, müssen daher ausreichende Programmierkenntnisse besitzen. Dies gilt auch dann, wenn sie nicht selbst programmieren, sondern Entwicklungsprozesse vorwiegend koordinieren. In diesem Fall sind grundlegende Kenntnisse der Softwareentwicklungsprozesse und der ihnen zugrunde liegenden Methoden und Konzepte unerlässlich.

Dieses Buch richtet sich daher an Studierende der Ingenieur- und Naturwissenschaften und an Absolventen, die bereits im Berufsleben stehen. Nach der Einleitung ist der Einstieg - abhängig von den individuellen Vorkenntnissen - an unterschiedlichen Stellen sinnvoll. Lesenden, die vorwiegend Erfahrungen mit prozeduraler Programmierung haben, wird ein Beginn mit Kapitel 2 empfohlen. Sofern bereits grundlegende Kenntnisse der objektorientierten Programmierung vorhanden sind, können die Kapitel 2 und 3 zunächst übersprungen und mit Kapitel 4 begonnen werden.

In Kapitel 2 werden wichtige nicht objektorientierte Erweiterungen von C zu C++ erläutert. Hierunter fallen sowohl Neuerungen für Funktionen unter den Stichworten variable Parameterliste, Überladen, Ausnahmebehandlung (Exceptions) und *inline* als auch der neue Datentyp *bool* sowie Referenzen, die für den effizienten Datenaustausch zwischen Funktionen große Bedeutung gewonnen haben.

Ein wesentliches Ziel der modernen objektorientierten Programmierung (OOP) ist es, eine gute Wiederverwendbarkeit bereits vorhandener Programmteile zu erreichen und zu unterstützen. Dies erfordert die Trennung des Programmcodes in *Schnittstelle* und *Implementierung*. Hauptthema in Kapitel 3 ist daher die Erläuterung der beiden wichtigen OOP-Paradigmen Geheimnisprinzip und Vererbung.

Kapitel 4 ist der dynamischen Speicherverwaltung gewidmet. Sie ermöglicht es, zur Programmlaufzeit eine beliebige Anzahl neuer Objekte anzulegen und ist damit essentiell für viele Anwendungen. Neben der Beschreibung der Vorgehensweise werden Datenstrukturen besprochen, die den Umgang mit solchen Objekten erleichtern. In diesem Zusammenhang wird auch das Thema Vielgestaltigkeit (Polymorphie) an Beispielen erörtert.

Um das Vorgehen zu strukturieren, wird die Softwareentwicklung in einzelne Phasen gegliedert. Zur Beschreibung des Ablaufs werden sogenannte Vorgehensmodelle verwendet, die die zeitliche Abfolge der einzelnen Phasen festlegen.

Moderne, leistungsfähige Softwareprodukte und die dafür erforderlichen Entwicklungsprozesse müssen einer ganzen Reihe von Anforderungen gerecht werden, um technisch und ökonomisch wettbewerbsfähig zu sein. Betrachtet man den Aufbau moderner Anwendungen eingehend, stellt man fest, dass vergleichbare Produkte oft einen ähnlichen Aufbau haben, der sich bewährt hat. So sind PKWs meist vierrädrig, haben zwischen 5 und 7 Sitze und eine Motorleistung bis zu 140 kW. Nahezu alle Einfamilienhäuser weisen – unabhängig vom jeweiligen Architektenentwurf – neben Wohn-, Ess- und Schlafzimmer noch zwei bis drei Kinderzimmer, Küche und Bad auf. Auf die Softwareentwicklung werden diese Prinzipien unter dem Stichwort Entwurfsmuster übertragen. Hierbei handelt es sich um etwa 25 unterschiedliche Softwarearchitekturen. Jede dieser Lösungen ist auf ganz bestimmte Anwendungen zugeschnitten. Unter dem Stichwort Softwaretechnik werden verschiedene Vorgehensmodelle und einige Entwurfsmuster in Kapitel 5 besprochen.

Um die Anwenderwünsche während der Analysephase eines Softwareprojekts möglichst präzise zu erfassen, ist eine exakte Beschreibung der zu implementierenden Module unerlässlich. Sie stellt gewissermaßen das Fundament des späteren Programms bereit. In der Praxis verwendet man hierzu die moderne Beschreibungssprache UML, die anhand von Beispielen erläutert wird. Dies erfolgt nicht in einem separaten Kapitel, sondern immer dann, wenn neue Sprachelemente eingeführt werden. Auf diese Weise werden innerhalb der einzelnen Kapitel wesentliche Diagrammtypen der UML vorgestellt und exemplarisch angewendet.

Mithilfe der prozeduralen Programmierung können die wesentlichen genannten Forderungen aufgrund systematischer Einschränkungen nicht konsequent umgesetzt werden. Möglich wird dies mit dem objektorientierten Ansatz, der sowohl beim Erfassen der Anforderungen als auch in der Entwurfs- und Implementierungsphase zum Einsatz kommt. Ein unverzichtbares Hilfsmittel stellen fertige objektorientierte Bibliotheken dar, die häufig auf Vorlagen und Schablonen basieren. Beispiele für solche Bibliotheken sind die C++-Standardbibliothek (STL) sowie die Microsoft Foundation Classes (MFC), die beide in Kapitel 6 besprochen werden. Letztere bildet eine mögliche Grundlage zur Erstellung grafischer Oberflächen.

Den Abschluss bilden ingenieurwissenschaftliche Programmierbeispiele in Kapitel 7.

Die wesentlichen Sprachelemente der Programmiersprache C werden für das Verständnis des Buches vorausgesetzt (z. B. Arrays, Zeiger, Parameterübergabe bei Funktionen, Schleifen und Kontrollstrukturen). Alle Beispielprogramme wurden mit Visual Studio 2022 entwickelt und getestet. Auf der Webseite zum Buch können diese Beispiele einzeln heruntergeladen werden. Grundsätzlich sollten die Quellcodes der *.cpp-Dateien – mit Ausnahme der Beispiele in den Kapiteln 6 und 7, die herstellerspezifische Bibliotheken nutzen – auch mit anderen Compilern erfolgreich übersetzt werden können.

Die dargestellten Beispiele sollen jeweils gewisse Aspekte verdeutlichen und erheben nicht den Anspruch von Robustheit und Zuverlässigkeit. Man kann alles anders und besser machen.

2 Von C zu C++

Im Vergleich zur Sprache C enthält C++ eine ganze Reihe von Verbesserungen und Weiterentwicklungen, die nicht unmittelbar mit den objektorientierten Programmkonzepten zusammenhängen. Eine Auswahl dieser Erweiterungen wird nachfolgend besprochen.

2.1 Neues zu Funktionen

Lernziele

Der/die Lernende

- nutzt eine variable Parameterliste zur Vereinfachung der Schnittstelle,
- wendet die Technik des Überladens auf Funktionen an,
- erkennt die Vorteile von Funktionsschablonen.

2.1.1 Funktionen mit variabler Parameterliste

In C++ ist es möglich, dass man für einige der Funktionsparameter Standardwerte vorgibt. Werden die Parameter beim Aufruf nicht explizit vorgegeben, verwendet die Funktion automatisch die Standardwerte. Parameter dieser Art müssen am Ende der Parameterliste platziert werden:

```
void inkrement(int *x, int step=1) {
    *x += step;
}
void main(void) {
    int wert = 0;
    inkrement (&wert, 2);          // individuelle Angabe der Schrittweite: 2
    inkrement(&wert);              // Schrittweite nicht angegeben: 1
}
```

Die Funktion *inkrement(int *x, int step=1)* verwendet zwei Parameter. Der Parameter *step* wird mit dem Wert 1 vorbelegt. Der erste Aufruf von *inkrement* setzt *step* auf den Wert 2. Beim zweiten Aufruf wird dagegen nur der Zeiger übergeben. Da *step* nicht spezifiziert wurde, wird hier mit dem Standardwert 1 gearbeitet.

Standardwerte für Funktionsparameter werden mittels Zuweisungsoperator („=") den formalen Parametern nachgestellt. Dabei gilt, dass nach einem Parameter mit Standardwert nur noch Parameter folgen dürfen, welchen ebenfalls ein Standardwert zugewiesen ist.

2.1.2 Überladen

Nach Möglichkeit sollten sprechende Funktionsnamen vergeben werden, so dass aus dem Namen hervorgeht, was die Funktion leistet. Hin und wieder muss die gleiche Funktion mit verschiedenen Datentypen arbeiten; allein deswegen musste in C der Name der Funktion angepasst werden.

Beispiel 2.1 Bestimmen des größten Wertes in einem *int*-Feld

Schreiben Sie die Funktion *int maxFinden(int feld[], int laenge)*, die den Wert des größten Feldelements als Rückgabewert liefert.

Lösung:

```
int maxFinden(int feld[], int laenge) {
    int max = feld[0];
    for (int i = 0; i < laenge; i++) {
       if (feld[i] > max)
               max = feld[i];
    }
    return max;
}
```

■

Sofern eine weitere Funktion zusätzlich zu der aus Beispiel 2.1 erforderlich wird, die z.B. ein Feld von *double*-Variablen durchsucht, wird die Technik des Überladens eingesetzt: Es wird eine Funktion gleichen Namens erstellt, die sich in der Parameterliste von der bereits vorhandenen Funktion unterscheidet.

Beispiel 2.2 Bestimmen des größten Wertes in einem *double*-Feld

Schreiben Sie die Funktion *double maxFinden(double feld[], int laenge)*, das den Wert des größten Feldelements als Rückgabewert liefert.

Lösung:

```
double maxFinden(double feld[], int laenge) {
    double max = feld[0];
    for (int i = 0; i < laenge; i++) {
       if (feld[i] > max)
               max = feld[i];
    }
    return max;
}
```

■

In nachfolgendem Programmfragment kann der Compiler sehr wohl unterscheiden, dass an der Stelle // 1 die Funktion *maxFinden* für *int*-Felder und bei // 2 eine Funktion gleichen Namens, aber für Felder vom Typ *double* aufgerufen werden soll.

```
int zahlenfeld[10] = {1,6,2,9,-12,5,23,45,-45,14};
cout <<endl <<"Max. Wert = " <<maxFinden(zahlenfeld, 10);     // 1
double wertefeld[10] ={3.1,-6.3,5.7,12.9,5.78,-3.56,23.9,3.3,6.5,1.2};
cout <<endl <<"Max. Wert = " <<maxFinden(wertefeld, 10);     // 2
```

Unter C++ werden Funktionen nicht allein über den Funktionsnamen erkannt, sondern durch die eindeutige Kombination von Funktionsname und Anzahl sowie Datentyp der formalen Parameter der Parameterliste. Man spricht in diesem Zusammenhang vom Überladen (overloading) von Funktionsnamen. ■

Das Überladen von Funktionen kann mit mehrdeutigen Begriffen verglichen werden. Die jeweilige Bedeutung von umgangssprachlichen Homonymen erschließt sich aus dem Kontext, in dem die Begriffe verwendet werden: Aus der Aussage „ich setze mich auf die Bank“ geht klar hervor, dass die Parkbank und nicht etwa ein Geldinstitut gemeint ist.

Ähnlich wird bei überladenen Funktionen aus dem „Sinnzusammenhang“, d. h. aus Anzahl und Datentyp der übergebenen Parameter, darauf geschlossen, welche der vorliegenden gleichnamigen Funktionen aufgerufen werden soll.

2.1.3 Inline-Funktionen

Beim Aufruf einer Funktion müssen eine ganze Reihe von Maßnahmen durchgeführt werden:

- Kopieren der Aufrufparameter und der Rücksprungadresse auf den Stack
- Ausführen des Unterprogrammaufrufs
- nach Ende der Funktion Sprung zur Rücksprungadresse, die auf dem Stack liegt
- ggf. Lesen des Rückgabewerts vom Stack
- Freigabe des für den Funktionsaufruf verwendeten Stackbereichs

Dieser Aufwand ist für kurze Funktionen häufig höher als die Ausführung des eigentlichen Funktionscodes. In C++ gibt es die Möglichkeit, Funktionen als *inline* zu deklarieren. Der Compiler sollte bei *inline*-Funktionen den Funktionscode an die Stelle des Aufrufs kopieren, so dass kein Funktionsaufruf mehr benötigt wird. Die Effizienz einer *inline*-Funktion entspricht dann der Effizienz eines Makroaufrufs.

Listing 2.1 Definition einer *inline*-Funktion

```
inline int max(int x, int y) {
    return (x>y?x:y);
}
```

Allerdings ist die Angabe von *inline* lediglich ein Hinweis an den Compiler, den Funktionscode zu kopieren. Er entscheidet, ob solch eine Funktion mittels normalem Funktionsaufruf oder als *inline* implementiert wird.

2.2 Referenzen

Lernziele

Der/die Lernende

- unterscheidet Referenzen und Zeiger,
- wendet Referenzen zur Parameterübergabe an Funktionen an.

2.2.1 Definition

Während man in C auf Variablen entweder direkt über ihren Namen oder indirekt über Zeiger zugreifen kann, gibt es in C++ mit den Referenzen eine dritte Möglichkeit. Referenzen stellen einen zweiten Zugang, einen alternativen Namen, für die Nutzung von Variablen zur Verfügung. Wichtigstes Einsatzgebiet für Referenzen sind die Parameterübergabe bei Funktionsaufrufen und die Rückgabe berechneter Werte durch Funktionen.

Beispiel 2.3 Vertauschen zweier Werte

Gebräuchliche Sortieralgorithmen verwenden an zentraler Stelle das Vertauschen zweier Variablenwerte. Schreiben Sie eine Funktion *vertausche(int _x, int _y)*, die die Werte der als Parameter übergebenen Variablen miteinander vertauscht.

```
void main(void) {
    int a = 3, b = 5;
    cout <<"a: " << a <<" b: " <<b <<endl;
    vertausche(a, b);
    cout <<"a: " << a <<" b: " <<b <<endl;
}
```

Lösungsversuch 1:

```
void vertausche(int _x, int _y) {
    int zw = _y;
    _y = _x;
    _x = zw;
}
```

Der erfahrene Programmierer versteht sofort, dass die vorliegende Lösung mit *call by value* arbeitet und nicht korrekt funktionieren kann: Bei dieser Wertübergabe werden Kopien der Variablen *a* und *b* an die Funktion *vertausche* übergeben. Der in der Funktion ablaufende Algorithmus beeinflusst nur die Kopien, nicht aber die Originalwerte von *a* und *b*. Das Vertauschen ist nicht erfolgreich.

Lösungsversuch 2:

Um die Aufgabe erfolgreich anzugehen, muss mit einer Parameterübergabe *call by reference* gearbeitet werden. Dies gelingt durch Verwendung von Zeigern:

```
void vertausche(int * _x, int * _y) {
    int zw = * _y;
    * _y = * _x;
    * _x = zw;
}
```

Diese Lösung funktioniert, wenn der Funktionsaufruf *vertausche(a, b)* im obigen Programmfragment mit Zeigern formuliert und durch *vertausche (&a, &b)* ersetzt wird. Allerdings ist die Programmierung mithilfe von Zeigern aufgrund der indirekten Adressierung komplex und daher fehleranfällig. ■

Durch den Einsatz von Referenzen gelingt es, eine Parameterübergabe der Art *call by reference* zu programmieren, ohne dass Zeiger verwendet werden müssen.

Die Definition von Referenzen erfolgt mit dem &-Zeichen. Referenzen müssen – im Gegensatz zu anderen Variablen – unmittelbar bei der Definition initialisiert werden. Auf das referenzierte Objekt kann im Anschluss sowohl über seinen ursprünglichen Namen als auch über die Referenz in gleicher Art und Weise zugegriffen werden:

```
int zahl = 15;            // Variable zahl vereinbaren
int &rZahl = zahl;        // rZahl ist eine Referenz auf zahl
int x = rZahl;            // x erhält den Wert von zahl
rZahl = 2;                // zahl wird (über die Referenz) der Wert 2 zugewiesen
```

Der Umgang mit Referenzen ist i. A. einfacher als der mit Zeigern. Zwischen den beiden Zugängen existieren zwei wesentliche Unterschiede, wie anhand des nachfolgenden Fragments deutlich wird:

```
int y, z;
int &refAufY = y;
int * ptr = &y;
ptr = &z;                 // 1
ptr++;                    // 2
*ptr = 5;                 // 3
refAufY = 18;             // 4
```

- Der Zeiger *ptr* kann mit // 1 bzw. // 2 zur Laufzeit des Programms noch verändert werden, die Referenz *refAufY* jedoch nicht!
- Beim Zeiger wird aufgrund des Zugriffs // 3 sofort ersichtlich, dass es sich um einen Verweis auf diejenige Speicherzelle handelt, auf die *ptr* zeigt. Bei Verwendung der Referenz in // 4 ist nicht sofort deutlich, dass *y* den Wert 18 zugewiesen bekommt.

Eine Referenz muss unmittelbar bei ihrer Definition initialisiert werden. Sie ist im Prinzip ein konstanter Zeiger auf eine andere Variable. Die Bindung der Referenz an die Variable kann nach der Initialisierung nicht mehr gelöst oder verändert werden. ■

2.2.2 Referenzen und Funktionen

Referenzen als Funktionsparameter

Liefert eine Funktion einen einzelnen Rückgabewert, so wird dieser mittels der *return*-Anweisung identifiziert. Funktionen, die mehr als einen Rückgabewert berechnen, müssen die Rückgabe über die Funktionsparameter vornehmen. Dies bedeutet, dass die zu verändernden Variablen der Funktion mit *call by reference* als Parameter übergeben werden müssen.

Dies gelingt in der Sprache C nur, wenn die Parameterübergabe mittels Zeigern realisiert wird.

Übung 2.1

Schreiben Sie eine Funktion, die die Lösung einer quadratischen Gleichung mithilfe der pq-Formel ermittelt:

$$0 = x^2 + p \cdot x + q \qquad \Rightarrow \qquad x_{1,2} = -\frac{p}{2} \pm \frac{1}{2} \cdot \sqrt{p^2 - 4 \cdot q}$$

■

Übung 2.2

Gegeben ist die Funktion *reziprok(double& _r)*, die den Parameter *_r* durch seinen Kehrwert ersetzt. Der Parameter *_r* wird als Referenz übergeben.

```
void reziprok(double& _r) {
    _r = 1./_r;
}
```

Beurteilen Sie, welche Ergebnisse von nachfolgendem Programmfragment berechnet werden und welche Aufrufe zulässig sind.

```
#include <iostream>
void main() {
    double x = 0.25;
    reziprok(x);
    cout << x;
    reziprok(0.2);
}
```

■

Referenzen als Rückgabewerte

Referenzen können auch als Rückgabewerte von Funktionen verwendet werden. Dies lohnt sich dann, wenn die Rückgabewerte große Objekte sind, deren Kopieren zeitaufwendig wäre. Allerdings ist Vorsicht geboten: Die Rückgabe von Referenzen auf lokale Variablen von Funktionen ist nach Beispiel 2.4 gefährlich.

Beispiel 2.4 Rückgabe von Referenzen auf lokale Variablen

Schreiben Sie die Funktion *double & betragBerechnen(Complex _c)*, die den Betrag der als Parameter übergebenen komplexen Zahl *_c* berechnet.

Lösung:

```
double & betragBerechnen(Complex _c) {
    double betrag;          // Lokale Variable anlegen
    betrag = sqrt(_c.real * _c.real + _c.imag * _c.imag);
    return betrag;          // Referenz auf lokale Variable zurückliefern
}
```

Die Variable *betrag* wird auf dem Stack angelegt; nach dem Ende der Funktion *betragBerechnen()* wird sie vom Stack gelöscht und besitzt daher keine Gültigkeit mehr. Die Variable *betragVonC1* des Hauptprogramms erhält somit eine Referenz auf ein **ungültiges** Objekt.

```
#include <iostream>
using namespace std;
void main() {
    Complex c1 = {3, 4};            // c1 wird auf dem Stack angelegt
    double &betragVonC1 = betragBerechnen(c1);
    cout <<endl << "|c1|: ";        // verändert den Stack dort, wo die
                                    // lokale Variable betrag gelegen hat
    cout << betragVonC1<< endl;     // Ausgabe des falschen Wertes
}
```

Im Hauptprogramm wird die Referenz auf das lokale Objekt *betrag* in der Referenz *betragVonC1* gespeichert. Die nachfolgende Ausgabe der Zeichenkette verwendet den Stack und überschreibt dabei das jetzt ungültige Objekt *betrag*. Die sich anschließende Ausgabe des ungültigen Objektwerts mittels der Referenz *betragVonC1* wird mit hoher Wahrscheinlichkeit nicht den korrekten Wert 5 ausgeben.

Das vollständige Programm „Referenzen“ finden Sie unter
https://www.thm.de/ei/uwe-probst/lehrbuecher#vorlesung-softwareentwicklung

Ein guter Compiler wird beim Übersetzen der Funktion *betragBerechnen()* vor der Rückgabe einer Referenz auf eine lokale Variable warnen. Bei sorgfältiger Beachtung der Compiler-Warnungen können solche Fehler frühzeitig erkannt werden. Im Zusammenhang mit Klassen werden Referenzen im Kapitel 3 weiter vertieft werden.

2.3 Datentyp *bool*

Für boolesche Variablen steht in C++ der eingebaute Datentyp *bool* zur Verfügung. Eine Variable dieses Typs speichert einen Wahrheitswert, der entweder richtig *(true)* oder falsch *(false)* sein kann. In C++ sind *true* und *false* Schlüsselbegriffe.

Beispiel 2.5 Anwendung von Variablen des Typs bool

Das nachfolgende Programmfragment illustriert mögliche Zuweisungen an *bool*-Variablen. Neben direkten Zuweisungen ist auch die Berechnung von logischen Ausdrücken zulässig.

```
bool a,b,c;
int i;
// mögliche Zuweisungen von true
a = true;
a = 17;          // a wird zu true
a = (1<2);       // der log. Ausdruck 1 < 2 ist true, damit wird a true
// mögliche Zuweisungen von false
b = false;
b = 0;           // b wird zu false
b = (1>2);       // der log. Ausdruck 1 < 2 ist false, damit wird b false
c = a & b;       // c ist false, da b == false und a == true
i = a;           // i wird zu 1
i = c;           // i wird zu 0
```

■

Aus Beispiel 2.5 leitet man folgende Regeln für die Verwendung von *bool*-Variablen ab:

- Wird ein *int*-Wert einer *bool*-Variablen zugewiesen, so erhält sie den Wert *true*, sofern die *int*-Variable einen Wert ungleich 0 hat. Ist der *int*-Wert 0, so erhält die *bool*-Variable den Wert *false.*
- Wird ein *bool*-Wert einer *int*-Variablen zugewiesen, so erhält diese bei *false* den Wert 0 und bei *true* den Wert 1.
- In arithmetischen und logischen Ausdrücken wird implizit ein *bool*-Wert in einen *int*-Wert konvertiert.
- Wird das Ergebnis eines arithmetischen Ausdrucks einer *bool*-Variablen zugewiesen, erfolgt implizit die Konvertierung von *int* nach *bool.*

2.4 Namensbereiche

Namensbereiche (name spaces) vermeiden Konflikte bei globalen Objekten bzw. Funktionen. Ein Namensbereich wird durch das Schlüsselwort *namespace* sowie einen nachfolgenden Bezeichner eingeleitet. Es folgt ein Block mit Definitionen, die dem Namensbereich zugeordnet werden.

Beispiel 2.6 Namensbereiche

In diesem Beispiel werden die beiden Namensbereiche *autor1* und *autor2* angelegt. In jedem der Namensbereiche und auch außerhalb eines speziellen Namensbereiches werden gleichnamige Variablen und Funktionen definiert.

```
namespace autor1{          // Namensbereich "autor1"
    int wert = -28;
    void ausgabe (int _w){
       cout <<endl <<"Die Ausgabe lautet: " <<_w;
    }
}
namespace autor2{          // Namensbereich "autor2"
    double wert = 12;
    void ausgabe (double _w){
       cout <<endl <<"Wert: " <<_w;
    }
}
int wert = 96;             // außerhalb eines speziellen Namensbereiches
void ausgabe (int _wert){
    cout <<endl <<"Ausgabewert: " <<_wert;
}
```

Im Hauptprogramm muss der Compiler wissen, welche der drei Funktionen namens *ausgabe* jeweils gemeint ist. Dies geschieht durch Angabe des Namensraumes, der dem Funktionsnamen vorangestellt und durch den '::'-Operator von ihm getrennt wird. Die Funktion, die außerhalb eines speziellen Namensraumes definiert wurde, wird wie gewohnt aufgerufen.

```
void main(void) {
    int zahl = 34;
    autor1::ausgabe(zahl);              // 1 Die Ausgabe lautet: 34
    autor2::ausgabe(autor1::wert);      // 2 Wert: -28
    autor1::ausgabe(autor2::wert);      // 3 Die Ausgabe lautet: 12
    ausgabe(wert);                      // 4 Ausgabewert: 96
}
```

Bei // 1 wird die Funktion aus Namensbereich *autor1* mit der lokalen Variable *zahl* als Parameter aktiviert. Unter // 2 wird *ausgabe* aus *autor2* mit der Variable *wert* aus Namensbereich *autor1* verwendet. Im Fall // 3 kommt wieder *ausgabe* aus Namensbereich *autor1* zum Einsatz, diesmal jedoch mit der Variable *wert* aus dem Namensbereich *autor2*. Zuletzt wird bei // 4 die Funktion *ausgabe* mit der globalen Variable *wert* benutzt.

■

In Beispiel 2.6 erfolgen zwar gleichnamige Definitionen von Variablen und Funktionen, allerdings in unterschiedlichen Namensbereichen. Dadurch ist die Verwechslungsgefahr mit gleichnamigen Definitionen in anderen oder außerhalb von Namensbereichen gering.

Ein Namensbereich muss nicht in einem einzelnen Block vereinbart werden, sondern lässt sich bei Bedarf erweitern: Wenn die nachfolgende Anweisung hinter der Definition des Namensbereichs *autor2* angeordnet wird, fügt sie dem Namensbereich *autor1* die Variable *fehler* hinzu:

```
namespace autor1{
    int fehler;
}
```

Gelegentlich ist es nützlich, den gesamten Namensbereich mit der *using*-Direktive zu deklarieren:

```
using namespace autor1;
// ab hier können alle Objekte des Namensbereiches autor1
// normal verwendet werden
```

Dieses Vorgehen wird häufig für die Ein-/Ausgabefunktionalitäten benutzt, die sämtlich im Namensbereich *std* definiert worden sind.

2.5 Ein- und Ausgabe

Lernziele

Der/die Lernende

- versteht den Begriff des Ein- und Ausgabestroms,
- wendet die Mechanismen der objektorientierten Ein- und Ausgabe an,
- überträgt diese Mechanismen auf den Umgang mit Dateien.

C++ verwendet zur Ein-/Ausgabe einheitliche Ströme von Zeichen - die sogenannten Streams. Sie bilden die Schnittstelle zwischen dem Prozessor und seiner Peripherie und ermöglichen den Datenaustausch mit Bildschirm, Tastatur, Drucker, Scanner, Datei und Netzwerk.

Die Basis für alle Ein- und Ausgabeoperationen bilden Datenströme von Zeichen. Auf der untersten Ebene wird ein solcher Stream als Folge von Bytes aufgefasst: Von einem Input-Stream werden einzelne Zeichen eines Eingabegerätes eingelesen. Auf einen Output-Stream können Daten Zeichen für Zeichen ausgegeben werden. Diese Methoden sind universell auf allen Plattformen verfügbar. Ein Programm, das nur diese Ein- und Ausgabetechnik benutzt, läuft demnach auf verschiedenen Rechnerarchitekturen oder Betriebssystemen.

Die *iostream*-Bibliothek stellt die erforderlichen Ein- und Ausgabefunktionen für jeden Standard-Datentyp zur Verfügung.

2.5.1 Standardausgabe

Die Standardausgabe erfolgt in C++ über einen Stream, der durch den Namen *cout* vordefiniert ist. Ausgaben über den Stream nutzen den Operator <<, der Ausgabeoperator genannt wird und nicht mit dem „Schieben nach links" verwechselt werden darf.

Die unterschiedliche Funktionalität zwischen Schiebeoperationen und Ausgeben wird durch Überladen des Operators für Stream-Datentypen erreicht. Eine typische Bildschirmausgabe mithilfe des Streams *cout* zeigt Beispiel 2.7.

Beispiel 2.7 Ausgabe mit *cout*

Eine Ausgabe unter C++ erfolgt mithilfe des Operators << und der Angabe des Stroms. Die Bibliothek *iostream* muss eingebunden werden.

```
#include <iostream>        // iostream-Bibliothek einbinden
using namespace std;       // Namensbereich std verwenden
void main(void) {
    cout << "Hello World\n";
}
```

■

Über einen Stream können neben Texten auch alle Standard-Datentypen von C++ ausgegeben werden. Das lästige Formatieren der Ausgabe, das bei *printf()* erforderlich war, entfällt, da der Operator << für die Standard-Datentypen überladen ist.

Soll etwa das Quadrat des Wertes einer Variablen k ausgegeben werden, wird dies folgendermaßen erreicht:

```
int k = 13;
cout << "Das Quadrat von";
cout << k;
cout << "ist";
cout << k*k;               // der Ausdruck k*k wird zunächst berechnet
                           // und das Ergebnis dann ausgegeben
cout << "\n";
```

Der Ausgabeoperator wird von links nach rechts abgearbeitet. Daher kann die Ausgabe in einer Zeile und zu einer Anweisung zusammengefasst werden.

```
int k = 13;
cout << "Das Quadrat von" << k << "ist" << k*k << "\n";
```

Formatierung der Ausgabe

Zur Formatierung der Ausgabe werden Manipulatoren verwendet, die in den Ausgabestrom eingefügt werden. Sie beeinflussen den Ausgabestrom entweder dauerhaft oder nur für die unmittelbar folgende Ausgabe. In gleicher Weise können sie ebenso für Dateiströme benutzt werden. Eine Übersicht über einige Manipulatoren wird in Tabelle 2.1 gegeben. Weitergehende Informationen finden sich in [Lang03], [Erl04].

Tabelle 2.1 Manipulatoren für Ausgabeströme; die mit 1) gekennzeichneten Manipulatoren erfordern die Einbindung von <iomanip>

Manipulator	Gültigkeit	Bedeutung
flush	-	Ausgabedaten sofort ausgeben (Ausgabepuffer leeren)
endl	-	'\n' ausgeben mit anschließendem flush
dec	permanent	dezimale Zahlendarstellung
hex	permanent	hexadezimale Zahlendarstellung
setbase(int b) [1)]	permanent	Integerwert zur Basis b ausgeben. Gültige Werte für b sind: 8, 10, 16
setw(int n) [1)]	nächste Ausgabe	bestimmt die minimale Breite des Ausgabefeldes
setfill(int c) [1)]	nächste Ausgabe	legt Füllzeichen zum Auffüllen des Ausgabefeldes fest
setprecision(int n) [1)]	permanent	Anzahl der gültigen Ziffern bei der Ausgabe von Gleitkommawerten

Beispiel 2.8

Geben Sie an, welche Ausgabe durch nachfolgendes Programmfragment erzeugt wird.

```
#include <iostream>
#include <iomanip>
void main(void) {
    cout << "1: " << dec << 17 << endl;
    cout << "2: " << hex << 17 << endl;
    cout << "3: " << setbase(10) << 17 << endl;
    cout << "4: " << setw(10) << setfill('-') << "Hallo" << endl;
    cout << "5: " << 1.1234567890123 << endl;
    cout << "6: " << setprecision(10) << 1.1234567890123 << endl;
}
```

Lösung:

Das Programm führt zur nachfolgenden Ausgabe. An Position 5 erfolgt die Ausgabe mit der Standardbreite von 6 Nachkommastellen inkl. Dezimalpunkt. Diese wird an Position 6 durch den Manipulator *setprecision(10)* auf die Breite 10 geändert.

```
1: 17
2: 11
3: 17
4: -----Hallo
5: 1.12346
6: 1.123456789
```

■

2.5.2 Standardeingabe

Als Standardkanal zum Einlesen von Daten wird der Stream *cin* eingesetzt. Das Einlesen erfolgt mit dem Operator >>, der Eingabeoperator genannt wird. Auch dieser Operator ist für *stream*-Datentypen überladen und hat hier ebenfalls nichts mit einer Schiebeoperation zu tun.

Folgende Anweisung liest einen Datenwert aus der Standardeingabe und legt den Wert in der Variablen *m* ab:

```
int m;
cin >> m;
```

Wie schon beim Ausgabeoperator können mehrere Eingabeoperationen in einer Anweisung zusammengefasst werden.

```
double a;
int b;
cin >> a >> b;
```

Mit den Manipulatoren *dec* und *hex* aus Tabelle 2.1 kann die Basis, zu der die Zahlen interpretiert werden, auch bei der Eingabe umgeschaltet werden.

Beispiel 2.9

Erläutern Sie, wie die Werte für *a* und *b* in nachfolgendem Programm eingegeben werden müssen.

```
#include <iostream>
void main(void) {
     int a,b;
     cin >> a >> hex >> b;
     cout << "a=" << a << ", b=" << b << endl;
}
```

Lösung:
Der Wert für *a* muss in dezimaler Darstellung eingegeben werden. Unmittelbar danach wird mittels des Manipulators *hex* auf hexadezimale Eingabe umgeschaltet. Daher wird der Wert für *b* als hexadezimale Eingabe erwartet. ■

2.5.3 Lesen und Schreiben von Dateien

Die Stream-Funktionalität wird auch beim Lesen aus oder Schreiben in Dateien genutzt. Standardmäßig werden die Stream-Typen *ifstream* (Lesen) und *ofstream* (Schreiben) bereitgestellt. Die Verwendung beider Typen setzt das Einbinden von *<fstream>* voraus.

Zunächst wird durch das Anlegen einer Variablen ein Stream für die betreffende Datei erzeugt. Bei ihrer Definition wird dieser Variablen der Name der Datei übergeben.[1]

In der Praxis muss natürlich u. a. überprüft werden, ob die Datei gefunden und geöffnet werden konnte. Nur dann sind sinnvolle Leseoperationen möglich. Während des Lesens erfolgt die Kontrolle, ob das Dateiende erreicht wurde. Dazu bieten alle Streams (auch der Standard-Eingabestrom *cin*) verschiedene Möglichkeiten:

- Mit der Methode *eof()* kann der Eingabestatus während der letzten Eingabeoperation abgefragt werden. Die Methode liefert den Wert 0, wenn weiter gelesen werden kann. Wurde bei der letzten Leseoperation das Dateiende erreicht, gibt sie einen Wert ungleich 0 zurück.
- Mit der Methode *good()* wird festgestellt, ob das Öffnen der Datei erfolgreich war.

Beispiel 2.10 Lesen aus einer Datei

Schreiben Sie ein Programmfragment, das die Datei „Log.txt" zum Lesen öffnet und den Inhalt der Datei auf den Bildschirm ausgibt.

Lösung:

Zunächst wird die Variable *inFile* angelegt, die den Datentyp des gewünschten Streams hat. Die Datei „Log.txt" soll zum Lesen geöffnet werden, daher wird der Datentyp *ifstream* verwendet. Beim Anlegen der Variablen *inFile* wird der Name der zu öffnenden Datei übergeben.

Das Einlesen von Werten aus der Datei erfolgt mithilfe des Eingabeoperators. Quelle des Datenstroms ist jetzt allerdings nicht mehr der Standardeingabestrom *cin*, sondern eben der Stream aus der geöffneten Datei. Damit ergibt sich folgendes Programmfragment:

```
#include <fstream>                   // Einbinden der Stream-Bibliothek
#include <iostream>
using namespace std;
void main(void) {
    char c;
    ifstream inFile("log.txt");      // Anlegen der Stream-Variablen und
                                     // verbinden mit der Datei log.txt, sofern
                                     // die Datei geöffnet werden konnte
    if (inFile.good()) {
       while (!inFile.eof()) {
                inFile >> c;         // Einlesen eines Zeichens aus der
                                     // Datei in die Variable c
                cout << c;           // Ausgabe des gelesenen Zeichens
       }
    } else
}
```

■

[1] Die Übergabe des Dateinamens beim Anlegen einer Stream-Variablen ist ein C++-Sprachkonstrukt, das in Abschnitt 3.2.4 unter dem Begriff Konstruktor erläutert wird.

Das vollständige Programm „Dateien“ finden Sie unter
https://www.thm.de/ei/uwe-probst/lehrbuecher#vorlesung-softwareentwicklung ■

Weitere Informationen zum Umgang mit Dateien finden sich z.B. in [Erl04], Abschnitt 8.2.

Übung 2.3

Erstellen Sie ein Programm zum Schreiben von Zeichen in die Datei *out.txt*. Die auszugebenden Zeichen sollen von der Tastatur eingelesen und in einem Feld abgelegt werden. Nach der Eingabe von 19 Zeichen soll die Speicherung in die Datei erfolgen. ■

2.5.4 Ausgabe selbst definierter Datentypen

Zur Definition des Ausgabeoperators für selbst definierte Datentypen betrachten wir die Klasse *CPunkt*. Der Operator << kann für diesen neuen Datentyp überladen und dann für Objekte vom Typ *CPunkt* genauso wie für eingebaute Datentypen verwendet werden.

Angenommen, die Ausgabe eines Punktes mit den Koordinaten x = -2 und x = 8 soll in der Form (-2, 8) vorgenommen werden, so erfolgt die Überladung mit diesem Programmcode:

```
ostream& operator<< (ostream& os, const CPunkt& _p) {
    return os <<"(" <<_p.getX() <<", " << _p.getY() <<")";
}
```

Kennzeichen dieser Überladung ist es, dass der Operator << eine Referenz auf den Ausgabestrom als Parameter übergeben bekommt. Zusätzlich wird als zweiter Parameter eine Referenz auf das auszugebende Objekt - in diesem Fall also ein Objekt der Klasse *CPunkt* vereinbart. Die Übergabe als Referenz dient insbesondere bei umfangreichen Objekten der Effizienz der Parameterübergabe: Es muss nicht das gesamte Objekt, sondern lediglich die Referenz auf den Stack kopiert werden.

Beispiel 2.11 Überladen des Ausgabeoperators

Kann die Überladung des Ausgabeoperators als Methode der Klasse *CPunkt* erfolgen?

Lösung:

Nein, das geht nicht. Die Ausgabe eines Objektes vom Typ *CPunkt* wird mit überladenem Operator so programmiert:

```
CPunkt p(-2, 8);
cout << p;              // 1
```

Wäre der überladene Operator eine Methode von *CPunkt*, müsste der linke Operand der Zeile // 1 ja ein Objekt vom Typ *CPunkt* sein; dieser Operand ist jedoch immer ein Stream. ■

2.6 Exceptions und Fehlerbehandlung

Lernziele

Der/die Lernende

- kennt das Prinzip der Ausnahmebehandlung in C++,
- setzt die Mechanismen der Ausnahmebehandlung ein, um Fehler abzufangen.

In diesem Abschnitt wird auf den Begriff der Klasse und der Vererbung eingegangen, die erst im Kapitel 3 besprochen werden. Beim ersten Lesen kann dieser Teil daher übersprungen werden.

2.6.1 Einführung

In nahezu jedem Programm kann es an diversen Stellen zu Situationen kommen, die den normalen Programmablauf unterbrechen. Beispielsweise gibt es Funktionen, die dem aufrufenden Programm einen Fehlerfall signalisieren müssen: Der Aufruf

```
ifstream inFile("log.txt");
```

setzt den objektinternen Zeiger *inFile.ptr* auf *NULL*, wenn die Datei log.txt nicht existiert. Mit der Methode *inFile.good()* kann der Programmierer diesen Zeiger prüfen und anhand von *NULL* erkennen, wenn beim Öffnen der Datei ein Fehler aufgetreten ist. Es gibt aber Funktionen, bei denen man anhand ihrer Rückgabewerte nicht feststellen kann, ob sie korrekt abgelaufen sind oder nicht.

Beispiel 2.12 Funktion *float log(float f)*

Die Funktion *float log(float f)* liefert den dekadischen Logarithmus der Zahl *f*. Der Wertebereich des Logarithmus umfasst alle reellen Zahlen. Damit kann dem aufrufenden Programm kein Resultat übermittelt werden, das einen Fehlerfall anzeigt: Der komplette Wertebereich der Funktionsresultate ist regulär. Allerdings sind Fehler sehr wohl möglich, da z. B. *log*(−3) nicht definiert ist. ■

In einem Fall wie in Beispiel 2.12 müsste daher vor Aufruf der Funktion *log()* sichergestellt werden, dass das Argument positiv ist. Alternativ könnte die *log()*-Funktion intern eine globale Fehlervariable setzen, die jedes Mal nach dem Aufruf überprüft werden muss und einen Fehlercode enthält. Eine dritte Möglichkeit wäre, das Funktionsresultat von *log()* als *bool* zu vereinbaren. Allerdings müsste das Rechenergebnis in diesem Fall wie in Beispiel 2.13 über die Referenz *&res* an das aufrufende Programm übermittelt werden.

Beispiel 2.13 Funktion *bool log(float f, float & res)*

Schreiben Sie die Funktion *log()* gemäß obiger Deklaration so, dass der Rückgabewert *true* eine korrekte Ausführung und *false* einen Fehler anzeigt.

Lösung:

```
bool log(double f, double &res) {
    if (f < 0)
       return false;
    else {
       res = log(f);
       return true;
    }
}
```

■

Bei dieser Variante geht jedoch vieles von der Effizienz des Aufrufs verloren, da die Implementierung von *log()* aus Beispiel 2.13 im Gegensatz zu *pow()* nicht in arithmetischen Ausdrücken verwendet werden kann:

```
double wert = 3 * pow(2,5);        // direktes Weiterrechnen mit 2⁵ möglich!
double res = 3 * log(5);           // Weiterrechnen mit log(5) nicht möglich!
```

Nach Tabelle 2.2 gibt es mehrere Strategien zur Fehlerbehandlung [Bre05], von denen im Wesentlichen die Maßnahmen 2 und 4 akzeptabel sind.

Tabelle 2.2 Strategien zur Fehlerbehandlung nach [Bre05]

	Maßnahme	Bewertung
1.	Sofortiger Programmabbruch an der Stelle, an der der Fehler festgestellt wurde.	Werden keine erläuternden Meldungen über den Abbruch ausgegeben, so ist die Fehlerdiagnose sehr schwierig.

2.	Übergabe des Parameters *fehler* aus der Funktion *func* heraus an den aufrufenden Programmteil. Der rufende Programmteil hat *fehler* auszuwerten und zu reagieren.
	ergebnis =func(par1, par2, fehler)
		Der Parameter *fehler* muss nach jedem Funktionsaufruf abgefragt werden.
		`if (fehler){`
		`  switch(fehler){`
		`    case 1: ...; break;`
		`    ...`
		`    case n: ...; break;`
		`  }`
		`}`

3.	Die Funktion *func* kann im Fehlerfall die globale Variable *errno* setzen.	Die Variable *errno* muss ebenso nach jedem Funktionsaufruf abgefragt werden. Globale Variablen haben jedoch ihre eigenen Risiken und sind daher nicht gut geeignet.
4.	Eine Funktion, die einen Fehler feststellt, kann eine andere Funktion aufrufen, die ggf. einen Programmabbruch herbeiführt.	Es ist keine Fehlerabfrage nach der Rückkehr aus der Funktion wie bei 2 und 3 erforderlich.
5.	Fehler ignorieren und mit default-Werten arbeiten (beispielsweise Zugriff auf das Feldelement[0] bei einer Indexüberschreitung usw.)	Der Fehler macht sich durch falsche Daten an ganz anderer Stelle bemerkbar und ist sehr schwer zu finden.

2.6.2 Ausnahmen

Einige objektorientierte Sprachen, u.a. C++, bieten eine Ausnahmebehandlung (exception handling) an. Hierbei werden die während des Programmablaufs auftretenden Fehler an spezielle Behandlungsroutinen des aufrufenden Kontextes übergeben, um zielgerichtet noch zur Laufzeit reagieren zu können.

Mit einer solchen Ausnahmebehandlung lassen sich Fehler einfach und auf differenzierte Art und Weise abfangen. Ein Vorteil ist, dass der eigentliche Programmcode keine einzelnen Fehlerabfragen mehr enthält.

Die Fehlerbehandlungsroutinen sollten eine der beiden nachfolgenden Maßnahmen ergreifen:

- den Fehler beheben und das Programm fortsetzen oder mit einer aussagekräftigen Meldung abbrechen,
- den Fehler an den rufenden Programmteil weitergeben. Dieser muss ihn ebenfalls auf eine der beiden Arten weiterbearbeiten.

Kann der Fehler in einer Funktion vom aufrufenden Programmteil behandelt werden, geht man mithilfe der Ausnahmebehandlung wie folgt vor:

- Eine Funktion versucht (*try*) die Lösung einer Aufgabe.
- Tritt ein Fehler auf, löst die Funktion eine Ausnahme (Exception) aus. Man sagt, sie wirft (*throw*) ein Fehlerobjekt in den Raum.
- Dieses Fehlerobjekt wird von einer passenden Fehlerbehandlungsroutine an anderer Stelle aufgefangen (*catch*) und dort entsprechend behandelt.

Beispiel 2.14 Logarithmus-Funktion mit Ausnahmebehandlung

Schreiben Sie die Funktion aus Beispiel 2.12 so, dass sie eine Ausnahmebehandlung implementiert. Wenden Sie die Funktion auf ein Beispiel an.
Lösung:

```
double Log(double f) throw(char *) {
    if (f <= 0) {
        char text[50];
        // Aufbau der Fehlermeldung
        sprintf_s(text,"log(%lf) ist undefiniert",f);
    throw (text);           // Werfen der Exception
    }
    return log(f);
}
```

Nach dem Funktionskopf *double Log(double f)* wird mit dem Zu*satz throw(ch*ar *) angegeben, dass die Funktion eine Ausnahme des Typs *char* * werfen kann. In der rufenden Funktion (hier: *main()*) wird der Aufruf von *log()* in einen *try*-Block integriert. Der nachfolgende *catch*-Block fängt ggf. die auftretende Ausnahme.

```
void main(void) {
    double wert;
    cin >>wert;  // Wert einlesen, dessen log() berechnet werden soll
    // eine auftretende Exception beendet sofort diesen try-Block
    try {
        cout <<Log(wert);
    }
    // Abfangen einer Ausnahme vom Typ char *, die von Funktionen
    // innerhalb des try-Blockes geworfen werden
    catch(char * text){
        // Als Fehlerbehandlung wird hier ein Fehlertext ausgegeben
        cout << text;
    }
}
```

In einem *try*-Block kann nach Beispiel 2.15 für jede Fehlerart eine eigene Ausnahmebehandlung angegeben werden. Liegt eine passende Routine zur Fehlerbehandlung nicht vor, wird das Fehlerobjekt an den umschließenden Bereich weitergegeben.

Beispiel 2.15 Ausnahmebehandlung

Schreiben Sie ein Programm, das die Zeichenkette *text[]* = *„Fehlerbehandlung“* definiert. Danach soll der Bediener eine Zahl *k* eingeben. Das Programm soll *text[k]* auf den Bildschirm ausgeben. Fangen Sie die möglichen Fehler ab.

Lösung:

```
void main(void) {
    int nr = 0;
    char text[] = "Fehlerbehandlung";
    cout <<endl <<"k: ";
    cin >>nr;
    try{
        if (nr < 0) throw(1);       // F1
        if (nr == (int) strlen(text)) throw('T');    // F2
        if (nr > (int) strlen(text)) throw("Feldindex zu gross");// F3
        cout <<"text[k]: " <<text[nr] <<endl; // text[k] ausgeben
    }
    catch (char str[]) { // C1
        cout <<endl <<str <<endl;
    }
    catch(int i){         // C2
        cout <<endl <<"Fehlercode: " <<i <<endl;
    }
    catch(...){           // C3
        cout <<endl <<"kein Fehler spezifiziert" <<endl;
    }
    system("pause");
}
```

Innerhalb des *try*-Blocks werden die drei Fehlerabfragen F1 bis F3 durchgeführt. Wird kein Fehler festgestellt, so wird das gewünschte Feldelement ausgegeben.

- F1: Ein negativer Feldindex führt zum Werfen der Fehlernummer 1.

- F2: Die Feldlänge beträgt in diesem Beispiel 17 Elemente. Der Feldindex 16 bezeichnet demnach das Terminatorzeichen '\0', das nicht druckbar ist. In diesem Fall wird der Fehlercode 'T' geworfen.
- F3: Bei einem Feldindex, der zu groß ist, wirft das Programm eine Fehlermeldung, die einen erläuternden Text beinhaltet.

Im Anschluss an den *try*-Block finden sich mehrere *catch*-Blöcke, die bei Bedarf die geworfenen Fehlerobjekte auffangen und darauf reagieren:

- C1: Dieser *catch*-Block fängt alle Fehlerobjekte, die einen Fehlertext liefern. Im Beispiel ist dies bei F3 der Fall. Als Fehlerbehandlung ist hier die Ausgabe des Fehlertextes programmiert.
- C2: Der zweite *catch*-Block ist für Fehlerobjekte vom Typ *int* vorgesehen. Er gibt den Text *Fehlercode:* gefolgt von der übergebenen Fehlernummer aus. Dies trifft bei F1 zu.
- C3: Der letzte hier programmierte *catch*-Block enthält als Parameter die Angabe *(...)*. Dies entspricht sinngemäß der *default*-Anweisung bei *switch/case*-Konstrukten: Hiermit werden alle nicht explizit spezifizierten Fehlerobjekte aufgefangen. Im Rahmen dieser Fehlerbehandlung wird die Meldung „kein Fehler spezifiziert“ ausgegeben. ■

Jede Funktion ist in der Lage, mithilfe von *throw* einen Ausnahmezustand zu setzen. Dadurch wird die ausgeführte Funktion sofort beendet. Fängt die aufrufende Funktion die Exception nicht ab, wird sie an die jeweils nächste Funktion in der Aufrufhierarchie weitergegeben. Wird die Ausnahme in *main()* als letzter Instanz der Aufrufhierachie nicht abgefangen, wird das komplette Programm automatisch durch den Aufruf der Funktion *terminate()* beendet.

Hinter dem *try*-Block können beliebig viele Routinen zur Fehlerbehandlung angegeben werden. Ein *catch*-Block hat dieselbe Syntax und Semantik wie eine Funktionsdefinition: Das Fehlerobjekt wird wie ein Parameter an diesen Block übergeben. Tritt in einem *try*-Block kein Fehler auf, wird das Programm hinter der ganzen *try/catch*-Konstruktion fortgesetzt. Im Fehlerfall wird nach *throw* die normale Abarbeitung abgebrochen und zum Beginn des *catch*-Blocks gesprungen. Nach dessen Abarbeitung wird das Programm normal fortgesetzt. Es kann nicht wieder zu der Stelle zurückgesprungen werden, an der der Fehler aufgetreten ist. ■

2.6.3 Verwendung vorhandener Exception-Klassen

Der Typ der innerhalb eines *try*-Blocks geworfenen Fehlerobjekte ist prinzipiell beliebig. In C++ existiert standardmäßig eine Klassenhierarchie für die Behandlung von Ausnahmen, deren grundlegende Struktur in Bild 2.1 dargestellt wird. Jeder Programmierer kann daraus eigene Klassen ableiten, die eine dezidierte Fehlerbehandlung vornehmen. Einzelheiten zur den Exception-Klassen finden sich u. a. in [Erl04] und [Bre05].

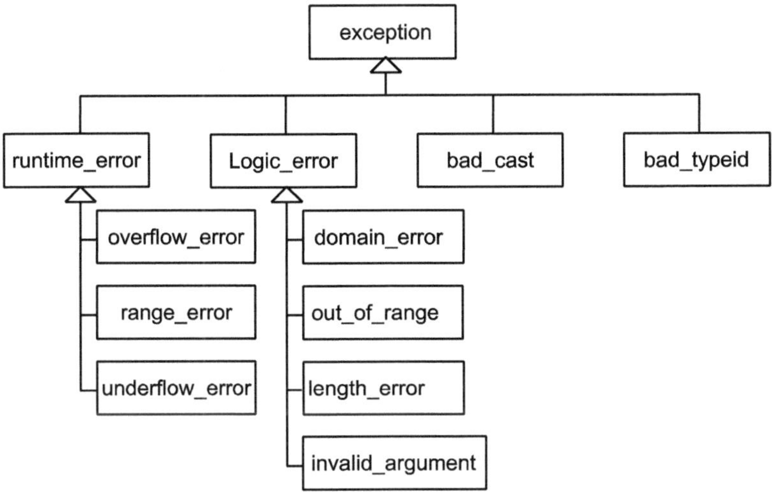

Bild 2.1 Wichtige Elemente der Klassenhierarchie für die Behandlung von Ausnahmen in C++

Die Klasse *exception* ist folgendermaßen aufgebaut.

```
class exception {
public:
    // Erzeugt ein exception-Objekt. Wirft eine Exception.
    exception() throw();
    // Kopiert ein exception-Objekt.
    exception(const exception&) throw();
    // Kopiert ein exception-Objekt.
    exception& opearator=(const exception&) throw();
    // Zerstört das excpetion Objekt.
    virtual ~exception() throw();
    // Liefert den String, der den Grund für die Excpetion beinhaltet.
    virtual const char* what() const throw();
};
```

Beispiel 2.16 Lösen quadratischer Gleichungen

Es soll eine Klasse zur Berechnung der reellen Lösungen quadratischer Gleichungen erstellt werden. Die Parameter *a*, *b* und *c* sowie der Ergebnisvektor x_1, x_2 sollen als Attribute verwaltet werden. Erörtern Sie, welche Fehlerfälle auftreten können.

Lösung:

Die Lösungsformel für quadratische Gleichungen der Form $ax^2 + bx + c = 0$ lautet

$$x_{1,2} = \frac{-b \pm \sqrt{b^2 - 4ac}}{2a}$$

Bei der Berechnung dieser Lösungen können in Abhängigkeit der Parameter *a*, *b* und *c* folgende Probleme auftreten:

- für $a = b = c = 0$ ist die Gleichung trivial (Fall 1)
- für $a = 0$ liegt keine quadratische Gleichung vor (Fall 2)
- für $a = b = 0$ und c != 0 ist die Gleichung unlösbar (Fall 3)
- für $b^2 - 4ac < 0$ existieren keine reellen Lösungen (Fall 4)

■

In Beispiel 2.15 wird die Ausnahmebehandlung in C++ unter Verwendung vorhandener Klassen erläutert. Um die möglichen Fehlerfälle in Beispiel 2.16 zu unterscheiden, werden 4 spezielle Fehlerklassen benötigt. Zunächst wird nach Bild 2.2 aus der Basisklasse *exception* die abstrakte Klasse *LoesungsFehler* abgeleitet. Diese wiederum bildet die Basisklasse für die 4 speziellen Fehlerklassen *KeineReelleLoesung, KeineQuadratischeGleichung, NichtLoesbar* und *Allgemeingueltig*. Sie besitzen keine Attribute, sondern überschreiben lediglich die Methode *what()* der Basisklasse, die für jeden der möglichen Fehler eine spezielle Fehlermeldung erzeugt und zurückliefert.

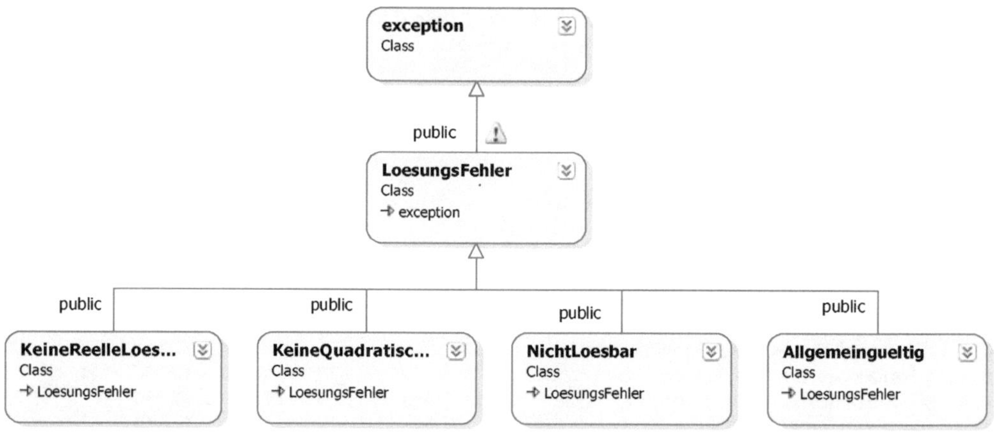

Bild 2.2 Klassendiagramm für die Fehlerklassen aus Beispiel 2.16

Die Headerdateien *exception* und *stdexcept* müssen eingebunden werden, so dass der zugehörige Programmcode lautet:

```
#include <exception>
#include <stdexcept>
using namespace std;
class LoesungsFehler : public exception{
public:
    virtual const char * what() const = 0;
};
class KeineQuadratischeGleichung: public LoesungsFehler {
public:
    const char * what() const {return "a==0: keine quadratische Gleichung";}
};
class KeineReelleLoesung: public LoesungsFehler {
public:
    const char * what() const {return "keine reelle Loesung";}
};
```

```
class Allgemeingueltig: public LoesungsFehler {
public:
    const char * what() const {return "a==b==c==0: Allgemeingueltig";}
};
class NichtLoesbar: public LoesungsFehler {
public:
    const char * what() const {return "Gleichung unloesbar";}
};
```

Die Klasse, die quadratische Gleichungen lösen kann, benötigt neben den Attributen *a, b, c* und dem Ergebnisvektor x_1, x_2 einen überladenen Konstruktor sowie die Methode *berechneLoesung()*, die den Lösungsvektor bestimmt. Zusätzlich sind *get*-Methoden für den Zugriff auf die Komponenten des Ergebnisvektors notwendig.

```
class CQuadGleichung {
private:
    double a;
    double b;
    double c;
    double x[2];
public:
    CQuadGleichung(void);
    CQuadGleichung(double _a, double _b, double _c);
    ~CQuadGleichung(void);
    void berechneLoesung(void) throw(LoesungsFehler);
    double getX1(void);
    double getX2(void);
};
CQuadGleichung::CQuadGleichung(void) {
    a = b = c = 0;
}
CQuadGleichung::~CQuadGleichung(void)
{}
CQuadGleichung::CQuadGleichung(double _a, double _b, double _c)
: a(_a), b(_b), c(_c)
{}
double CQuadGleichung::getX1(void) {
    return x[0];
}
double CQuadGleichung::getX2(void) {
    return x[1];
}
```

Die in Beispiel 2.16 gefundenen Fehlerfälle können in der Methode *berechneLoesung* auftreten. Daher finden in dieser Methode die entsprechenden Abfragen sowie ggf. das Werfen der Ausnahmen statt.

```
void CQuadGleichung::berechneLoesung(void) throw(LoesungsFehler) {
    if ((a == 0) && (b == 0) && (c == 0)) throw new Allgemeingueltig;
    if ((a == 0) && (b == 0) && (c != 0)) throw new NichtLoesbar;
    if ((a == 0) ) throw new KeineQuadratischeGleichung;
    if (b*b < 4 * a * c) throw new KeineReelleLoesung;
    // Berechnen des Loesungsvektors, wenn keine Ausnahme geworfen wird
    x[0] = (-b + sqrt(b*b-4*a*c))/(2*a);
    x[1] = (-b - sqrt(b*b-4*a*c))/(2*a);
}
```

Je nach auftretendem Problem wird eine der vier Exceptions geworfen. Tritt keines der genannten Probleme auf, wird der Lösungsvektor berechnet.

Im zugehörigen Hauptprogramm wird der Aufruf von *berechneLoesung* in einem *try*-Block gekapselt. Da die Exceptions dynamisch mit dem Operator *new* geworfen werden, muss der folgende *catch*-Block mit *LoesungsFehler * e* einen Zeiger als Parameter vorhalten. Die Methode *what()* des Fehlerobjektes, auf das der Zeiger verweist, wird ausgeführt und gibt die entsprechende Fehlermeldung aus.

```
void main(void) {
    double a, b, c;
    cout <<endl <<"Quadratische Gleichung" <<endl;
    cout <<endl <<"a: ";
    cin >> a;
    cout <<endl <<"b: ";
    cin >> b;
    cout <<endl <<"c: ";
    cin >> c;
    CQuadratischeGleichung g(a, b, c);      // Objekt erzeugen
    try {
       g.berechneLoesung();
       cout <<"Loesung: x1 = " <<g.getX1() <<" x2 = " <<g.getX2();
    }
    catch (LoesungsFehler * e){
       cout <<e->what() <<endl;
    }
```

Das vollständige Programm „Exceptions" finden Sie unter *https://www.thm.de/ei/uwe-probst/lehrbuecher#vorlesung-softwareentwicklung* ■

Ein Vorteil beim Einsatz von Fehlerklassen, die aus *exception* abgeleitet werden, besteht in der Verwendung der standardisierten Schnittstelle, die diese Klassen bieten. Dies wird z. B. bei der Methode *what()* deutlich: Unabhängig davon, welcher Fehler bei der Lösung tatsächlich auftritt, liefert die *catch*-Anweisung durch Anwendung von *what()* immer die passende Fehlermeldung.

Auch hier zeigt sich die Bedeutung von konstanten Schnittstellen beim Aufbau komplexer Funktionalität. Dieses Thema wird im Kapitel 5 unter dem Stichwort Entwurfsmuster vertieft.

2.7 Lösungen

Übung 2.1

Zunächst erfolgt die Lösung mithilfe von Zeigern. Der Lösungsvektor, also *x1* und *x2*, sollen von der Funktion berechnet werden. Daher muss deren Übergabe als *Call by reference* mithilfe von Zeigern erfolgen. Das bedeutet, dass innerhalb der Funktion *x1* und *x2* mit dem Dereferenzierungsoperator * verwendet werden müssen. Beim Aufruf müssen die Adressen von *x1* und *x2* als Parameter übergeben werden. Insgesamt entsteht eine funktionierende Lösung, bei der man aber viele Fehler machen kann.

```
/* Loesung einer quadratischen Gleichung: mit Zeigern */
int f(double p, double q, double *x1, double *x2) {
    double D = p*p - 4*q;
    if(D>0){
        *x1 = -p/2+sqrt(D)/2;
        *x2 = -p/2-sqrt(D)/2;
        return (2);                 // es gibt zwei Loesungen in x1 und x2
    } else if(D == 0){
        *x1 = *x2 = -p/2;
        return (1);                 // es gibt eine Loesung in x1 (oder x2)
    } else return 0;                // es gibt keine Loesung
}
```

Dagegen ist die Lösung mit Referenzen wesentlich einfacher: Lediglich in der Parameterliste müssen *x1* und *x2* durch den &-Operator als Referenzen ausgewiesen werden [Lang03].

```
/* Loesung einer quadratischen Gleichung: mit Referenzen */
int f(double p, double q, double &x1, double &x2) {
    double D = p*p - 4*q;
    if(D>0){
        x1 = -p/2+sqrt(D)/2;
        x2 = -p/2-sqrt(D)/2;
        return (2);                 // es gibt zwei Loesungen
    } else if(D == 0){
        x1 = x2 = -p/2;
        return (1);                 // es gibt nur eine Loesung
    } else return 0;                // es gibt keine Loesung
}
```

Das Hauptprogramm sieht so aus:

```
void main(void) {
    double p,q,x1,x2;
    int w;
    p=-8; q=2;              // p=0; q=0; wuerde nur eine Lösung liefern
    // Mit Zeigern
    w = f(p,q,&x1,&x2);  // Adressoperator nicht vergessen
    if(w >= 1) cout <<endl <<"Mit Zeigern" <<endl << x1 << endl;
    if(w == 2) cout << x2 << endl;
    // Mit Referenzen
```

```
    w = f(p,q,x1,x2);      // kein Adressoperator erforderlich!
    if(w >= 1) cout <<endl <<"Mit Referenzen" <<endl << x1 << endl;
    if(w == 2) cout << x2 << endl;
}
```

Übung 2.2

```
double x = 0.125;
reziprok(x);        // Aufruf korrekt
cout << x;          // das Ergebnis lautet 8
reziprok(0.2);      // Syntax-Fehler
```

Die letzte Zeile enthält einen Syntax-Fehler: Der Parameter muss eine Referenz sein, also an eine Variable gekoppelt werden können. Hier wird aber eine Zahl übergeben, die nicht mit einer Referenz gebunden werden kann.

Übung 2.3

```
#include <fstream>                // Einbinden der Stream-Bibliothek
void main(void) {
    ofstream out ("out.txt");     // Anlegen der Stream-Variablen
    char d[20];                   // Feld fuer die Zeichen anlegen
    int i = 0;
    if (out.good()) {             // war Oeffnen erfolgreich?
       while (i < 19) {           // solange keine 19 Zeichen eingegeben ...
               cin >> d[i++];     // Zeichen einlesen
       }
       d[i] = '\0';               // das 20. Zeichen ist der Terminator
       out << d;                  // in Datei schreiben
    } else cout <<"Fehler beim Oeffnen der Datei";
}
```

3 Klassen und Objekte

Konzepte und Begriffe der objektorientierten Programmierung (OOP) sind unabhängig von einer bestimmten Programmiersprache. Sie werden zunächst in allgemeiner Form dargestellt und anhand von Beispielen der Sprache C++ erläutert.

3.1 Motivation zur Einführung der OOP

Lernziele

Der/die Lernende

- versteht die Gefahr öffentlicher Daten beim prozeduralen Programmieren,
- erkennt die große Bedeutung von klar definierten Schnittstellen für wieder verwendbare Programme,
- unterscheidet zwischen Schnittstelle und Implementierung.

Schwächen der prozeduralen Programmierung

In der prozeduralen Programmierung bilden Datenstrukturen und die sie bearbeitenden Funktionen keine Einheit, sondern sind strikt voneinander getrennt. Dies führt dazu, dass nicht automatisch überprüft wird, ob Funktionen zur Bearbeitung der jeweiligen Daten überhaupt angewandt werden dürfen.

Beispiel 3.1 Schutz vor Fehlbedienung bei KFZ

Ist es möglich, versehentlich Dieselmotoren mit Benzin und Ottomotoren mit Diesel zu betanken?

Lösung:

Fast alle Kraftfahrzeuge arbeiten entweder mit Diesel- oder Ottomotoren. Bei Temperaturen unterhalb von - 20 °C besteht die Gefahr, dass die Paraffine im Kraftstoff ausflocken und der Wagen nicht mehr anspringt. Bis vor wenigen Jahren war es in der kalten Jahreszeit daher üblich, zusätzlich zum Dieselkraftstoff eine gewisse Menge Benzin zu tanken, um das Gemisch auch an sehr kalten Tagen flüssig zu halten. Ein geringer Benzingehalt stellt kein großes Problem für den Dieselmotor dar. Das Betanken ist möglich, da der Tankrüssel von Zapfsäulen mit Normalbenzin in den Tankstutzen von Dieselfahrzeugen passt.

Wird im umgekehrten Fall ein Ottomotor mit Diesel statt Benzin betrieben, besteht bereits bei kurzem Betrieb ein hohes Schadensrisiko für den Motor. Aus diesem Grund sind die Tankrüssel von Dieselzapfsäulen so dick, dass sie im Allgemeinen nicht in die Tanköffnung eines Ottomotors passen. Mit dieser Sicherheitsmaßnahme soll eine schädliche Fehlbedienung verhindert werden.

■

Beispiel 3.2 Schutz vor unbeabsichtigter Fehlbedienung bei Programmen

Die beiden nachfolgenden Funktionen sollen die als Parameter übergebenen Daten mit einem erläuternden Text auf den Bildschirm ausgeben. Sie werden vom danach abgedruckten Programmfragment auf die beiden Variablen *saldo* und *alter* angewendet. Erläutern Sie, was bei den Funktionsaufrufen nach Variante 1 und Variante 2 passiert.

```
void zeigeKontostand(double wert) {
    printf ("Kontostand: %lf", wert);
}
void zeigeAlter(double wert){
    printf ("Alter: %lf", wert);
}
void main(void){
    double saldo= -313.85;
    double alter = 53;
    // Variante 1
    zeigeAlter(alter);              // korrekt: Benzin f. Ottomotor
    zeigeKontostand(saldo);         // korrekt: Diesel f. Dieselmotor
    // Variante 2
    zeigeAlter(saldo);              // falsch: Diesel f. Ottomotor
    zeigeKontostand(alter);         // korrekt: Benzin f. Dieselmotor
}
```

Lösung:

Variante 1 liefert das korrekte Ergebnis, da die Funktionen bestimmungsgemäß auf die Daten angewendet werden. Das Resultat von Variante 2 dagegen ist falsch. Fehlerursache ist ein semantischer Programmierfehler, durch den beide Funktionsaufrufe mit unpassenden Daten versorgt werden. Compiler für prozedurale Sprachen können Fehler dieser Art **nicht** erkennen.

■

Bei prozeduraler Programmierung sind Daten im Programm einerseits frei zugänglich und andererseits die zugehörigen Funktionen von Daten strikt getrennt. Ein Schutz vor der fehlerhaften Anwendung von Funktionen ist nicht möglich und öffnet semantischen Programmierfehlern Tür und Tor.

■

In der Praxis sind Datenstrukturen nur in Verbindung mit *ihren* Funktionen sinnvoll. Umgekehrt arbeiten diese Funktionen auch nur mit der jeweiligen Datenstruktur und sind ohne sie wertlos. Daten und Funktionen sind im prozeduralen Fall zwar programmiertechnisch getrennt, aber inhaltlich stark miteinander verflochten. Änderungen der Datenstruktur ziehen in der Regel Änderungen in den ihnen zugeordneten Funktionen nach sich. Des Weiteren erfordern Erweiterungen der Funktionen häufig auch Anpassungen in der Datenstruktur.

Beispiel 3.3 Komplexe Zahlen

Zur Verarbeitung von komplexen Zahlen dient die Datenstruktur *Complex* mit den Funktionen *Complex add(Complex _c1, Complex _c2)* und *void ausgabe(Complex _c)*. Welche Funktionen müssen angepasst werden, wenn sich der Datentyp der Attribute ändert?

```
struct Complex{
    double real;
    double imag;
};
Complex add(Complex _c1, Complex _c2){
    Complex res;
    res.real = _c1.real + _c2.real;
    res.imag = _c1.imag + _c2.imag;
    return res;
}
void ausgabe(Complex _c){
    printf("%f + j%f", _c.real, _c.imag);
}
```

Lösung:

Man erkennt, dass die Formatierungsangabe %f in der Argumentliste von *printf* innerhalb der Funktion *void ausgabe(Complex _c)* auf %i angepasst werden muss, sollten die Datentypen der beiden Komponenten *real* und *imag* von *double* beispielsweise auf *int* geändert werden.

■

Bedeutung von Schnittstellen

Bereits bei einem kleinen Projektumfang übersteigt der Personalaufwand für die Programmierer im Allgemeinen die Kosten für die Beschaffung von Rechnerhardware. Die Investitionen eines Unternehmens stecken also mehrheitlich nicht in der vorhandenen Rechnerausstattung, sondern in der für die Entwicklung, Wartung und Pflege von Software aufgewandten Arbeitszeit.

Ein zentraler Gesichtspunkt moderner Softwareentwicklung ist aus diesem Grund die Erstellung von Programmen, deren Bestandteile möglichst einfach wieder verwendbar sind und einfach gewartet, also weiterentwickelt werden können. Es muss möglich sein, eine bestimmte Datenstruktur mit allen zugehörigen Funktionen, die für ein Programmpaket entwickelt wurde, gezielt in einem anderen System wieder einzusetzen. Die Erfüllung beider Forderungen setzt eine übersichtliche Programmstruktur und klare Schnittstellen zwischen den einzelnen Programmodulen voraus.

Beispiel 3.4 Unterschiede zwischen Ford Galaxy, Seat Alhambra und VW Sharan

Überlegen Sie, warum welche Gemeinsamkeiten und welche Unterschiede zwischen den o. g. Autotypen bestehen.

Lösung:

Obwohl die Fahrzeuge von Wettbewerbern produziert werden, sehen die drei Typen von außen betrachtet gleich aus. Die Hauptteile der Karosserie sind identisch. Unterschiede existieren bei der Ausstattung und den verfügbaren Motorvarianten. Die identisch aussehenden Komponenten, deren Entwicklungs- und Werkzeugkosten hoch sind, wurden gemeinsam entwickelt (und werden möglicherweise sogar gemeinsam produziert) um Kosten einzusparen. Andere Teile (Motortypen und -technologien, technische Einzelheiten usw.) dagegen werden von den Unternehmen bewusst individuell gehalten, um sich gegenüber dem Wettbewerb abzugrenzen.

■

Beispiel 3.5 Rechnertausch

Ein Unternehmer hat sich leistungsfähiges Rechnerzubehör (Scanner, Farblaserdrucker, Videokomponenten) beschafft, die über die USB-Schnittstelle mit dem Rechner verbunden werden können. Begründen Sie, warum diese Komponenten weiterverwendet werden können, auch wenn der Rechner durch ein Austauschgerät eines anderen Herstellers ersetzt wird.

Lösung:

Die Antwort ist banal (aber genau dies zeichnet gute Lösungen oftmals aus): Die USB-Schnittstelle hat sich als Standardschnittstelle zwischen Rechner und Zubehör etabliert. Sie wird praktisch von allen Rechnerherstellern unterstützt. Da das Neugerät dieselbe Schnittstelle bietet wie das Altgerät, ist ein Austausch gar kein Problem.

■

Aus Beispiel 3.4 und Beispiel 3.5 geht hervor, dass einheitliche Schnittstellen für die Wiederverwendbarkeit von Komponenten unerlässlich sind. Würde einer der KFZ-Hersteller aus Beispiel 3.4 *seine* Heckklappenkonstruktion nur geringfügig abwandeln, wäre eine gemeinsame Nutzung der Konstruktion mit den anderen Unternehmen nicht möglich.

Beispiel 3.6 Neue Druckerschnittstelle

Beurteilen Sie den wirtschaftlichen Erfolg eines neuartigen Druckers, der eine 15-fach höhere Druckleistung im Vergleich zu Wettbewerbsprodukten offeriert, allerdings eine USB-Schnittstelle benötigt, die einen Kontakt mehr aufweist als der Standard.

Lösung:

Auch hier ist die Antwort banal: Das Gerät wäre nicht absetzbar, da es eine geänderte USB-Schnittstelle erfordert, die von den Rechnern nicht unterstützt wird.

■

Erfolgreiche Wiederverwendbarkeit von Komponenten setzt Übersichtlichkeit sowie eine einfache, klare und dauerhafte Definition aller Systemschnittstellen voraus.

■

3.2 Von *struct* zu *class*

Lernziele

Der/die Lernende

- kennt den Zusammenhang zwischen *struct* und *class*,
- kann Klassendeklaration und -definition in passenden Dateien anlegen,
- versteht das Geheimnisprinzip,
- kann Objekte anlegen und initialisieren,
- konstruiert passende Methodenschnittstellen,
- zeichnet die wichtigsten UML-Diagramme zur Beschreibung von Klassen.

Grundlagen

Der erste Schritt zur besseren Wiederverwendbarkeit liegt in der Zusammenfassung von Datenstrukturen und den mit ihnen arbeitenden Algorithmen. Diese Kombination aus Daten und zugehörigen Funktionen wird Klasse genannt. Der programmiertechnische Mehraufwand ist gering: Das Schlüsselwort *struct* wird durch das Schlüsselwort *class* ersetzt. Die Liste der Attribute wird in der Klassendeklaration noch um die Funktionen ergänzt, die auf die Attribute angewendet werden dürfen.

Um eine Klassendeklaration bereits in der Namensgebung als solche zu kennzeichnen, wird dem Klassennamen im Allgemeinen ein führendes 'C' vorangestellt. So wird aus der Struktur *Complex* die Klasse *CComplex*.

Methoden und Funktionen weisen oft umfangreiche Parameterlisten auf. Ihr Name beginnt mit dem Unterstrich '_', um die Übergabeparameter innerhalb der Methodendefinition eindeutig von Variablen und Attributen zu unterscheiden.

3.2.1 Klassendeklaration

Tabelle 3.1 stellt die Klassendeklaration der Klasse *CComplex* der gleichnamigen Struktur aus Beispiel 3.3 gegenüber. Das Schlüsselwort *struct* wurde durch *class* ersetzt. Neben den beiden Attributdefinitionen *real* und *imag* sind u. a. die Funktionsdeklarationen *void ausgabe(void)* sowie *CComplex add(CComplex _c)* zu erkennen. Die Funktionen, die zu einer Klasse gehören, heißen Methoden, Element- oder Memberfunktionen. Die Datenkomponenten einer Klasse werden Attribute, Eigenschaften, Element- oder Membervariablen genannt. Der Begriff Element kennzeichnet Methoden und Attribute gleichermaßen.

Tabelle 3.1 Gegenüberstellung von *class* und *struct*

<pre>class CComplex {
private:
    double real;
    double imag;
public:
    void ausgabe(void);
    CComplex add(CComplex _c);
    CComplex(void);
    ~CComplex(void);
};</pre>
	<pre>struct Complex {
	    double real;
	    double imag;
	};</pre>

Man erkennt, dass die Klassendeklaration alle Attribute enthält, die auch in der Struktur vorkommen. Zusätzlich werden alle Methoden aufgeführt, die für die Klasse definiert sind.

3.2.2 Geheimnisprinzip: *private* und *public*

Vergleicht man in Tabelle 3.1 die Struktur- mit der Klassendeklaration, fallen zunächst die Begriffe *private* und *public* auf. Diese Zugriffsbeschränkungen regeln, wie eine Klasse benutzt werden kann. In jeder Klasse gibt es einen öffentlichen Abschnitt *(public)*, auf den Programmteile, die nicht zur Klasse gehören, zugreifen können. Dieser Bereich ist die Schnittstelle der Klasse.

Der geschützte Abschnitt *(private)* dient der inneren Gestaltung der Klasse. Eine gute Klasse sollte Informationen, die der Programmierer, der die Klasse für seine Anwendung nutzt, nicht benötigt, auch nicht öffentlich machen. Man erreicht dadurch, dass der Anwender der Klasse nur so viel über sie erfährt, wie zur korrekten Verwendung notwendig ist.

Beispiel 3.7 Geheimnisprinzip beim KFZ

In dieser Analogie bilden Lenkrad, Pedale, Blinkerhebel und Handbremse die Schnittstelle zwischen Auto und Fahrer. Der Fahrer weiß, welche Operationen er wann und wie durchführen muss, um von Ort A nach Ort B zu gelangen. In der Regel wird der Motor mit dem Zündschlüssel gestartet und läuft. Die wenigsten Fahrer werden aber in allen Einzelheiten wissen, wie ein Dieselmotor aufgebaut ist und funktioniert. Zur sicheren Handhabung des Autos ist die Kenntnis der Schnittstelle völlig ausreichend. Umgekehrt sind der Motor, das Fahrgestell und die Elektrik des Autos verkleidet und versteckt. Es handelt sich hierbei um Details, über die man nichts zu wissen braucht; also werden sie verborgen – in der Terminologie der OOP wären sie also privat. ■

Programmierer, die eine vorhandene Klasse verwenden wollen, sollten lediglich die Schnittstelle dieser Klasse benutzen und nicht deren innere Gestaltung kennen müssen. Dadurch wird die Handhabung der Klasse erleichtert. Außerdem können Algorithmen in der Klasse verändert werden, solange die Schnittstelle für den Nutzer gleich bleibt.

Das Schlüsselwort *private* kennzeichnet geschützte Bestandteile einer Klasse. Geschützt bedeutet, dass auf diese Bestandteile nur Methoden derselben Klasse zugreifen können. Geschützte Attribute sind quasi geheim. Zum Schutz der Daten vor unberechtigtem Zugriff (vgl. Beispiel 3.2) werden alle Attribute als *private* deklariert. Dieses Vorgehen wird Kapselung oder Geheimnisprinzip genannt.

Das Schlüsselwort *public* definiert die Schnittstelle der Klasse. Hierunter fallen alle Komponenten der Klasse, die öffentlich (public), also nicht geheim (private) sind. Öffentliche Bestandteile einer Klasse - also deren Schnittstelle - kann jeder Programmteil verwenden, auch wenn er nicht zur Klasse selbst gehört. ■

Zur Schnittstelle der Klasse *CComplex* gehören demnach u.a. die Methoden *void ausgabe(void)* und *CComplex add(CComplex _c)*.

Übung 3.1

Begründen Sie, warum Attribute im Allgemeinen als *private* deklariert werden. ■

Übung 3.2

Können Methoden als *private* deklariert werden? ■

3.2.3 Objekte und Variablen

Einfache Variablen haben einen bestimmten Datentyp (*int, float, double* usw.), werden durch einen Namen gekennzeichnet und besitzen einen Wert. Variablen, deren Datentyp eine Klasse ist, werden Objekte genannt.

```
int k = 13;                // k hat den Datentyp int und den Wert 13
double z;                  // z hat den Datentyp double; sein Wert ist noch undefiniert
CComplex c;                // c hat den Datentyp CComplex und ist ein Objekt, dessen Werte
                           // (Real- bzw. Imaginärteil) noch undefiniert sind
```

In diesem Programmfragment werden die beiden einfachen Variablen *k* und *z* vereinbart. Während *k* mit 13 initialisiert wird, bleibt der Wert von *z* vorerst undefiniert. Der Datentyp der Variable *c* ist die Klasse *CComplex*. Man sagt, *c* ist eine Instanz der Klasse *CComplex*. Das Anlegen von Objekten wird daher auch Instanzieren genannt.

3.2.4 Konstruktor und Destruktor

Die Verwendung von Objekten läuft wie die von Variablen immer in drei Phasen ab:

- Instanzieren und Initialisieren des Objekts/der Variablen
- Benutzen des Objekts/der Variablen
- Beseitigen des Objekts/der Variablen

Während das Initialisieren einer Variablen durchschaubar vonstatten geht, ist das bei Objekten, die unter Umständen eine ganze Reihe von Attributen beinhalten, schon komplizierter. Daher existieren spezielle Funktionen, die man als Konstruktor (für die Objekt-Initialisierung) und Destruktor (für die Objekt-Beseitigung) bezeichnet. Neben *add* und *ausgabe* tauchen sie im *public*-Bereich der Klassendeklaration aus Tabelle 3.1 auf. Sie heißen genauso wie die Klasse selbst: Bei *CComplex()* handelt es sich um den Konstruktor und bei *~CComplex()* um den Destruktor der Klasse.

Liegt für eine Klasse kein eigens erstellter Konstruktor vor, so kann das Objekt nur parameterlos instanziert werden. Das System stellt in diesem Fall einen Konstruktor zur Verfügung, der aber lediglich Speicherplatz für die einzelnen Attribute reserviert. Dieser sogenannte Default-Konstruktor führt keine Initialisierungen durch.

Ein selbst erstellter, parameterloser Konstruktor kann die Attribute mit Standardwerten belegen. Er wird Standardkonstruktor genannt.

Konstruktoren können auch überladen werden. In diesem Fall müssen sich alle vorhandenen Konstruktoren der Klasse in ihrer Parametersignatur (Anzahl und/oder Datentypen der Parameter) unterscheiden. Überladene Konstruktoren werden verwendet, um Attribute mit individuellen Werten zu belegen.

Listing 3.1 Überladen von Konstruktoren

```
class CComplex {
private:
    double real;
    double imag;
public:
    void ausgabe(void);
    CComplex add(CComplex _c);
    CComplex(void);
    CComplex(double _real, double _imag);
    ~CComplex(void);
};
// parameterloser Standardkonstruktor
CComplex::CComplex(void) {
    real = 0;
    imag = 0;
}
// überladener Konstruktor mit Parameterliste
CComplex::CComplex(double _real, double _imag) {
    real = _real;
    imag = _imag;
}
```

Konstruktoren können *in der Klassendeklaration* mit einer variablen Parameterliste gemäß Abschnitt 2.1.1 ausgestattet werden. Dies ist sinnvoll, wenn viele Parameter übergeben werden, von denen aber die meisten typischerweise Standardwerte annehmen, und erspart Programmieraufwand beim Instanzieren von Objekten. In Listing 3.2 wird der zweite Parameter mit dem Wert 4 vorbelegt.

Listing 3.2 Konstruktor mit variabler Parameterliste

```
class CComplex {
    ...
public:
    CComplex(double _real, double _imag = 4);          // variable Parameterliste
    ...
};
```

Dies ermöglicht die Instanzierung von Objekten, bei der nur der erste Parameter angegeben werden muss, der zweite jedoch angegeben werden kann. Ist er nicht vorhanden, wird der Standardwert für die Initialisierung verwendet (vgl. Beispiel 3.8).

Konstruktor mit Initialisierer

Beim Aufruf eines Konstruktors wird zunächst Speicherplatz für alle Attribute des Objekts bereitgestellt. Erst danach werden die Programmanweisungen des Konstruktors in Listing 3.1 ausgeführt, also Real- und Imaginärteil initialisiert.

Man kann die beiden Aufgaben des Konstruktors a) das Beschaffen von Speicherplatz und b) die Initialisierung mithilfe des ':'-Operators kombinieren und gemäß Listing 3.3 sogenannte Initialisierungslisten erstellen.

Listing 3.3 Konstruktor mit Initialisierungsliste

```
CComplex::CComplex(double _real, double _imag)
// das ist die Initialisierungsliste
: real(_real), imag(_imag)
// der Anweisungsteil bleibt leer
{}
```

Zwischen Methodenkopf und Anweisungsteil wird der ':'-Operator gefolgt von der Initialisierungsliste eingefügt. Den einzelnen Attributen werden die Parameterwerte in Klammern zugewiesen. Der Anweisungsteil bleibt in diesem Beispiel leer. Bei großen Objekten bringt dieses Vorgehen Laufzeitvorteile.

Kopier-Konstruktor

Im nachfolgenden Programmfragment werden die Objekte *cc1*, *cc2* und *cc3* mithilfe von unterschiedlichen Konstruktoraufrufen angelegt.

```
CComplex cc1;           // 1: Standardkonstruktor
CComplex cc2(1,3);      // 2: überladener Konstruktor
CComplex cc3(cc2);      // 3: Kopier-Konstruktor
```

Zur Initialisierung von *cc1* wird der parameterlose Standardkonstruktor verwendet. Das Vorgehen bei *cc2* ist ebenfalls bekannt: Hier kommt der überladene Konstruktor aus Listing 3.3 zum Einsatz.

Zur Initialisierung von *cc3* werden dagegen offensichtlich die Attributwerte des vorhandenen Objekts *cc2* in das neue Objekt *cc3* kopiert. Die Klassendeklaration in Listing 3.1 enthält jedoch keinen passenden Konstruktor mit einem Objekt vom Typ *CComplex* als Parameter. Dennoch funktioniert diese Art der Programmierung, da der Compiler für jede

Klasse automatisch einen sog. Kopier-Konstruktor erzeugt. Ein Kopier-Konstruktor (Copy-Konstruktor, Copy-Initializer) wird immer dann verwendet, wenn ein Objekt der Klasse (z. B. als Parameter an einer Funktionsschnittstelle oder bei einer Zuweisung) zu duplizieren ist. Der Kopier-Konstruktor überträgt byteweise den Inhalt aus dem zu kopierenden in das kopierte Objekt.

In vielen Fällen ist diese Art des Kopierens völlig ausreichend. Bei Klassen, die Zeiger beinhalten, besteht mitunter die Notwendigkeit, einen eigenen Kopier-Konstruktor zu erstellen (vgl. Abschnitt 4.2).

Scope-Operator

Damit der Compiler die Definition einer Methode von einer namensgleichen Methode einer anderen Klasse oder auch einer freien (nicht an eine Klasse gebundenen) Funktion unterscheiden kann, muss der Klassenname vor der Methodendefinition stehen. In Tabelle 3.2 ist die Kopfzeile des überladenen Konstruktors aus Listing 3.3 nochmals dargestellt, um die Bedeutung der einzelnen Einträge zu erläutern.

Tabelle 3.2 Erläuterung des Methodenkopfes

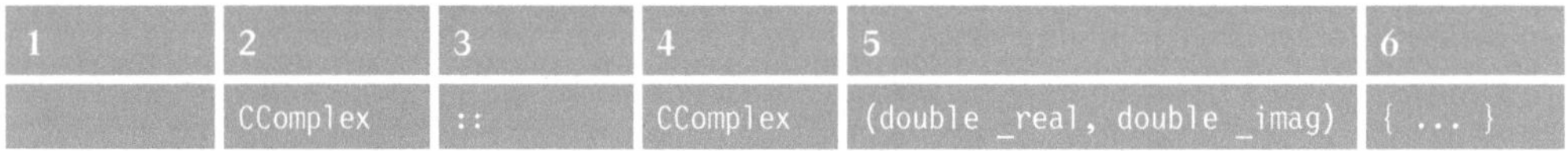

1	2	3	4	5	6
	CComplex	::	CComplex	(double _real, double _imag)	{ ... }

1: Angabe des Rückgabetyps der Methode (ein Konstruktor darf keinen Rückgabetyp aufweisen)

2: Angabe, dass *CComplex* eine Methode der Klasse *CComplex* ist

3: '::' ist der sog. *scope*-Operator; er trennt den Klassen- vom Methodennamen

4: Name der Methode (der Konstruktor heißt wie die Klasse)

5: Liste der Übergabeparameter an die Methode

6: Programmcode der Methode

Beispiel 3.8 Anwenden unterschiedlicher Konstruktoren

Schreiben Sie ein Programmfragment, das die Objekte namens c1, c2 und c3 der Klasse *CComplex* instanziert und ihnen die Anfangswerte 0 + j0, 3 + j4 sowie 8 + j5 zuweist.

Lösung:

Die Initialisierung der Attribute erfolgt im Konstruktor. Für die Initialisierung mit 0 + j0 kann der parameterlose Konstruktor aus Listing 3.1 verwendet werden. Die Initialwerte der beiden verbleibenden Objekte werden mit dem überladenen Konstruktor eingestellt.

```
void main(void) {
    CComplex c1;          // Verwendung des Standardkonstruktors
    CComplex c2(3);       // Verwenden des Konstruktors mit variabler Parameter-
liste
    CComplex c3(8, 5);    // Verwenden des überladenen Konstruktors
    ...
}
```

■

Der Konstruktor hat die Aufgabe, die Attribute eines Objektes zu initialisieren, um semantische Fehler durch zufällige Anfangswerte zu vermeiden. Er wird bei jeder Instanzierung automatisch aufgerufen. Die Initialisierungswerte können im Standardkonstruktor festgelegt oder über die Parameterliste des überladenen Konstruktors bzw. den Kopier-Konstruktor vorgegeben werden.

Der Destruktor sorgt dafür, dass der von einem Objekt belegte Speicherbereich bei dessen Löschung wieder freigegeben wird. Dies ist bei lokalen Variablen (z. B. die Variable *res* der Funktion *add* in Beispiel 3.3) immer am Ende einer Funktion der Fall.

Weder Konstruktor noch Destruktor dürfen einen Rückgabetyp aufweisen; nicht einmal *void* ist erlaubt. ■

Darstellung in UML: Klassendiagramm

Klassendiagramme visualisieren den Aufbau einzelner Klassen und deren Beziehungen untereinander. Eine Klasse wird durch ein dreigeteiltes Rechteck symbolisiert. Im oberen Teil ist der Klassenname aufgeführt. Attribute und Methoden werden in den verbleibenden Teilen genannt.

Das Klassendiagramm für die Klasse *CComplex* ist in Bild 3.1 dargestellt. Teilbild a) zeigt den gesamten Aufbau der Klasse mit Attributen und Methoden. Es besteht aus drei Teilen: Im oberen Bereich ist der Klassenname eingetragen. Der mittlere Teil enthält die Attribute der Klasse. Hierbei werden neben dem Attributnamen auch der Datentyp sowie der Initialisierungswert angegeben. Im unteren Abschnitt werden die Methoden aufgeführt. Die Symbole '–' bzw. '+' geben an, ob die Attribute bzw. Methoden als *private* oder *public* vereinbart worden sind.

Beispiel 3.9 Verstehen des Klassendiagramms

Erläutern Sie die Bedeutung von *- real: int = 0* in Bild 3.1.

Lösung:

Das Attribut *real* hat den Zugriffsstatus *private*, den Datentyp *int*. Es wird im Standardkonstruktor mit dem Wert 0 initialisiert. ■

In Teilbild b) ist das komprimierte Klassendiagramm abgebildet. Es wird verwendet, wenn *CComplex* in einem größeren Zusammenhang gezeigt werden soll, bei dem die Einzelheiten der Attribute und Methoden unwichtig sind.

CComplex
- real: int = 0 - imag: int = 0
+ CComplex + ~CComplex + ausgabe(void): void + add(c: CComplex): CComplex

a)

CComplex

b)

Bild 3.1 UML-Klassendiagramm der Klasse *CComplex*: a) ausführliche Variante, b) komprimierte Darstellung

3.2.5 Objekt: Instanz einer Klasse

Eine Klasse der OOP entspricht einer Struktur bei der prozeduralen Programmierung. Beide stellen gewissermaßen einen Bauplan dar, der den Aufbau eines neuen Datentyps beschreibt. Im Unterschied zur prozeduralen Sichtweise enthält eine Klasse bei der OOP neben den eigentlichen Daten auch die dafür zuständigen Funktionen.

Hat eine Variable den Aufbau, wie er in der Klassendeklaration beschrieben wird, heißt sie *Objekt der Klasse* oder *Instanz der Klasse.* Im Fall der Klasse *CComplex* besitzt jedes ihrer Objekte die beiden Attribute *real* und *imag* sowie die öffentliche Schnittstelle, die u. a. aus den beiden Methoden *void ausgabe(void)* und *CComplex add(CComplex _c)* besteht.

Die Instanzierung einer Klasse ist nichts anderes als das Anlegen einer Variablen.

Beispiel 3.10 Objekte instanzieren

Schreiben Sie ein Programmfragment, in dem zunächst eine Variable vom Typ *double* sowie ausgehend von der Klassendeklaration in Tabelle 3.1 zusätzlich zwei Objekte der Klasse angelegt werden. Zum Abschluss sollen mithilfe der Methode *void ausgabe(void)* die Werte dieser Objekte auf den Bildschirm ausgegeben werden.

Lösung:

```
void main(void) {
    // Anlegen (Instanzieren) der Variablen
    double wert = 0;
    CComplex c1;
    CComplex c2;
    // Aufruf der Methode void ausgabe(void)
    c1.ausgabe();
    c2.ausgabe();
    ...
}
```

Man erkennt, dass das Instanzieren von Objekten dem Anlegen einfacher Variablen vergleichbar ist. Nach der Typangabe (*double* oder *CComplex*) wird der Name der Variablen genannt (*wert* oder *c1* bzw. *c2*). Die Initialisierung wird in diesem Beispiel lediglich für die Variable *wert* durchgeführt; sie ist selbstverständlich auch für Objekte möglich (vgl. Abschnitt 3.2.3). Der Aufruf der Methode *ausgabe* erfolgt mithilfe des Selektionsoperators '.' getrennt für jedes Objekt.

■

Der Zugriff auf die Attribute und Methoden eines Objektes erfolgt so, wie es aus der prozeduralen Programmierung in Beispiel 3.3 für den Zugriff auf die Komponenten einer Struktur bekannt ist. Allerdings muss das Geheimnisprinzip beachtet werden.

Beispiel 3.11 Zugriff auf *private* Komponenten

Ergänzen Sie das Programmfragment aus Beispiel 3.10 so, dass dem Objekt *c1* im Laufe des Programms die komplexe Zahl 6 - j2 zugewiesen wird.

Lösung:

Zunächst wird das Objekt instanziert und mit den Werten 3 + j4 initialisiert. Für die Wertzuweisung wird man als Neuling möglicherweise folgende Variante probieren:

```
void main(void) {
    CComplex c1(3, 4);     // Initialisierung mit Konstruktor
    ...
    c1.real = 6;           // Fehler: kein Zugriff auf private Komponenten
    c1.imag = -2;          // Fehler: kein Zugriff auf private Komponenten
    ...
```

Hier wird versucht, den Zugriff auf private Attribute der Klasse aus einer Funktion heraus vorzunehmen, die nicht zur Klasse gehört. Das Ergebnis ist ein Syntax-Fehler: Der Compiler verhindert den unberechtigten Zugriff aus der Funktion *main()* heraus auf private Attribute eines Objekts. Das Geheimnisprinzip zeigt Wirkung: Die Daten bleiben geschützt.

■

set- und *get*-Methoden

Private Attribute unterliegen dem Geheimnisprinzip und können nur von Methoden der Klasse gelesen und verändert werden. Aus diesem Grund ist die Wertzuweisung in Beispiel 3.11 aus der Funktion *main()* heraus nicht erlaubt.

Um dennoch unkompliziert auf Attributwerte zugreifen zu können, ohne das Geheimnisprinzip zu verletzen, wird die Klasse mit *set*- und *get*-Methoden für die einzelnen Attribute ausgestattet. Hierbei liefert die *get*-Methode den jeweiligen Attributwert, mit der *set*-Methode wird der Attributwert verändert.

Beispiel 3.12 *set*- und *get*-Methode für den Realteil

Schreiben Sie eine *get*- und eine *set*-Methode für den Realteil einer komplexen Zahl.

Lösung:

```
void CComplex::setReal(double _real) {
    real = _real;
}
double CComplex::getReal(void) {
    return real;
}
```

■

Übung 3.3

Schreiben Sie eine *get*- und eine *set*-Methode für den Imaginärteil einer komplexen Zahl.

■

Weitere Methoden

Weitere Methoden legen das Verhalten der Klasse fest. Sie definieren u. a. die Operationen, die mit Objekten der Klasse möglich sind.

Beispiel 3.13 Implementierung der Methode *ausgabe();*

Erstellen Sie die Definition der Methode *CComplex::ausgabe();*, die Real- und Imaginärteil der komplexen Zahl auf dem Bildschirm darstellen soll.

Lösung:

Die Methode liefert keinen Rückgabewert, hat also den Typ *void*. Sie benötigt, im Gegensatz zur Funktion *ausgabe();* aus Beispiel 3.3 keinen Parameter, da sie an *ihr* Objekt gebunden ist und demnach die Attributwerte *ihres* Objektes kennt. Aus diesen Überlegungen ergibt sich folgender Programmcode:

```
void CComplex::ausgabe(void){
    cout <<real <<" + j" <<imag;
}
```

■

Übung 3.4

Erstellen Sie die Methoden *getBetrag* und *getWinkel*, die den Betrag und den Phasenwinkel der komplexen Zahl liefern. Testen Sie Ihre Lösung mit den Zahlen 1 + j3 und -3 + j4.

■

Übung 3.5

Erstellen Sie Methoden, mit denen Subtraktion, Multiplikation und Division komplexer Zahlen möglich werden. Testen Sie Ihre Lösung mit den Zahlen 1 + j3 und -3 + j4.

■

Darstellung in UML: Objektdiagramm

Beziehungen zwischen Objekten werden in UML durch das Objektdiagramm dargestellt. Objekte, die miteinander in einer Beziehung stehen, werden durch eine gerade Linie miteinander verbunden. Man sagt, dass über diese Verbindung Nachrichten zwischen den beteiligten Objekten ausgetauscht werden können. Diese Nachrichten bewirken, dass beim Empfängerobjekt bestimmte Aktionen ausgelöst werden.

Beispiel 3.14 Objektdiagramm

Beim Lösen quadratischer Gleichungen mithilfe des Ansatzes

$$x_{1,2} = \frac{-b \pm \sqrt{b^2 - 4ac}}{2a}$$

entstehen immer dann komplexe Lösungen, wenn der Radikand $b^2 - 4ac$ negativ wird. Stellen Sie in einem Objektdiagramm dar, dass das Objekt *q1* vom Typ *CQuadGleichung* die komplexen Lösungen in den Objekten *c1* und *c2* vom Typ *CComplex* ablegt.

Lösung:

Bild 3.2 zeigt das Objektdiagramm. Das Objekt *q1* schickt den Objekten *c1* und *c2* die Nachrichten *set(real)* und *set(imag)*. Daraufhin werden die gleichnamigen Methoden der Empfängerobjekte ausgeführt, die das Setzen von Real- und Imaginärteil bewirken. ▪

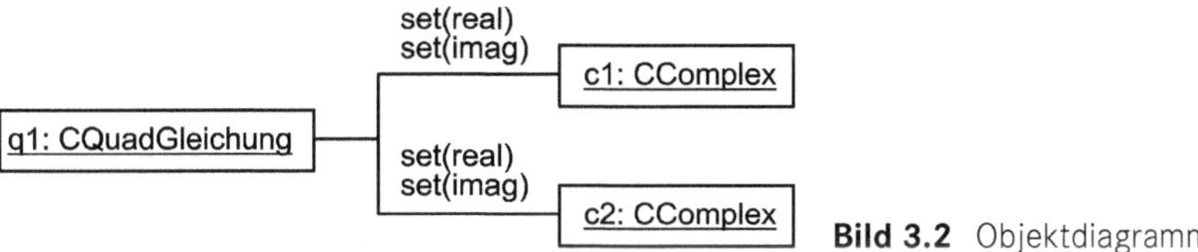

Bild 3.2 Objektdiagramm

Damit man das Klassen- vom Objektdiagramm unterscheiden kann, wird im Letzteren der Objektname unterstrichen. Die Klasse, von der das Objekt instanziert worden ist, wird vom Objektnamen durch ':' getrennt. Methoden tauchen in Objektdiagrammen nicht auf, da sie für alle Objekte der Klasse identisch sind. Allenfalls Attribute werden angegeben, da sie im Allgemeinen für jedes Objekt individuelle Werte annehmen.

3.2.6 Aufteilung in Dateien

In der Praxis wird streng zwischen der Klassen*deklaration* und der Klassen*definition* unterschieden. Die Deklaration enthält den Bauplan, also die Auflistung der öffentlichen und privaten Komponenten. In der Definitionsdatei hingegen werden die Methoden implementiert; dort liegt echter Programmcode vor.

Deklaration und Definition werden in getrennten Dateien untergebracht. Als Dateiname wird der Name der jeweiligen Klasse verwendet. Die Datei mit der Endung „.h" enthält die Klassendeklaration. Die Methoden werden in der Datei mit der Endung „.cpp" ausprogrammiert.

Beispiel 3.15 Aufteilung in Dateien

Ordnen Sie für die Klasse *CComplex* aus Tabelle 3.1 die Klassendeklaration sowie die Definition der Methode *add* den korrekten Dateien zu.

Lösung:

Die Deklaration aus Tabelle 3.1 wird gemäß Listing 3.4 vollständig in die Datei „Complex.h" übernommen. Die Implementierung der Methode *add* erfolgt gemäß Listing 3.5 in der Datei „Complex.cpp". Damit diese Datei vom Compiler korrekt übersetzt werden kann, ist die Angabe der Klassendeklaration erforderlich. Dies wird durch Einbinden der Datei „Complex.h" gewährleistet. ▪

Listing 3.4 Klassendeklaration in der Datei Complex.h

```
class CComplex {
private:
    double real;
```

```
    double imag;
public:
    CComplex(void);
    ~CComplex(void);
    void ausgabe(void);
    CComplex add(CComplex _c);
};
```

Listing 3.5 Implementierung der Methode add in der Datei Complex.cpp

```
// Einbinden der Klassendeklaration
#include "Complex.h"
// Definition der Methode add
CComplex CComplex::add(CComplex _c) {
    CComplex res;
    res.real = real + _c.real;
    res.imag = imag + _c.imag;
    return res;
}
// Definition weiterer Methoden
...
```

3.2.7 Konstante Objekte

Objekte können ebenso wie Variablen von Grunddatentypen als Konstante vereinbart werden. Dazu wird hier wie dort das Schlüsselwort *const* bei der Deklaration verwendet.

```
void main(void) {
    const CComplex c4(14, 2);       // Definition des konstanten Objekts c4
```

Die Attribute des Objekts *c4* dürfen zur Laufzeit nicht mehr geändert werden. Dies wird vom Compiler überprüft: Es werden lediglich Methodenaufrufe akzeptiert, die garantieren, dass die Attributwerte des Objekts unverändert bleiben (vgl. Abschnitt 3.2.8).

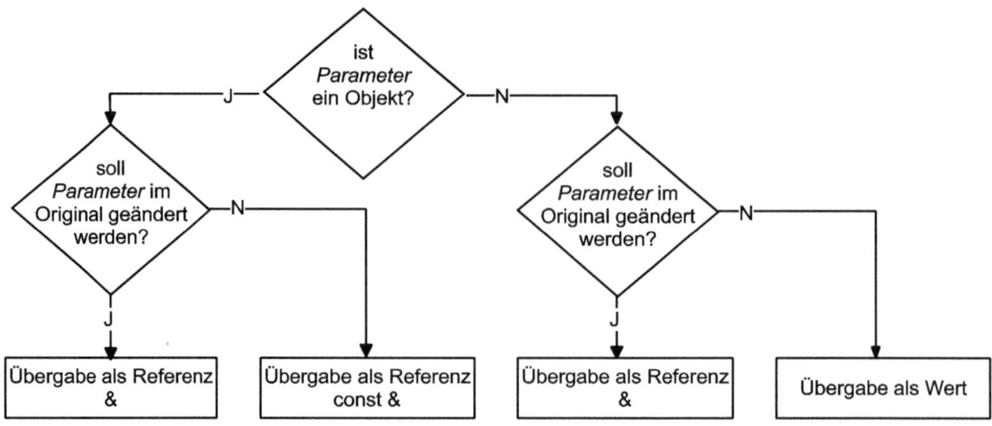

Bild 3.3 Schematische Vorgehensweise zur Auswahl der Parameterübergabe anhand der symbolischen Deklaration void methodeA(*Parameter*)

3.2.8 Hinweise zur Konstruktion von Methodenschnittstellen

Der Gestaltung von Methodenschnittstellen kommt hinsichtlich Verständlichkeit, Sicherheit und Effizienz große Bedeutung zu. Nachfolgende Hinweise zu deren Gestaltung verbessern einerseits die Effizienz der Programmausführung und verhindern andererseits ungewollte Manipulationen der im Original übergebenen Parameter.

1. Der Methodenname soll exakt beschreiben, was die Methode tut. Da Methoden das Verhalten der Klasse abbilden, bieten sich Verben als Namensbestandteil an.

2. Eine Methode, die die Attribute *ihres* Objekts nicht ändert, wird als *const* vereinbart. Diese Vereinbarung erfolgt sowohl in der Klassendeklaration als auch bei der Implementierung der Methode unmittelbar nach dem Ende der Parameterliste.

   ```
   void CComplex::ausgeben(void) const {
       cout <<real <<"," <<imag;
   }
   ```

   Eine Vereinbarung als *const* ist unbedingt notwendig, um Methoden auch auf konstante Objekte anwenden zu können (vgl. Abschnitt 3.2.7).

3. Die Art und Weise, wie Objekte zwischen Funktionen ausgetauscht werden (als Parameter an bzw. als Rückgabewerte von Funktionen/Methoden), kann die Effizienz des Programms erheblich beeinflussen. Erfolgt die Übergabe mit *call by value*, also als Kopie, so wird das Objekt Attribut für Attribut auf den Stack kopiert. Bei großen Objekten nimmt dies geraume Zeit in Anspruch. Der Funktionsaufruf geht schneller vonstatten, wenn die Übergabe in der Form *call by reference* erfolgt. In diesem Fall wird lediglich ein Verweis auf das Objekt in der Form eines Zeigers oder besser einer Referenz auf den Stack gelegt.

   Dem Vorteil der schnelleren Programmausführung steht in diesem Fall jedoch der Nachteil gegenüber, dass die Funktion damit prinzipiell die Möglichkeit hat, Originaldaten des übergebenen Objekts zu manipulieren. Werden Referenzen statt Zeiger verwendet, kann man einer Manipulation vorbeugen. Einen Anhalt für die passende Parameterwahl gibt Bild 3.3.

   Grunddatentypen werden immer als Kopie übergeben, es sei denn, ihr Originalwert soll innerhalb der Methode geändert werden (vgl. *void vertausche(int _x, int _y)* aus Beispiel 2.3). Ist der Parameter ein Objekt, lohnt sich meist die Übergabe als Referenz, weil der Kopieraufwand entfällt. Soll das übergebene Objekt zwar effizient übergeben, vor der Modifikation durch die Methode jedoch geschützt werden, muss die Übergabe als *const &* erfolgen.

4. Festlegen des Rückgabetyps

   Die Wahl des Rückgabetyps wird neben der gewünschten Effizienz auch von anderen Randbedingungen beeinflusst. Bild 3.4 erläutert Einzelheiten.

   Ist der Rückgabewert *kein* Attribut sondern eine lokale Variable, so *muss* die Rückgabe auch dann als Wert erfolgen, wenn die lokale Variable selbst ein Objekt ist. Dies liegt daran, dass sie im Allgemeinen nach dem Ende der Methode nicht mehr existiert.

```
CComplex add(Complex _c1, Complex _c2){
    Complex res;
    res.real = _c1.real + _c2.real;
    res.imag = _c1.imag + _c2.imag;
    return res;
}
```

Die Rückgabe der lokalen Variable *res* als Referenz wäre in diesem Fall fatal, da die Referenz nach dem Ende der Methode *add* auf eine ungültige Variable verweist (vgl. Beispiel 2.4). Für Attribute gilt diese Einschränkung natürlich nicht: Eine Rückgabe als Referenz lohnt aus Effizienzgründen jedoch nur dann, wenn die Rückgabewerte keine Grunddatentypen, sondern (große) Objekte sind.

Das Verketten von Methoden erfordert weitere Überlegungen, die ausführlich in [Bre09], Abschnitt 20 beschrieben werden.

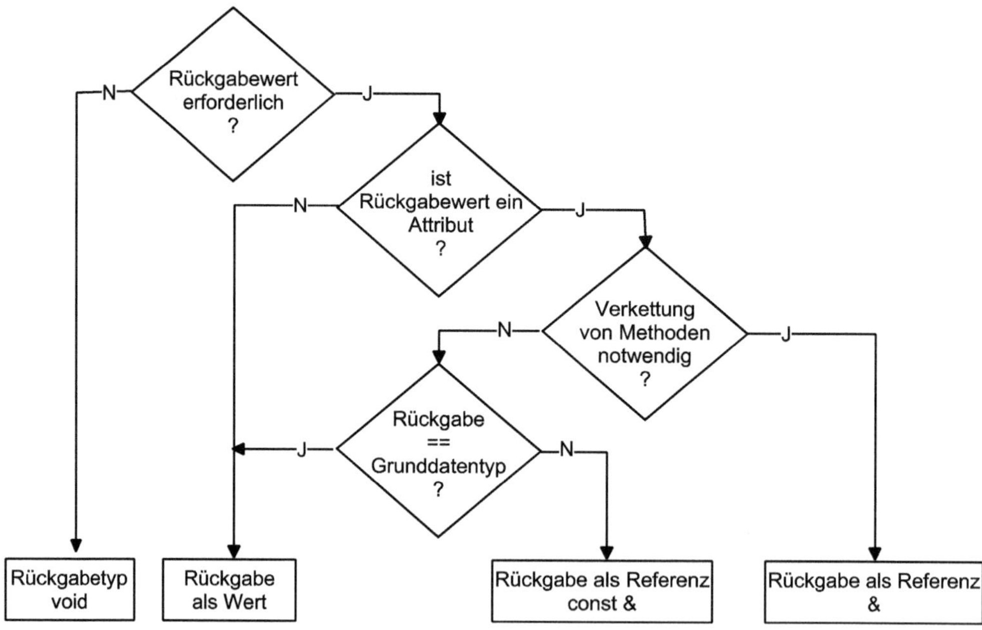

Bild 3.4 Schematische Vorgehensweise zur Auswahl des Rückgabetyps einer Methode

3.2.9 *this*-Zeiger

Innerhalb einer Methode ist gelegentlich ein expliziter Verweis auf das Objekt selbst erforderlich, das die besagte Methode aufruft. Auf seine einzelnen Komponenten kann innerhalb der Methode immer über die Attribut- bzw. Methodennamen zugegriffen werden. Das Objekt als Ganzes ist implizit durch den Zeiger *this* verfügbar. Listing 3.6 zeigt eine alternative Formulierung der Methode *add*, bei der der Aufruf der Attribute *real* und *imag* des aktuellen Objekts unter Verwendung des *this*-Zeigers erfolgt.

Listing 3.6 Verwendung des *this*-Zeigers

```
CComplex CComplex::add(CComplex _c) {
    CComplex res;
    res.real = this->real + _c.real;
    res.imag = this->imag + _c.imag;
    return res;
}
```

Der *this*-Zeiger zeigt auf das aktuelle Objekt. Beim Zugriff auf Komponenten des Objekts muss der Zeiger durch *(*this).real* oder *this->real* dereferenziert werden. ■

3.2.10 Zusammengesetzte Klassen

Die Attribute von Klassen müssen keineswegs ausschließlich Grunddatentypen sein. Im Gegenteil: Leistungsfähige Architekturen zeichnen sich auch dadurch aus, dass einfache Grundelemente zu immer komplexeren Bestandteilen kombiniert werden. So können Klassen andere Klassen als Komponenten enthalten. Letztere werden eingelagerte Klassen genannt.

Beispiel 3.16 Das beste Spielzeug der Welt

Aus Sicht des Autors sind LEGO-Steine das beste Spielzeug der Welt. Dies liegt daran, dass nur wenige einfache Grundtypen vorliegen (1er-, 2-er, 4-er, 6-er und 8-er Steine), aus denen dennoch sehr komplexe Gebilde geformt werden können. ■

Dies wird an Vorüberlegungen für die Datenstrukturen von 2D-CAD-Programmen deutlich. Mit solchen Programmen sollen zweidimensionale technische Zeichnungen erstellt werden können. Grundlegende Datenelemente sind sicherlich Linien und einfache geometrische Formen wie Kreis, Rechteck oder Dreieck.

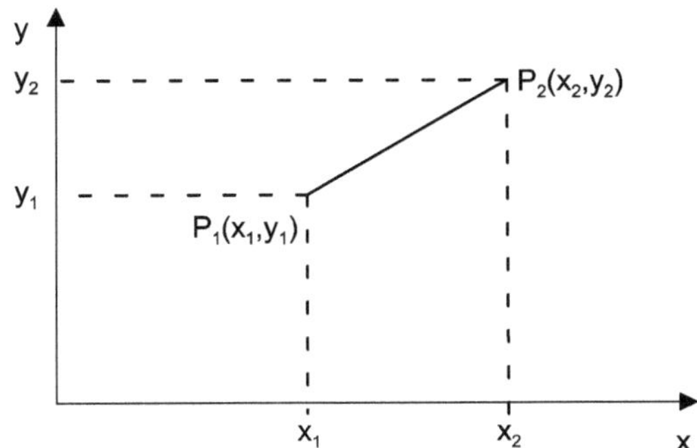

Bild 3.5 Linie in einem zweidimensionalen Koordinatensystem

Die Entwicklung eines Datenkonzeptes erfolgt anhand von Bild 3.5. Man erkennt, dass eine Linie eindeutig über die Punkte P_1 und P_2 festgelegt wird. Die Punkte wiederum sind durch ihre Koordinaten im xy-Koordinatensystem bestimmt. Offensichtlich ist der Punkt ein wichtiges Grundelement bei der Entwicklung eines CAD-Systems.

Beispiel 3.17 Modellierung eines Punktes

Erstellen Sie die Datenstruktur für einen Punkt im zweidimensionalen Koordinatensystem. Statten Sie die Klasse mit den erforderlichen *set*- und *get*-Methoden aus.

Lösung:

```
class CPunkt {
private:
    double x;
    double y;
public:
    CPunkt(void);
    ~CPunkt(void);
    CPunkt(double _x, double _y);
    double getX(void);
    double getY(void);
    void setX(double _x);
    void setY(double _y);
};
CPunkt::CPunkt(void)
: x(0), y(0)
{}
CPunkt::~CPunkt(void)
{}
double CPunkt::getX(void) {
    return x;
}
double CPunkt::getY(void) {
    return y;
}
void CPunkt::setX(double _x){
    x = _x;
}
void CPunkt::setY(double _y){
    y = _y;
}
```

■

Unter Verwendung der erstellten Klasse *CPunkt* kann eine Linie einfach modelliert werden. Sie besteht aus zwei verschiedenen Objekten vom Typ *CPunkt*. Die zugehörige Klassendeklaration für die Klasse *CLinie* findet sich in Listing 3.7.

Listing 3.7 Klassendeklaration der Klasse *CLinie*

```
#include "punkt.h"
class CLinie {
private:
    CPunkt p1;
    CPunkt p2;
public:
    CLinie(void);
    ~CLinie(void);
    CLinie(CPunkt _p1, CPunkt _p2);
};
```

Selbstverständlich muss die Klassendeklaration von *CPunkt*, die in der Datei „punkt.h“ enthalten ist, vor der Deklaration der Klasse *CLinie* eingebunden werden. Neben dem Standardkonstruktor enthält *CLinie* einen überladenen Konstruktor.

Beispiel 3.18 Definition des überladenen Konstruktors

Geben Sie die Definition des überladenen Konstruktors an.

Lösung:

Aufgabe des überladenen Konstruktors ist die Initialisierung von Anfangs- und Endpunkt der Linie mit beliebigen Werten:

```
CLinie::CLinie(CPunkt _p1, CPunkt _p2)
: p1(_p1), p2(_p2)
{}
```

■

Übung 3.6

Ist ein Konstruktor der Art *CLinie(double _x1, double _y1, double _x2, double _y2)* ebenfalls möglich?

■

Darstellung in UML: Beziehungen zwischen Klassen

Wenn eine Klasse Teil einer anderen Klasse ist, spricht man von einer Aggregation. Die Aggregation ist ein Spezialfall einer Assoziation und wird beschrieben durch „ist-Teil-von“ bzw. „besteht-aus“. Um herauszufinden, in welchem Zusammenhang die beiden Klassen 1 und 2 stehen, werden versuchsweise Formulierungen verwendet: Ergibt der Satz „Klasse 1 besteht aus Klasse 2“ Sinn, dann handelt es sich bei dieser Beziehung tatsächlich um eine Aggregation.

Beispiel 3.19 Zusammenhang zwischen *CLinie* und *CPunkt*

Überprüfen Sie den Zusammenhang zwischen den Klassen *CLinie* und *CPunkt*.

Lösung:

Die Formulierung „Eine Linie besteht aus 2 Punkten“ macht Sinn. Daher wird der Zusammenhang zwischen *CLinie* und *CPunkt* durch eine Aggregation beschrieben.

■

Bei einer Aggregation sind ein oder mehrere Objekte Teil eines größeren Objekts. Eine Aggregation wird durch die Begriffe *„besteht aus“* bzw. *„ist ein Teil von“* beschrieben. Bestandteile einer Aggregation können ihrerseits weitere Aggregationen enthalten.

■

Beispiel 3.20 Aggregation

Überprüfen Sie, ob die Beziehung der beiden Klassen *CPunkt* und *CRechteck* durch eine Aggregation beschrieben werden kann.

Lösung:

Versuch 1: Ein Punkt *besteht aus* einem Rechteck. In dieser Reihenfolge macht eine Aggregation keinen Sinn.

Versuch 2: Ein Punkt *ist Teil von* einem Rechteck. Dieses Satzfragment klingt sinnvoll. Daher kann die Beziehung zwischen Rechteck und Punkt als Aggregation modelliert werden.

■

Bei Klassenbeziehungen dieser Art wird noch zwischen starker und schwacher Aggregation unterschieden. Eine schwache Aggregation liegt immer dann vor, wenn man einen Bestandteil eines zusammengesetzten Objekts entnehmen und in ein anderes Objekt einfügen kann.

Beispiel 3.21 schwache Aggregation

In jedem Auto müssen Verbandskasten und Warndreieck vorhanden sein. Die Beziehung zwischen diesen Objekten ist eine Aggregation, da sowohl Verbandskasten als auch Warndreieck *Teil von* einem Auto sind.

Wird ein Auto verschrottet, wird man üblicherweise Warndreieck und Verbandskasten nicht verschrotten, sondern in ein anderes Auto übernehmen. Dies ist ein Zeichen für eine schwache Aggregation.

■

Eine starke Aggregation ist gegeben, wenn das eingebundene Objekt nur in Verbindung mit dem Ganzen existieren kann. Besteht ein zusammengesetztes Objekt nur aus starken Aggregationen, wird es auch Komposition genannt.

Beispiel 3.22 Starke Aggregation

Neben dem Kopf- und dem Fußteil besteht ein Bett aus den Seitenteilen, dem Lattenrost und einer Matratze. Ordnen Sie die einzelnen Komponenten der starken bzw. schwachen Aggregation zu.

Lösung:

Wird ein Bett verschrottet, können allenfalls Lattenrost und Matratze weiterverwendet werden (aber auch nur dann, wenn sie in das neue Bett passen). Die Beziehung wäre in diesem Fall als schwache Aggregation darstellbar. Kopf-, Fuß- und Seitenteile dagegen werden nicht in andere Betten integriert; ihre Beziehung zum Bett wird als starke Aggregation modelliert.

■

Das zusammengesetzte Teil wird in UML durch eine Raute gekennzeichnet. Bei starker Aggregation ist die Raute gefüllt, ansonsten bleibt sie leer. Die Kardinalität wird als Zahl über die Verbindungslinie geschrieben. Sie gibt an, aus wie vielen Teilobjekten sich das Ganze zusammensetzt.

Bild 3.6 Beziehung zwischen Rechteck und Punkt; ein Rechteck besteht aus zwei Punkten

Die Kardinalität 2 in Bild 3.6 berücksichtigt, dass in der Klassendeklaration des Rechtecks im Lösungsvorschlag zu Übung 3.9 nur der linke untere sowie der rechte obere Punkt aufgeführt sind. Damit ist das Rechteck eindeutig bestimmt.

Übung 3.7

Stellen Sie die Beziehung zwischen *CLinie* und *CPunkt* als UML-Diagramm dar. ■

Übung 3.8

Ein Kraftfahrzeug besteht aus Karosserie, Tank, Fahrwerk, Achsen und Rädern. Skizzieren Sie das Klassendiagramm der Klasse *KFZ*. Kennzeichnen Sie starke und schwache Aggregationen. Geben Sie die Kardinalitäten an. ■

Instanzierung von zusammengesetzten Klassen

Klassen müssen bei der Instanzierung die als Attribute eingelagerten Objekte initialisieren. Haben die eingelagerten Objekte keine eigens erstellten Konstruktoren, so ist zu ihrer Initialisierung nichts Besonderes zu tun. Sie erfolgt mit dem vom System bereitgestellten Default-Konstruktor ohne besonderen Aufruf. Hat eine eingelagerte Klasse aber einen oder mehre selbst definierte Konstruktoren, so muss einer dieser Konstruktoren über eine geeignete Parameter-Übergabe aufgerufen werden. Dies wird beim Anlegen eines Objektes vom Typ *CLinie* deutlich: Hierbei müssen zwei Objekte vom Typ *CPunkt* entstehen.

Variante 1 erstellt zunächst die beiden Objekte *pkt1* und *pkt2* vom Typ *CPunkt*. Diese werden dem überladenen Konstruktor von *CLinie* als Parameter übergeben und bewirken die Initialisierung der in *CLinie* eingelagerten Punkt-Objekte.

```
// Variante 1
CPunkt pkt1(2,3);
CPunkt pkt2(4,7);
CLinie l1(pkt1,pkt2);
```

Bei Variante 2 werden passende Konstruktoren von *CPunkt* direkt in der Argumentliste des überladenen Konstruktors von *CLinie* aufgerufen. Ob es sich hier um überladene oder Standardkonstruktoren handelt, ist unerheblich.

```
// Variante 2
CLinie l2(CPunkt(),CPunkt(3,3));
```

Übung 3.9

Erstellen Sie die Klasse *CRechteck* mit den notwendigen Konstruktoren. ■

Übung 3.10

Erstellen Sie die Klasse *CKreis* mit den notwendigen Konstruktoren sowie den erforderlichen *set-* und *get*-Methoden.

■

3.2.11 Überladen von Operatoren

In C++ ist eine große Menge an Operatoren definiert, mit deren Hilfe beliebig geschachtelte Ausdrücke in einem Programm aufgebaut werden können. Manche Operatorsymbole können mehrere Bedeutungen haben:

```
int k = 13;
cout << k;        // Ausgabe von k auf den Bildschirm: << ist der Ausgabeoperator
k = k << 2;       // k wird um 2 Bit nach links geschoben: << ist der Schiebeoperator
```

Die konkrete Bedeutung ergibt sich aus dem Programmkontext und ist mitunter auf bestimmte Datentypen begrenzt: Der Ausgabeoperator kann auf alle Grunddatentypen angewandt werden. Der Schiebeoperator ist dagegen lediglich für Festkomma-, aber nicht für Gleitkommazahlen definiert.

Neben Funktionen und Methoden können in C++ auch die Operatorsymbole aus Tabelle 3.3 überladen, also mit einer weiteren Bedeutung versehen werden. Die grundlegende Idee ist die Verwendung einer *einheitlichen Schreibweise* zur Verknüpfung sowohl von Standarddatentypen als auch von Objekten. Für manche Klassen ist das nützlich, weil man Programme so ausdrucksstärker formulieren kann.

Beispiel 3.23 Rechnen mit komplexen Zahlen

Für das Rechnen mit komplexen Zahlen wurden in Listing 3.5 sowie Übung 3.5 die Methoden *add, sub, mul* und *div* entwickelt. Die Anwendung dieser Methoden erfolgt im nachfolgenden Programmfragment:

```
CComplex cc1(1,3);        // überladener Konstruktor
CComplex cc2(-3,4);       // überladener Konstruktor
CComplex cc3;             // Standardkonstruktor
cc3 = cc1.add(cc2);       // Addition, cc3 = cc1 + cc2
cc3 = cc1.sub(cc2);       // Subtraktion, cc3 = cc1 - cc2
cc3 = cc1.mul(cc2);       // Multiplikation, cc3 = cc1 * cc2
cc3 = cc1.div(cc2);       // Division, cc3 = cc1 / cc2
```

Obwohl die Bedeutung der einzelnen Methodenaufrufe sich teilweise aus deren Namensgebung erschließt, wäre ein Programm, das die bekannten arithmetischen Operatoren +, -, * und / verwendet, noch intuitiver verständlich.

■

Zum Verständnis eines mit Operatoren aufgebauten Ausdrucks ist die Kenntnis seiner Eigenschaften wichtig:

- Die Stelligkeit eines Operators gibt die Anzahl der an der Operation beteiligten Operanden an. Es gibt:
  - unäre Operatoren: - (Vorzeichen), ++, - -, ...
  - binäre Operatoren: +, –, *, /, &&, | |, ...
  - einen ternären Operator: ? :
- Die Priorität eines Operators legt in Ausdrücken mit verschiedenen Operatoren die Reihenfolge fest, in der die einzelnen Operationen ausgeführt werden.
- Bei mehreren Operatoren gleicher Priorität muss man wissen, ob der Ausdruck von links nach rechts oder rechts nach links ausgewertet wird (Assoziativität).

Tabelle 3.3 Operatoren, die in C++ überladen werden können

<table>
<tr><td>/</td><td>%</td><td>^</td><td>|</td><td>~</td><td>!</td><td><</td><td>></td></tr>
<tr><td>+=</td><td>–=</td><td>*=</td><td>/=</td><td>%=</td><td>^=</td><td>&=</td><td>|=</td></tr>
<tr><td><<</td><td>>></td><td><<=</td><td>>>=</td><td>==</td><td>!=</td><td><=</td><td>>=</td></tr>
<tr><td>&&</td><td>| |</td><td>++</td><td>- -</td><td>,</td><td>->*</td><td>new</td><td>delete</td></tr>
</table>

Vorsicht ist geboten bei Operatoren, die sowohl unär als auch binär definiert sind und daher mehrere Bedeutungen haben.

Tabelle 3.4 Operatoren, die sowohl unär als auch binär definiert sind und überladen werden können

unäre Bedeutung		binäre Bedeutung	
+	pos. Vorzeichen	+	Addition
-	neg. Vorzeichen	-	Subtraktion
*	Dereferenzierung	*	Multiplikation
&	Adressoperator	&	bitweises UND

Beim Überladen kann weder die Priorität noch die Ausführungsreihenfolge der Operatoren geändert werden. Binäre Operatoren bleiben binär und unäre Operatoren bleiben unär. Neue Operatorsymbole können nicht definiert werden. Ein Operand muss immer ein Klassentyp sein, d. h. man kann die Operatoren für die Standardtypen nicht umdefinieren. Kein Parameter einer Operatorfunktion darf optional sein.

Syntax der Operatorüberladung

Listing 3.8 verdeutlicht die Syntax der Operatorüberladung anhand ihrer Deklaration sowie ihrer Definition.

Listing 3.8 Syntax der Operatorüberladung

```
// Deklaration
RückgabeTyp operator symbol (Parameterliste);

// Definition
RückgabeTyp [KlassenName::]operator symbol (Parameterliste) {
    // Funktions- bzw. Methodenrumpf
}
```

Das Kürzel *symbol* in Listing 3.8 steht für das Operatorsymbol aus Tabelle 3.3, das überladen werden soll. Der Umfang der Parameterliste hängt einerseits davon ab, ob ein unärer oder binärer Operator überladen werden soll. Zudem wird sie davon beeinflusst, ob die Überladung als Methode oder Funktion erfolgt.

Beispiel 3.24 Überladung des Additionsoperators als Methode einer Klasse

Überladen Sie den Additionsoperator für die Klasse *CComplex* und wenden Sie ihn am Beispiel 3.23 an.

Lösung:

```
// Deklaration in "Complex.h"
class CComplex {
    ...
    public:
    ...
    CComplex operator+(CComplex _c);
    ...
}
// Definition in "Complex.cpp"
CComplex CComplex::operator+(CComplex _c) {
    CComplex res;
    res.real = real + _c.real;
    res.imag = imag + _c.imag;
    return res;
}
```

Der Additionsoperator ist ein binärer Operator, besitzt also einen linken und einen rechten Operanden. Definitionsgemäß ist der linke Operand das Objekt, dessen Operatormethode aufgerufen wird. Der rechte Operand wird als Parameter übergeben.

In Beispiel 3.23 erfolgt anstelle der Zeile

```
cc3 = cc1.add(cc2);        // Addition, cc3 = cc1 + cc2
```

der Aufruf des überladenen Operators so:

```
cc3 = cc1 + cc2;           // Addition, cc3 = cc1 + cc2
```

■

Die Operatornotation in C++ aus dem Lösungsvorschlag von Beispiel 3.24 ist nur eine Kurzschreibweise für eine spezielle Funktionsnotation. Die beiden nachfolgenden Programmzeilen sind äquivalent:

```
cc3 = cc1 + cc2;            // Addition, cc3 = cc1 + cc2
cc3 = cc1.operator+(cc2); // Addition, cc3 = cc1 + cc2
```

Man erkennt, dass der linke Operand *cc1* das Objekt ist, dessen Operator+-Methode aufgerufen wird. Sie erhält den rechten Operanden *cc2* als Parameter.

Statt als Methode kann ein Operator auch als freie Funktion überladen werden. In diesem Fall ist die Überladung nicht an eine Klasse gebunden. Bei Überladung als freie Funktion hat die Funktion so viele Parameter wie der Operator Operanden besitzt.

Beispiel 3.25 Überladung des Additionsoperators als freie Funktion

Ersetzen Sie die Funktion *add* aus Beispiel 3.3 durch den überladenen Additionsoperator so, dass er für Instanzen der Struktur *Complex* angewendet werden kann.

Lösung:

Der Operator wird als freie Funktion überladen. Da er nicht an eine Klasse gebunden ist, müssen sowohl linker als auch rechter Operand als Parameter übergeben werden.

```
Complex operator+(Complex _c1, Complex _c2) {
    Complex res;
    res.real = _c1.real + _c2.real;
    res.imag = _c1.imag + _c2.imag;
    return res;
}
```

Im Hauptprogramm werden drei Instanzen der Struktur *Complex* aus Beispiel 3.3 angelegt. Der Aufruf des als freie Funktion überladenen Operators erfolgt so:

```
void main(void) {
    Complex c1 = {2,3}, c2 = {1,5}, c3 = {0,0};
    c3 = c1 + c2;                  // Addition, c3 - c1 + c2
    ...
```

Auch hier sind die beiden nachfolgend aufgeführten Schreibweisen äquivalent und können wahlweise benutzt werden:

```
    c3 = c1 + c2;                  // Addition, c3 = c1 + c2
    c3 = operator+(c1, c2);        // Addition, c3 = c1 + c2
```

Die Operatoren aus Tabelle 3.5 müssen zwingend als Methode überladen werden, damit sichergestellt wird, dass der linke Operand sicher ein Objekt der Klasse ist.

Tabelle 3.5 Operatoren, die als Methode überladen werden müssen

=	[]	()	->*	->

Übung 3.11

Die Operator-Überladung ist in C++ eine Möglichkeit, ausdrucksstarke Programme zu formulieren. Operatoren können als freie Funktion oder als Methode überladen werden. Ist der linke Operand, also der erste Parameter des Operators, kein Klassenobjekt, so darf die Überladung nicht als Methode, sondern muss als freie Funktion deklariert werden.

Überladen Sie die Operatoren -, * und / für die Klasse *CComplex*. ■

3.3 Vererbung

Lernziele

Der/die Lernende

- kennt die Einsatzgebiete der Vererbung,
- kann Klassenhierarchien entwickeln und beschreiben,
- wendet das Vererbungsprinzip an.

Klassen können auf zwei verschiedene Arten wieder verwendet werden: Zum einen kann eine Klasse Bestandteil einer anderen Klasse sein. Dies ist im Beispiel der Klasse *CLinie* der Fall, die sich aus zwei Objekten vom Typ *CPunkt* zusammensetzt.

Die zweite Möglichkeit der Wiederverwendung von bestehendem Programmcode ist die Vererbung. Diese Beziehung wird intuitiv durch die Formulierung *„ist ein"* beschrieben. In diesem Fall erbt eine Klasse alle Elemente und Eigenschaften einer anderen Klasse. Neben dem Geheimnisprinzip ist das Vererbungsprinzip ein weiteres Basiskonzept der OOP. Eine Klasse, die Eltern-, Basis- oder Oberklasse genannt wird, kann das in ihr beschriebene Verhalten an eine andere Klasse weitergeben. Die Klasse, die von der Oberklasse erbt, wird Kind-Klasse, abgeleitete Klasse, Unterklasse oder Nachkomme genannt.

Attribute und Methoden, die in der Oberklasse definiert sind, werden in der abgeleiteten Klasse wiederverwendet. Lediglich die Unterschiede zwischen Eltern- und Kindklasse müssen neu erstellt werden. Man spart Zeit und verringert das Risiko von Programmierfehlern, wenn der geprüfte Programmcode der Oberklasse auch in der abgeleiteten Klasse zum Einsatz kommt.

3.3.1 Gemeinsamkeiten und Unterschiede

Elektronische Bauelemente wie Widerstände, Kondensatoren oder Spulen haben Gemeinsamkeiten, weisen aber auch Unterschiede auf. Sind diese Bauelemente Teil einer elektronischen Schaltung, so ist für deren Fertigung die Angabe der Position wichtig, an der das Bauteil auf der Platine montiert wird. Für die Kostenkalkulation anhand der Stückliste muss der Preis jeder Komponente bekannt sein.

Alle drei Bauteile setzen dem elektrischen Strom einen Widerstand entgegen. Bei ohmschen Widerständen ist diese Impedanz konstant. Im Gegensatz dazu hängt die Impedanz bei Kondensatoren und Spulen aber auf unterschiedliche Weise von der Frequenz des Stromes ab. Die genannten Eigenschaften der Bauelemente, also Preis, Position und Widerstand, Kapazität oder Induktivität werden als Attribute modelliert und fließen in die Klassendeklaration aus Bild 3.7 ein.

CWiderstand
- preis: double = 0 - position: CPunkt = 0 - r: double = 0
+ CWiderstand + ~CWiderstand ...

CSpule
- preis: double = 0 - position: CPunkt = 0 - l: double = 0
+ CSpule + ~CSpule ...

CKap
- preis: double = 0 - position: CPunkt = 0 - c: double = 0
+ CKap + ~CKap ...

Bild 3.7 Klassendiagramm der drei Bauelemente

Bereits eine oberflächliche Betrachtung der drei Klassen zeigt, dass sie Redundanzen enthalten: Jede der drei Klassen enthält die beiden Attribute *preis* und *position* und benötigt zusätzlich die zugehörigen *set*- und *get*-Methoden.

Darstellung in UML: Vererbung

Grundidee der Vererbung ist es, Gemeinsamkeiten von Objekten in einer Basisklasse abzulegen und Spezialitäten in den abgeleiteten Klassen zu modellieren. Angewandt auf die o.g. Bauelemente bedeutet dies: Es wird eine Klasse *CBauelement* definiert, in der die gemeinsamen Aspekte der angesprochenen Bauelemente erfasst werden. Von dieser Klasse werden „spezielle" Klassen abgeleitet, die die Besonderheiten von Widerstand, Spule und Kondensator enthalten. Bild 3.8 zeigt den Zusammenhang der so entstehenden 4 Klassen in UML-Darstellung.

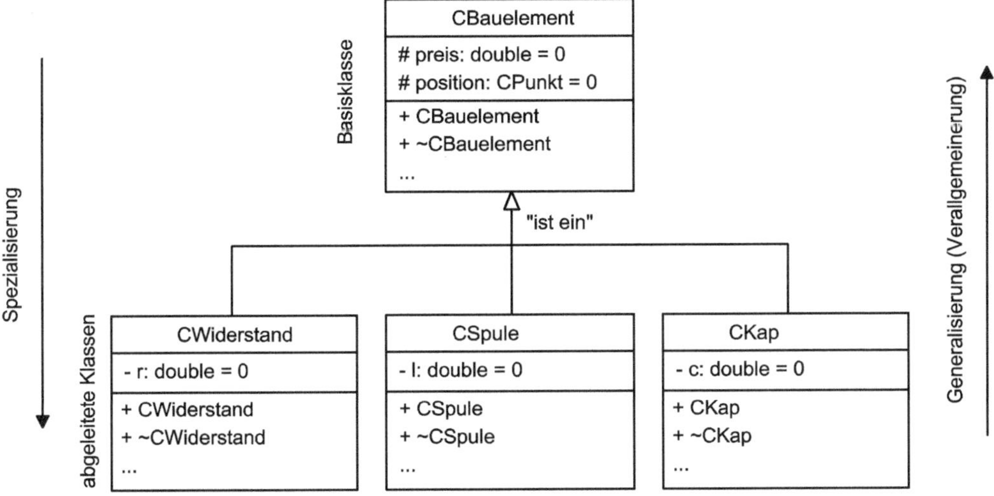

Bild 3.8 Klassendiagramm der drei Bauelemente als Nachkommen der Klasse *CBauelement*

Die Basisklasse *CBauelement* enthält die gemeinsamen Attribute *preis* und *position* samt den erforderlichen *set*- und *get*-Methoden. Diese Gemeinsamkeiten werden an die spezialisierten Klassen vererbt und dort durch individuelle Attribute (Widerstand *r*, Induktivität *l*, Kapazität *c*) und Methoden ergänzt.

Zusammenhang „ist ein"

Zwischen den abgeleiteten Klassen und der Basisklasse besteht ein Zusammenhang, der mit *„ist ein"* beschrieben werden kann: Ein Widerstand *„ist ein"* Bauelement. Auch Spulen und Kondensatoren sind Bauelemente. Diese Beziehung wird in UML durch einen Pfeil von der abgeleiteten zur Basisklasse symbolisiert.

Zwischen den abgeleiteten Klassen gilt dieser Zusammenhang nicht: Ein Widerstand ist *keine* Spule und ein Kondensator ist *kein* Widerstand.

Bedeutung von *public, private* und *protected*

Dem aufmerksamen Leser ist nicht entgangen, dass die Attribute der Basisklasse in Bild 3.8 offensichtlich weder als *private* ('-') noch als *public* ('+') vereinbart worden sind. Das hier verwendete Symbol '#' steht für das Schlüsselwort *protected.* Damit sind die Zugriffsmöglichkeiten für Klassenbestandteile vollständig festgelegt. Ihre Bedeutung ergibt sich aus folgenden Definitionen:

- *private:* So gekennzeichnete Elemente können nur von Methoden der eigenen Klasse, in der sie deklariert wurden, verwendet werden.
- *protected:* Elemente dieser Zugriffsklasse sind nur für Methoden der eigenen sowie aller daraus abgeleiteten Klassen verfügbar.
- *public:* Solche Elemente sind öffentlich und können von jeder Funktion innerhalb und außerhalb der eigenen Klasse benutzt werden.

3.3.2 Vererbungshierarchie

Der Stammbaum der Vererbung aus Bild 3.8 wird auch als Klassenhierarchie oder Vererbungsstruktur bezeichnet. Die Pfeile zeigen dabei von den abgeleiteten Klassen immer in Richtung der Oberklasse. Eine solche Hierarchie kann sich über mehrere Stufen erstrecken.

Am Beispiel eines Widerstandes lässt sich gut verdeutlichen, wer was an wen vererbt: Das konkrete Objekt *r1* aus Bild 3.9 enthält alle Attribute und Methoden sowohl der Unterklasse *CWiderstand* als auch der Oberklasse *CBauelement.*

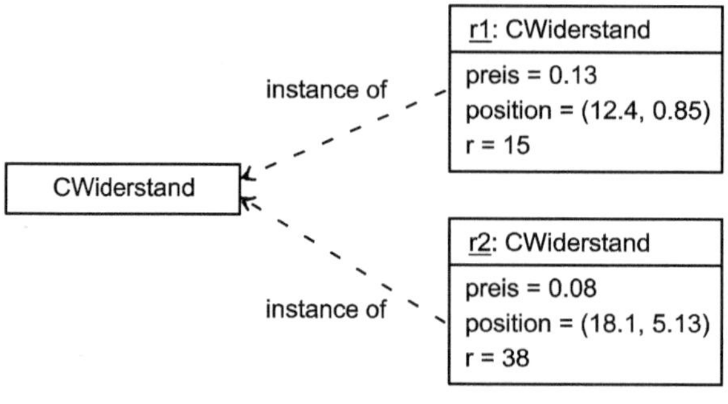

Bild 3.9 Vererbung von Unter- und Oberklasse an die konkreten Objekte *r1* und *r2* dargestellt als Objektdiagramm

Man erkennt an den Objektdiagrammen in Bild 3.9, dass *r1* und *r2* zwei Objekte der Klasse *CWiderstand* sind, die den gleichen Aufbau haben. Jedes der beiden Objekte enthält ein vollständiges Objekt der Basisklasse *CBauelement*. Die Werte ihrer Attribute sind individuell verschieden; daher gleichen sich die beiden Objekte, sind aber nicht identisch.

Übung 3.12

Ordnen Sie nachfolgende Begriffe aus dem täglichen Leben und stellen Sie ihren Zusammenhang als UML-Diagramm dar: Tafel Schokolade, Apfel, Lebensmittel, Brot, Grundnahrungsmittel, Banane. ■

Aus Gründen einer wirtschaftlich effizienten Programmentwicklung und höherer Softwarequalität werden von Programmen Wiederverwendung, gute Wartbarkeit und Erweiterungsfähigkeit gefordert. Dies wird durch Klassenhierarchien unterstützt: Neue Klassen werden gebildet, indem auf schon vorhandene, allgemeinere Klassendeklarationen mithilfe der Vererbung zurückgegriffen wird. ■

Der Einsatz der Vererbung bietet sich in folgenden Fällen an:

- Eine Klasse ergibt sich als Spezialisierung oder Erweiterung einer vorhandenen Klasse. Dies liegt immer dann nahe, wenn der *„ist ein"*-Zusammenhang zwischen beiden Klassen besteht.
- Eine Klasse vereint die Eigenschaften mehrerer vorhandener Klassen (Mehrfachvererbung).
- Mehrere parallel entwickelte Klassen enthalten einen gemeinsamen Kern, der als Basisklasse verwendet werden kann *(CWiderstand, CSpule* abgeleitet aus *CBauelement)*. In diesem Fall ist es nützlich, die gemeinsamen Attribute und Methoden in eine eigene Klasse auszulagern und die parallel entwickelten Klassen als Nachkommen dieser neuen Klasse festzulegen.

Vorteile der Vererbung:

- Die abgeleitete Klasse erbt die Elemente von der Basisklasse, ohne dass sie neu progammiert oder neu übersetzt werden müssen.
- Die „geerbten" Elemente können in der abgeleiteten Klasse ergänzt und erweitert werden:
  - Hinzufügen zusätzlicher Methoden oder Attribute,
  - Modifikation bestehender Methoden.

Verschiedene Klassen in einer Hierarchie können eine gemeinsame, einheitliche Schnittstelle haben, was den Umgang mit Objekten dieser Klasse vereinfacht.

3.3.3 Ableitung und Zugriffsrechte

Es gibt mehrere Möglichkeiten, wie eine Klasse ihre Elemente an Nachkommen vererben kann. Zunächst wird das prinzipielle Vorgehen anhand von Beispiel 3.26 erläutert. Anschließend werden weitere Einzelheiten behandelt.

Beispiel 3.26 Ableiten der Klasse *CBauelement*

Leiten Sie die Klasse *CWiderstand* aus der Klasse *CBauelement* ab.

Lösung

```
class CWiderstand : public CBauelement {
protected:
    double r;
public:
    CWiderstand(void);
    CWiderstand(double _r);
    virtual ~CWiderstand(void);
    ...
};
```

Der Name der abgeleiteten Klasse *CWiderstand* wird durch ':' vom Namen der Basisklasse getrennt. Dies signalisiert dem Compiler, dass *CWiderstand* von der Klasse *CBauelement* erbt. Anschließend werden die speziellen Elemente der abgeleiteten Klasse deklariert. In diesem Fall sind dies das neue Attribut *r* sowie die erforderlichen Konstruktoren und Destruktoren der abgeleiteten Klasse. Selbstverständlich gehören auch die *set*- und *get*-Methode für das neue Attribut *r* dazu. ■

Übung 3.13

In Beispiel 3.26 wird für das Attribut *r* der Zugriffsstandard auf *protected* gesetzt. Wo liegt der Unterschied zur Verwendung von *private?* ■

Mehrere Vererbungsarten

Neben der in Beispiel 3.26 bereits praktizierten *public*-Ableitung der Klasse *CBauelement* gibt es zwei weitere Möglichkeiten der Vererbung. Welche Vererbungsart konkret eingesetzt werden soll, wird mit den Begriffen in [ ] bei der allgemeinen Formulierung der Vererbung festgelegt:

```
class CWiderstand : [private|protected|public] CBauelement{
    ...
};
```

Grundsätzlich erbt die abgeleitete Klasse alle Komponenten der Basisklasse. Jede Instanz von *CWiderstand* enthält demnach ein Objekt vom Typ *CBauelement*. Ob Methoden von *CWiderstand* auf Bestandteile des in *CWiderstand* enthaltenen Objekts der Basisklasse *CBauelement* Zugriff haben, wird durch das Zugriffsrecht in der Basisklasse und die Art der Vererbung bestimmt. Es gilt:

- *public*-Ableitung: *class CWiderstand : public CBauelement*
  Bei dieser Art der Vererbung gilt, dass *protected*-Komponenten der Basisklasse auch in in der abgeleiteten Klasse zugänglich sind. Von außen kann jedoch auf diese Komponenten nicht zugegriffen werden. *public*-Komponenten der Basisklasse haben auch in der abgeleiteten Klasse den Status *public*.
- *protected*-Ableitung: *class CWiderstand : protected CBauelement*
  Bei der *protected*-Vererbung werden aus *public*-Komponenten der Basisklasse *protected*-Komponenten der abgeleiteten Klasse. Auf sie kann von „außerhalb" der abgeleiteten Klasse daher nicht mehr zugegriffen werden.
- *private*-Ableitung: *class CWiderstand : private CBauelement*
  Der Zugriffsstandard aller *public*- und *protected*-Komponenten der Basisklasse wird in der abgeleiteten Klasse *private*. Diese Form wird dann eingesetzt, wenn die abgeleitete Klasse eine gänzlich neue Schnittstelle erhalten soll, ohne dass Schnittstellenelemente der Basisklasse genutzt werden. Mit dieser Art der Ableitung wird nicht *ist ein* sondern *ist implementiert durch* modelliert.

Elemente, die in der Basisklasse als *private* deklariert wurden, sind in der abgeleiteten Klasse grundsätzlich nicht zugänglich - unabhängig davon, welche Art der Vererbung verwendet wird. Ein Zugriff hierauf ist nur über öffentliche Methoden der Basisklasse möglich. Durch Ableiten einer Klasse kann man sich also nicht den Zugriff auf deren private Elemente erschleichen. Zusammengefasst gelten die Regeln aus Tabelle 3.6.

Tabelle 3.6 Bedeutung der Zugriffsspezifizierer bei der Ableitung

	Art der Ableitung		
Zugriffsattribut in der Basisklasse	private	protected	public
private	kein Zugriff	kein Zugriff	kein Zugriff
protected	private	protected	protected
public	private	protected	public

Beispiel 3.27 Varianten bei der Vererbung

Gegeben ist folgende Klassendeklaration:

```
class CBasis {
    private: int a;
    protected: int b;
    public int c;
};
```

Überprüfen Sie unter Verwendung von Tabelle 3.6, welche Zugriffe in den Kindklassen möglich sind.

```
// Fall A, private-Vererbung
class CKind_1 : private CBasis {
    public: int getA() { return a;}        //Variante 1
    public: int getB() { return b;}        //Variante 2
    public: int getC() { return c;}        //Variante 3
}
// Fall B, protected-Vererbung
class CKind_1 : protected CBasis {
    public: int getA() { return a;}        //Variante 1
    public: int getB() { return b;}        //Variante 2
    public: int getC() { return c;}        //Variante 3
}
// Fall C, public-Vererbung
class CKind_1 : public CBasis {
    public: int getA() { return a;}        //Variante 1
    public: int getB() { return b;}        //Variante 2
    public: int getC() { return c;}        //Variante 3
}
```

Lösung:

Fall A, Variante 1: Syntax-Fehler; Kindklasse hat keinen Zugriff auf *private*-Elemente der Basisklasse.

Fall A, Variante 2: Kein Fehler; *protected*-Element der Basisklasse wird in Kindklasse *private*.

Fall A, Variante 3: Kein Fehler; *public*-Element der Basisklasse wird in Kindklasse *private*.

Fall B, Variante 1: Syntax-Fehler; Kindklasse hat keinen Zugriff auf *protected*-Elemente der Basisklasse.

Fall B, Variante 2: Kein Fehler; *protected*-Element der Basisklasse bleibt in Kindklasse *protected*.

Fall B, Variante 3: Kein Fehler; *public*-Element der Basisklasse wird in Kindklasse *protected*.

Fall C, Variante 1: Syntax-Fehler; Kindklasse hat keinen Zugriff auf *public*-Elemente der Basisklasse.

Fall C, Variante 2: Kein Fehler; *protected*-Element der Basisklasse bleibt in Kindklasse *protected*.

Fall C, Variante 3: Kein Fehler; *public*-Element der Basisklasse bleibt in Kindklasse *public*.

■

Überschreiben von geerbten Methoden

Die Spezialisierung der abgeleiteten Klassen ist keineswegs auf das Einfügen zusätzlicher Attribute beschränkt. Auch Methoden, die in der Basisklasse bereits erstellt worden sind, können für die abgeleiteten Klassen individuell abgeändert werden. Dieser Mechanismus wird Überschreiben genannt. Beispiel 3.28 erläutert die Zusammenhänge anhand der Klassendeklarationen aus Listing 3.9.

Listing 3.9 Klassendeklarationen; oben: *CBauelement* unten: *CWiderstand*

```
class CBauelement {
protected:
    double preis;
    CPunkt position;
public:
    CBauelement(void);
    CBauelement(double _preis, CPunkt _pos);
    ~CBauelement(void);
    void gebeBauelementWerteAus(void);
    ...
};
void CBauelement::gebeBauelementWerteAus(void) {
    cont<<"Keine Bauelemente vorhanden"<<endl;
}
class CWiderstand : public CBauelement {
protected:
    double r;
public:
    CWiderstand(void);
    CWiderstand(double _r);
    ~CWiderstand(void);
    void gebeBauelementWerteAus(void);
    ...
};
```

Beispiel 3.28 Spezialisierung der abgeleiteten Klasse

Die Klasse *CWiderstand* erbt alle Elemente der Basisklasse aus Listing 3.9, also auch die Implementierung der Methode *gebeBauelementWerteAus().* Objekte vom Typ *CBauelement* können lediglich die Position und einen Preis speichern, haben aber keinen konkreten Bauelementwert. Daher ist in *CBauelement::gebeBau elementWerteAus()* die Bildschirmausgabe „Keine Bauelementwerte vorhanden" sinnvoll.

Ohne weitere Maßnahmen würde dieser Text aber auch bei Objekten der Klasse *CWiderstand* erscheinen, da sie ja alle Methodenimplementierungen aus der Basisklasse vererbt bekommen. Erweitern Sie daher die Klasse *CWiderstand* so, dass für deren Objekte der korrekte Wert des Attributs *r* ausgegeben wird.

Lösungsvorschlag:

Die Methode der Basisklasse wird in der abgeleiteten Klasse überschrieben, also neu definiert. Damit ist die Implementierung der Basisklassenmethode für Objekte der abgeleiteten Klasse nicht mehr sichtbar, sondern wird durch die neue Definition ersetzt. Diese lautet für die Klasse *CWiderstand*:

```
void CWiderstand::gebeBauelementWerteAus(void) {
    cont<<"R ="<<r<<"Ohm<<endl;
}
```

■

Überschreiben bedeutet, dass eine Methode, die in der Basisklasse bereits definiert worden ist, in der abgeleiteten Klasse neu programmiert wird. Für Objekte der abgeleiteten Klasse gilt dann der Programmcode der „eigenen“ Methodendefinition. Er überschreibt die Methode, die von der Basisklasse vererbt worden ist. ■

Übung 3.14

Überschreiben Sie die Methoden *void CSpule::gebeBauelementWerteAus(void)* sowie *void CKap::gebeBauelementWerteAus(void)* mit passenden Definitionen. ■

3.3.4 Initialisierung bei abgeleiteten Klassen

Der Konstruktor von *CWiderstand* muss neben den speziellen Attributen von *CWiderstand* auch die Elemente des geerbten Basisklassenobjekts *CBauelement* mit Anfangswerten belegen. Sind dessen Elemente *private,* können sie nicht direkt angesprochen werden. Deshalb gibt es die Möglichkeit, das geerbte Objekt mit einem Konstruktor der Klasse *CBauelement* zu initialisieren. Dazu wird dieser bei der Definition des Konstruktors der abgeleiteten Klasse in der Initialisierungsliste hinter dem ’:‘ angegeben.

```
CWiderstand::CWiderstand(double _r, double _preis, CPunkt _punkt)
: r(_r), CBauelement(_preis, _punkt)
{}
```

Der Initialisierung abgeleiteter Objekte erfolgt stets von innen nach außen. Das heißt: Im konkreten Fall wird bei der Erzeugung eines Objektes der Klasse *CWiderstand* zuerst das eingebettete Objekt von *CBauelement* initialisiert und danach das Attribut *r.*

Die Initialisierung von Basisklassenattributen erfolgt in abgeleiteten Klassen nur über einen passenden Konstruktor der Basisklasse, der **alle** Attribute der Basisklasse initialisieren muss. Dessen Aufruf erfolgt in der Initialisierungsliste des Konstruktors der abgeleiteten Klasse. Sofern kein überladener Konstruktor der Basisklasse vorliegt, wird ihr Standard-Konstruktor automatisch aufgerufen. ■

3.3.5 Abstrakte Klassen

Gelegentlich findet man zwar eine gemeinsame Basisklasse für mehrere Klassen, die aber keinem Gegenstück in der „realen Welt“ entspricht.

In Übung 3.12 wurde eine Klassenhierarchie für die Begriffe Tafel Schokolade, Apfel, Lebensmittel, Brot, Banane und Grundnahrungsmittel abgeleitet. Hier ist Obst die Basisklasse für Äpfel und Bananen und Grundnahrungsmittel wiederum die Basisklasse für Brot und Obst. In der realen Welt hat jedes Brot und jeder Apfel ein bestimmtes Gewicht, so dass für diese Klassen das Attribut *gewicht* angebracht wäre. Demzufolge würden Klassen, die solche Objekte softwaretechnisch nachbilden, *set-* und *get-*Methoden für das Attribut *gewicht* erfordern.

Für eine Basisklasse *Grundnahrungsmittel* macht eine Implementierung ebendieser *set-* und *get*-Methoden jedoch keinen Sinn, da es ein Grundnahrungsmittel in der realen Welt – im Gegensatz zu Schokolade, Äpfeln und Brot – eben nicht als konkretes Objekt gibt. Klassen, bei der für mindestens eine Methode keine Implementierung angegeben ist, werden abstrakte Klasse genannt. Die Methoden, für die keine Implementierung vorliegt, heißen *rein virtuelle Methoden* (pure virtual function).

In der Klasse *CBauelement* können keine Bauelementwerte angegeben werden. Daher gibt die Methode *CBauelement::gebeBauelementWerteAus* in Listing 3.9 einen diesbezüglichen Hinweis auf den Bildschirm aus. Sinnvoller ist es jedoch, diese Methode als rein virtuell zu deklarieren. Dazu wird die Klassendeklaration wie folgt geändert:

```
class CBauelement {
protected:
    double preis;
    CPunkt position;
public:
    CBauelement(void);
    CBauelement(double _preis, CPunkt _pos);
    ~CBauelement(void);
    void gebeBauelementWerteAus(void) = 0; // rein virtuelle Methode
    ...
};
```

Der Zusatz = *0* hinter der Methodendeklaration macht eine Methode zu einer virtuellen Methode, für die keine Implementierung angegeben werden darf. Sobald eine Klasse eine rein virtuelle Methode besitzt, wird sie zur abstrakten Klasse. Von ihr können keine Instanzen erzeugt werden.

3.4 Lösungen

Übung 3.1

Ein Problem der prozeduralen Programmierung ist, dass die Daten öffentlich zugänglich sind. Sie können daher wie in Beispiel 3.2 von allen Funktionen verwendet und ggf. verändert werden. Um dies zu vermeiden, werden Attribute einer Klasse als *private* deklariert. Damit wird der Zugriff auf diese Daten durch Funktionen, die nicht Methoden der Klasse sind, zuverlässig verhindert.

Übung 3.2

Methoden können ohne Weiteres als *private* deklariert werden. Allerdings sind sie dann nicht mehr Bestandteil der Schnittstelle und können daher nicht von Funktionen aufgerufen werden, die nicht zur Klasse selbst gehören.

Übung 3.3

```
void CComplex::setImag(double _imag) {
    imag = _imag;
}
double CComplex::getImag(void){
    return imag;
}
```

■

Übung 3.4

Für den Betrag einer komplexen Zahl gilt:

$$z = real + j \cdot imag \quad \text{mit} \quad |z| = \sqrt{real^2 + imag^2}$$

- Der Winkel einer komplexen Zahl berechnet sich nach:

$$z = real + j \cdot imag = |z| \cdot (\cos\phi + j \cdot \sin\phi) \quad \text{mit} \quad \phi = \arctan\frac{imag}{real}$$

- Damit ergeben sich folgende Methoden:

```
double CComplex::getBetrag(void) {
    return sqrt( (real*real + imag*imag));
}
double CComplex::getWinkel(void) {
    return atan2(imag, real) * 180/3.14159;
}
```

■

Übung 3.5

Mit den Rechenregeln für komplexe Zahlen [Bronstein08] ergeben sich folgende Methoden:

```
CComplex CComplex::mul(CComplex _c) {
    CComplex res;
    double betrag, winkel;
    betrag = getBetrag() * _c.getBetrag();
    winkel = getWinkel() + _c.getWinkel();
    res.real = betrag * cos(winkel * 3.1415/180);
    res.imag = betrag * sin(winkel * 3.1415/180);
    return res;
}
CComplex CComplex::div(CComplex _c) {
    CComplex res;
    double betrag, winkel;
    betrag = getBetrag() / _c.getBetrag();
    winkel = getWinkel() - _c.getWinkel();
    res.real = betrag * cos(winkel * 3.1415/180);
    res.imag = betrag * sin(winkel * 3.1415/180);
    return res;
}
```

```
CComplex CComplex::sub(CComplex _c) {
    Complex res;
    res.real = real - _c.real;
    res.imag = imag - _c.imag;
    return res;
}
```

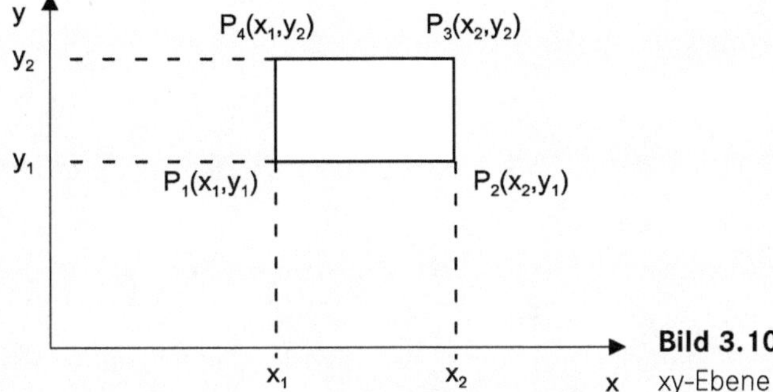

Bild 3.10 Rechteck in der xy-Ebene

Das vollständige Programm „Complex" finden Sie unter *https://www.thm.de/ei/uwe-probst/lehrbuecher#vorlesung-softwareentwicklung*

Übung 3.6

Ja; dieser Konstruktor übergibt die vier Koordinatenwerte an einen passenden überladenen Konstruktor von *CPunkt.*

```
CLinie::CLinie(double _x1, double _y1, double _x2, double _y2)
: p1(_x1, _y1), p2(_x2, _Y2)
{}
```

Übung 3.7

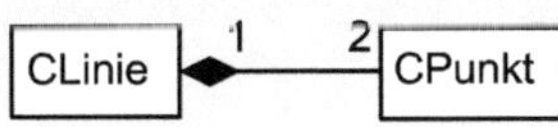

Bild 3.11 Aggregation zwischen *CLinie* und *CPunkt*

Übung 3.8

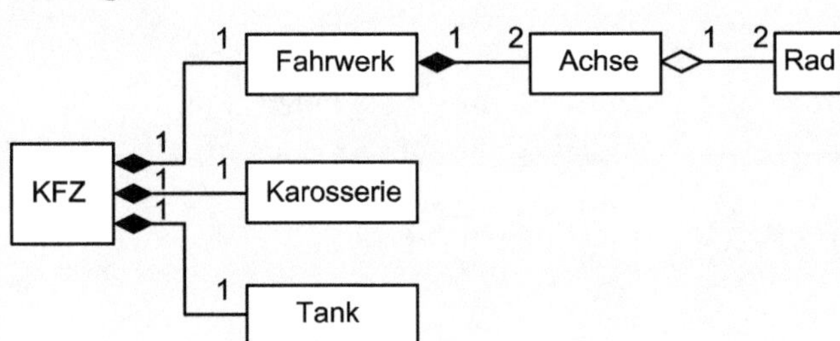

Bild 3.12 Klassendiagramm der Klasse KFZ mit Kardinalitäten sowie starken und schwachen Aggregationen

Übung 3.9

Ein Rechteck besteht nach Bild 3.10 aus vier Punkten. Daher lautet eine mögliche Klassendeklaration:

```
#include "Punkt.h"
class CRechteck {
private:
    CPunkt pLiU;
    CPunkt pReU;
    CPunkt pReO;
    CPunkt pLiO;
public:
    CRechteck(void);
    ~CRechteck(void);
    CRechteck(CPunkt _liU, CPunkt _reO);
};
```

Sind die Seiten des Rechtecks parallel zu den Koordinatenachsen, benötigt der überladene Konstruktor lediglich den unteren linken sowie den oberen rechten Punkt als Parameter. Die Koordinaten der beiden verbleibenden Punkte liegen dadurch bereits eindeutig fest. Die Initialisierung der Punkte erfolgt in der Initialisierungsliste. Da der Konstruktor von *CRechteck* nicht zu *CPunkt* gehört, müssen die *get*-Methoden von *CPunkt* verwendet werden, um auf x- und y-Koordinaten der in der Parameterliste übergebenen Punkte zuzugreifen.

```
CRechteck::CRechteck(CPunkt _pLiU, CPunkt _pReO)
: pLiU(_pLiU), pReO(_pReO),
pReU(_pReO.getX(),_pLiU.getY()),
pLiO(_pLiU.getX(),_pReO.getY())
{}
```

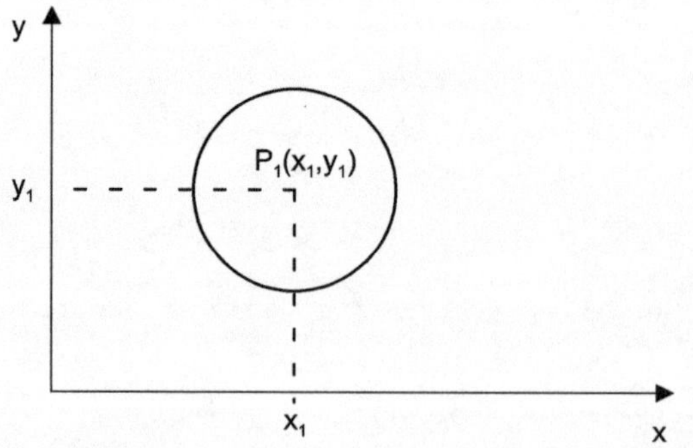

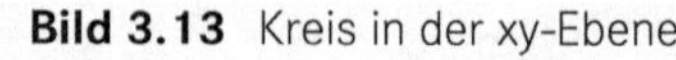
Bild 3.13 Kreis in der xy-Ebene

Das vollständige Programm „Geometrie“ finden Sie unter *https://www.thm.de/ei/uwe-probst/lehrbuecher#vorlesung-softwareentwicklung*

Übung 3.10

Ein Kreis besteht aus dem Mittelpunkt und einem Radius (s. Bild 3.13). Daher bietet sich folgende Klassendeklaration an:

```
#include "punkt.h"
class CKreis {
private:
    CPunkt m;
    double radius;
public:
    CKreis(void);
    ~CKreis(void);
    CKreis(CPunkt _m, double _radius);
    void setRadius(double _radius);
    void setM(CPunkt _m);
    double getRadius(void);
    CPunkt getM(void);
};
```

Das vollständige Programm „Geometrie“ finden Sie unter *https://www.thm.de/ei/uwe-probst/lehrbuecher#vorlesung-softwareentwicklung*

Übung 3.11

```
CComplex CComplex::operator-(CComplex _c) {
    CComplex res;
    res.real = real - _c.real;
    res.imag = imag - _c.imag;
    return res;
}
CComplex CComplex::operator*(CComplex _c) {
    CComplex res;
    double betrag, winkel;
    betrag = getBetrag() * _c.getBetrag();
    winkel = getWinkel() + _c.getWinkel();
    res.real = betrag * cos(winkel * 3.1415/180);
    res.imag = betrag * sin(winkel * 3.1415/180);
    return res;
}
CComplex CComplex::operator/(CComplex _c) {
    CComplex res;
    double betrag, winkel;
    betrag = getBetrag() / _c.getBetrag();
    winkel = getWinkel() - _c.getWinkel();
    res.real = betrag * cos(winkel * 3.1415/180);
    res.imag = betrag * sin(winkel * 3.1415/180);
    return res;
}
```

Übung 3.12

Eine Tafel Schokolade kann nach Bild 3.14 der Kategorie Süßigkeit und diese wiederum der Kategorie Lebensmittel zugeordnet werden. Es gilt dort die *„ist ein"* Beziehung: Eine Tafel Schokolade ist eine Süßigkeit, diese wiederum *„ist ein"* Lebensmittel. Äpfel und Bananen gehören zu Obst und sind ebenso wie Brot Grundnahrungsmittel.

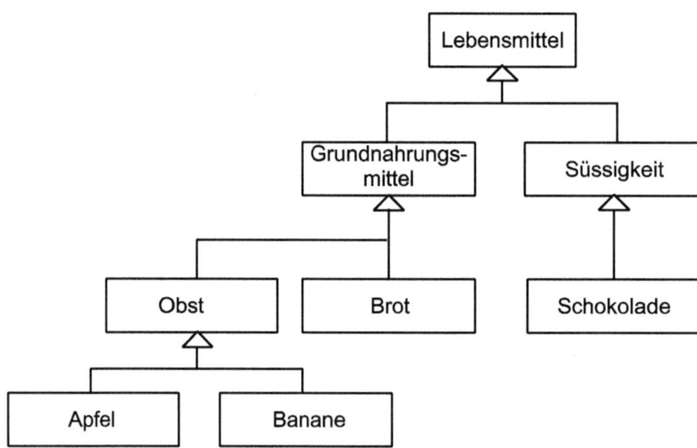

Bild 3.14 Klassenhierarchie am Beispiel alltäglicher Begriffe

Übung 3.13

Das neue Attribut soll dem Geheimnisprinzip unterliegen. Dies wird hier durch die Charakterisierung als *protected* erreicht. Prinzipiell könnte auch *private* zur Anwendung kommen. *Protected* ist dann vorteilhaft, wenn von der Klasse *CWiderstand* weitere Klassen abgeleitet werden sollten. In diesem Fall könnten die Nachkommen von *CWiderstand* die Attribute „ihrer" Basisklasse direkt benutzen.

Übung 3.14

```
void CKap::gebeBauelementWerteAus(void) {
     cout <<"C = " <<c <<" F" <<endl;
}
void CSpule::gebeBauelementWerteAus(void) {
     cout <<"L = " <<l <<" H" <<endl;
}
```

4 Dynamische Speicherverwaltung

Stack und *Heap* bezeichnen Bereiche im Arbeitsspeicher des Rechners. Der *Stack* ist ein Stapelspeicher, dessen Größe beim Compilieren eines Programms festgelegt wird und danach nicht mehr verändert werden kann. Er dient zur Aufnahme lokaler Variablen, Parameterlisten sowie von Rückgabewerten von Funktionen. Unter dem *Heap* versteht man den Teil des Arbeitsspeichers, der weder für den *Stack* noch das Betriebssystem oder andere Programme verwendet wird. Der *Heap* stellt also den frei verfügbaren Arbeitsspeicher eines Rechners dar. Speicherplatz auf dem *Heap* kann von Programmen dynamisch angefordert und wieder abgegeben werden.

In den bisherigen Programmbeispielen wurden Variablen und Objekte lokal - also auf dem *Stack* - angelegt. Der auf dem *Stack* benötigte Speicherplatz wird nach Bedarf reserviert und wieder freigegeben. In der Regel geschieht dies, wenn die Programmausführung in eine Funktion oder einen anderen lokalen Codeblock springt. Für die dort vereinbarten lokalen Variablen wird Speicherplatz reserviert, wenn das Programm die Funktion aufruft. Wird die Funktion oder der Block verlassen, wird der zu Beginn reservierte Speicher wieder freigegeben. All dies geschieht automatisch. Die Menge des jeweils von der Funktion bzw. dem Block benötigten Speichers liegt bereits zum Übersetzungszeitpunkt fest. Man nennt diese Art des Speichermanagements statische Speicherverwaltung, weil sie zur Laufzeit nicht beeinflusst werden kann.

4.1 Dynamisches Anlegen von Objekten

Lernziele

Der/die Lernende

- unterscheidet zwischen statischer und dynamischer Speicherverwaltung,
- kann Objekte zur Laufzeit anlegen und verwalten.

In C erfolgt die Anforderung und Freigabe von Speicher zur Laufzeit eines Programms mithilfe der Funktionen *malloc* und *free*. In C++ werden hierfür verschiedene Varianten der Operatoren *new* und *delete* bereitgestellt. Hier wie dort werden dynamisch erzeugte Objekte zur Laufzeit des Programmes auf dem *Heap* angelegt und besitzen daher keinen symbolischen Variablennamen. Stattdessen ist ein Zeiger notwendig, um auf diese „anonymen" Objekte zuzugreifen.

Tabelle 4.1 Anwendung der Operatoren *new* und *delete* auf einzelne Daten und Felder

	Operator	Bedeutung	Beispiel
1	new	Anforderung von Speicherplatz	int * pi = new int; *pi = 4; // Zugriff auf die Variable
2	new[ ]	Anforderung von Speicherplatz für Felder	double * pd = new double[100];
3	delete	Freigabe von Speicherplatz	delete pi;
4	delete[ ]	Freigabe von Speicherplatz für Felder	delete[ ] pd;

Operatoren *new* und *delete* mit Grunddatentypen

Tabelle 4.1 zeigt die wichtigsten Befehle. In Zeile 1 wird ein *int*-Wert dynamisch im Speicher angelegt. Der Operator *new* liefert als Rückgabewert einen Zeiger auf die neu angelegte anonyme Variable, welcher der lokalen Zeigervariablen *pi* zugewiesen wird. Zugriffe auf die Variable erfolgen ausschließlich mithilfe des Zeigers *pi*.

Die dynamische Vereinbarung von Feldern ist Gegenstand von Zeile 2. Hier wird ein Feld von 100 *double*-Variablen angelegt. Auch in diesem Fall liefert der Operator *new* als Rückgabewert einen Zeiger auf das erste Feldelement, der in die Zeigervariable *pd* geschrieben wird.

Sobald Objekte, die mit *new* angelegt worden sind, nicht mehr benötigt werden, muss der reservierte Speicherbereich mit dem Operator *delete* wieder freigegeben werden. Hierbei darf *delete* nur auf einen Zeiger angewandt werden, der vorher mit *new* erzeugt wurde. Im Fall einfacher Variablen erfolgt dies wie in Zeile 3. Hier wird die Variable, auf die die Zeigervariable *pi* verweist, zerstört. Die Reservierung des von ihr belegten Speicherbereichs wird anschließend aufgehoben.

Zeile 4 illustriert diesen Mechanismus für Felder, die mit *new* angelegt worden sind. Auch hier wird nicht etwa die Zeigervariable *pd* zerstört, sondern das Feld, auf das *pd* verweist. Der zugehörige Speicherbereich wird danach als „frei" gekennzeichnet und steht anderen Programmen wieder zur Verfügung.

Operatoren *new* und *delete* mit Objekten

In Listing 4.1 wird Speicherplatz für ein neues Objekt vom Typ *CComplex* beim Betriebssystem angefordert. Der Rückgabewert von *new* ist wiederum ein typisierter Zeiger auf das neu angelegte Objekt. Dieser Rückgabewert wird in den vorher vereinbarten Zeiger *pC* kopiert, der auf Objekte vom Typ *CComplex* zeigen kann. Beim Anlegen des Objekts wird automatisch der passende Konstruktor mit geeigneter Initialisierungsliste aufgerufen, um dem neu angelegten Objekt den Anfangswert 1 + j5 zuzuweisen.

Listing 4.1 Anlegen von neuen Objekten

```
CComplex * pC;            // Zeiger auf Objekte vom Typ CComplex
pC = new CComplex(1,5);   // Anlegen u. Initialisieren des Objekts 1 + j5
```

Falls *new* den angeforderten Speicher nicht beschaffen kann, hat der Rückgabewert von *new* definitionsgemäß den Wert *NULL*. Es wird nach Listing 4.2 eine Exception ausgelöst, die abgefangen werden sollte, um einen irregulären Programmabbruch zu verhindern.

Listing 4.2 Abfangen von Fehlschlägen beim Reservieren von Speicherplatz

```
try {
    double * pD = new double[20000000]; // das ist ein sehr großes Feld
}
catch (...) {
    // Wenn das Feld nicht angelegt werden kann, wird hiermit die
    // geworfene Exception aufgefangen
    cout <<endl <<"Nicht ausreichend Speicherplatz verfügbar" <<endl;
    exit(1);
}
```

Falls ein Feld von Objekten angelegt wird, kann nur der Standardkonstruktor der zugehörigen Klasse verwendet werden. Dies bedeutet, dass eine individuelle Initialisierung einzelner Feldelemente so nicht möglich ist. Selbst entwickelte Klassen sollten daher immer einen Standardkonstruktor besitzen.

4.2 Felder mit dynamisch änderbarer Länge

Lernziele

Der/die Lernende

- versteht das Prinzip von Feldern mit dynamisch änderbarer Länge,
- unterscheidet sicher zwischen tiefer und flacher Kopie,
- kann passende Methodenschnittstellen konstruieren,
- versteht das Prinzip des Kopierkonstruktors.

4.2.1 Einführende Beispiele

Mithilfe der dynamischen Speicherverwaltung können Felder entworfen werden, die genau so viele Elemente enthalten, wie es der aktuelle Datensatz erfordert. Aus den Grundlagen der C-Programmierung ist bekannt, dass der Name eines Feldes ein Zeiger auf das erste Feldelement ist. Lesen und Schreiben von Feldelementen kann auch mit Zeigern formuliert werden; daher sind die Programmfragmente nach Listing 4.3 prinzipiell gleichwertig und können bei statischen wie dynamischen Feldern eingesetzt werden.

Listing 4.3 Zuweisung an Feldelemente; links: über Index; rechts: über Zeiger

```
int wert[10];
for (int i=0; i < 10; i++)
// normaler Feldzugriff
wert[i] = i;
```

```
int wert[10];
for (int i=0; i < 10; i++)
// Zugriff per Zeiger
*(wert + i) = i;
```

Beispiel 4.1 Speichern von Messdaten

Eine Wetterstation speichert stündlich die Messwerte ab. Entwerfen Sie eine Datenstruktur, in der die Temperaturmesswerte eines Tages gespeichert werden können. Sorgen Sie dafür, dass diese Datenstruktur bei Bedarf auf eine halbstündliche Messung erweitert werden kann.

Lösung:

Die Standardlösung herkömmlicher Art wäre vermutlich die Definition eines Feldes, das die 24 Messwerte eines Tages speichern kann:

```
double temperaturWerte[24] = {0};
```

Mit dieser Variante kann der Messzyklus aber nicht ohne Weiteres geändert werden, da zusätzliche Messwerte nicht im bestehenden Feld gespeichert werden können. Daher wird hier eine Klasse entworfen, die ein sicheres Feld realisiert, dessen Feldlänge zur Laufzeit geändert werden kann. Sie enthält den Zeiger *first* auf das erste Feldelement. Die Länge des Feldes, also die Anzahl der Feldelemente, steht in *size*. Der hier definierte überladene Konstruktor legt ein Feld an, dessen Länge als Parameter vorgegeben werden kann. Die Feldelemente werden mit 0 initialisiert.

```
class CDynamischesFeld {
protected:
    int size;
    double *first;
public:
    CDynamischesFeld (void);
    ~ CDynamischesFeld (void);
    CDynamischesFeld (int _size);
    ...
};
CDynamischesFeld:: CDynamischesFeld (int _size) {
    size = _size;
    first = new double[size];
    for (int i = 0; i < size; i++)
       first[i] = 0;
}
```

■

Beispiel 4.2 Erweitern der Klasse *CDynamisches Feld*

Erweitern Sie die Klasse aus Beispiel 4.1 so, dass die Feldlänge zur Laufzeit geändert werden kann. Bei einer Vergrößerung sollen alle bestehenden Feldelemente an den Anfang des neuen Feldes kopiert werden. Ist die neue Feldlänge kleiner als die bestehende, sollen die ersten n Elemente aus dem alten Feld übernommen werden.

Wenden Sie die Erweiterung so an, dass die Temperaturen viertelstündlich gemessen und gespeichert werden können.

Lösung:

Die Klasse wird um die entsprechende Methode *void dynamischesFeld::setLength(int _newSize)* ergänzt:

```
void CDynamischesFeld::setLength(int _newSize) {
    double *ptr;
    ptr = new double[_newSize];
    if (size <= _newSize) {
       // Feld wird vergrößert
       for (int i = 0; i < size; i++)
               ptr[i] = first[i];
       for (int k = size; k < _newSize; k++)
               ptr[k] = 0;
    }
    else
       // Feld wird verkleinert
       for (int i = 0; i < _newSize; i++)
               ptr[i] = first[i];
    // altes Feld löschen
    delete[] first;
    first = ptr;
    // neuen Wert für size setzen
    size = _newSize;
}

void main(void) {
    // Anlegen eines Feldes für 24 Messwerte
    CDynamischesFeld * p1 = new CDynamischesFeld (24);
    ...
    // Erweitern des Feldes auf 96 Messwerte (= viertelstündliche Speicherung)
    p1->setLength(96);
    ...
};
```

Das vollständige Programm „FelderDynamischerLaenge" finden Sie unter *https://www.thm.de/ei/uwe-probst/lehrbuecher#vorlesung-softwareentwicklung*

Immer dann, wenn Felder mit variabler Länge zerstört werden sollen, muss der belegte Speicherbereich mit *delete[]* wieder freigegeben werden. Das kann vom Destruktor erledigt werden:

```
CDynamischesFeld::~CDynamischesFeld(void) {
    delete[] first;
}
```

Die Verwendung von Feldern deren Länge jederzeit geändert werden kann, bietet sich insbesondere bei Zeichenketten an.

Beispiel 4.3 Textfeld mit angepasster Länge

Entwerfen Sie eine Klasse *CString*, die in der Lage ist, Namen beliebiger Länge zu speichern.

Lösung:

Die Lösung gelingt mithilfe der dynamischen Speicherverwaltung. Die Klasse beinhaltet eine Längenangabe *len* sowie einen Zeiger *pTxt* auf einen dynamisch reservierten Speicherbereich, in dem der Name festgehalten wird. Neben dem Standardkonstruktor *CString()* ist ein überladener Konstruktor *CString(char * _txt)* sinnvoll. Mit seiner Hilfe soll eine Instanz der Klasse *CString* mit einer als Parameter übergebenen Zeichenkette initialisiert werden können.

```
class CString {
private:
    char * pTxt;
    int len;
public:
    CString();
    CString(char * _txt);
};
CString::CString()                  // Standardkonstruktor
: len(0), pTxt(NULL)
{}
CString::CString(char * _txt) {     // überladener Konstruktor
    len = strlen(_txt);             // Laenge der übergebenen Zeichenkette
                                    // ermitteln
    pTxt = new char[len + 1];       // Speicher für _txt und \0 holen
    strcpy(pTxt, _txt);             // die übergebene Zeichenkette in das neue
                                    // Objekt kopieren
}
```

■

Das vollständige Programm „CString“ finden Sie unter
https://www.thm.de/ei/uwe-probst/lehrbuecher#vorlesung-softwareentwicklung

■

Soll beispielsweise die Klasse *CBauelement* aus Abschnitt 3.3 den Namen des Lieferanten aufnehmen, von dem das jeweilige Bauelement bezogen wird, kann die Klasse aus Listing 3.9 mit der Lösung von Beispiel 4.3 erweitert werden:

Listing 4.4 Erweiterung der Klasse *CBauelement* um den Lieferantennamen

```
class CBauelement {
protected:
    CString lieferant;
    double preis;
    CPunkt position;
... };
```

Eine praktische Anwendung von Feldern mit variabler Länge ergibt sich bei der grafischen Darstellung von Messwerten. Häufig werden sie als Funktion der Zeit abgebildet. Sollen mehrere Verläufe in einem Diagramm erscheinen, müssen die einzelnen Zeitverläufe (z. B. durch ihre Bezeichnung) unterscheidbar werden können. Zusätzlich können weitere Attribute wie Farbe, Strichstärke oder Linienart sinnvoll sein. Man kann nicht davon ausgehen, dass alle darzustellenden Datensätze dieselbe Anzahl von Datenpunkten enthalten.

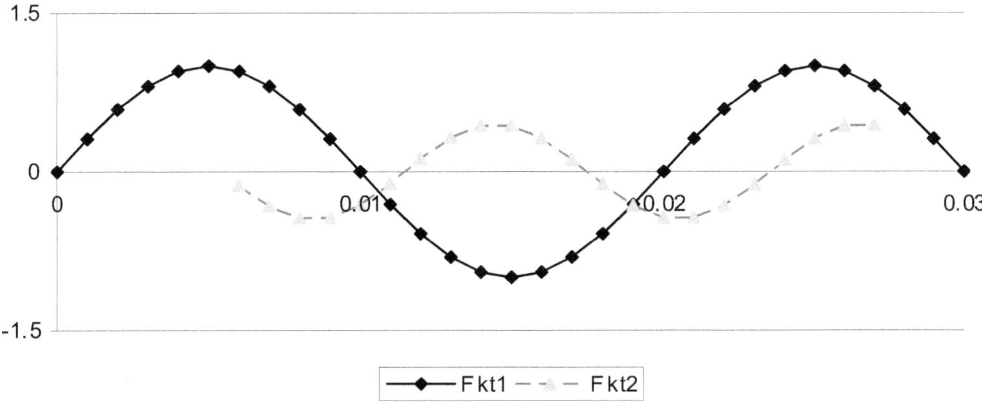

Bild 4.1 Darstellung zweier Zeitverläufe mit unterschiedlicher Anzahl an Datenpunkten

Für die Entwicklung einer geeigneten Klasse *CData* bedeutet dies, dass die Werteverläufe in einem Feld zusammengefasst werden. Da die Anzahl der Messwerte bei der Erstellung der Klasse noch offen ist, müssen Felder mit dynamisch änderbarer Länge verwendet werden.

Beispiel 4.4 Messwertklasse *CData*

Konzipieren Sie ausgehend von Beispiel 4.2 die Klasse *CData*, mit deren Hilfe Messwertverläufe beliebiger Länge erfasst werden können. Neben den einzelnen Wertepaaren soll auch die Bezeichnung des Werteverlaufs festgehalten werden.

Lösung:

Die Klasse speichert die eigentlichen Messwerte in je einem dynamischen Feld für die x- und y-Werte, die über die Zeiger *ptrXVal* und *ptrYVal* adressiert werden. Die aktuelle Feldlänge wird im Attribut *length* erfasst. Das Attribut *name* dient dazu, die Bezeichnung des Messwertverlaufs aufzunehmen.

```
class CData {
private:
    double *ptrXVal;                // Datenfeld für x-Werte
    double *ptrYVal;                // Datenfeld für y-Werte
    int length;                     // Laenge des Feldes
    CString name;                   // Bezeichnung der Messwerte
public:
    CData(void);                    //Standardkonstruktor
... };
```

■

Übung 4.1

Erstellen Sie den Standardkonstruktor *CData::CData()* so, dass beide Felder als leer gekennzeichnet werden. Der Name soll ebenfalls ein leerer String sein.

■

4.2.2 Unterschied zwischen tiefer und flacher Kopie

Für die Zuweisung von Objekten ist in C++ eine Standardvorgehensweise festgelegt, nach der die einzelnen Attribute Element für Element kopiert werden. Bei Klassen, die Zeiger als Attribute verwenden, muss genau überprüft werden, ob diese Maßnahmen ausreichen oder ob sie durch Überladen der Operatoren auf die gewünschte Funktionalität angepasst werden müssen.

Erläuterung der Problematik

In Listing 4.5 werden die beiden Objekte *n1* und *n2* als lokale Variablen auf dem *Stack* angelegt und initialisiert. Der Konstruktor der Klasse *CString* reserviert auf dem *Heap* dynamische Zeichenfelder und füllt sie mit den übergebenen Initialwerten „Dr. Klöbner" und „Müller-Lüdenscheid".

Die Situation unmittelbar nach dem Anlegen der beiden Variablen ist eindeutig und wird durch Bild 4.2 beschrieben. Der Zeiger *pTxt* jedes Objekts zeigt auf den ihm zugeordneten Speicherbereich auf dem *Heap* und den darin enthaltenen Text.

Listing 4.5 Probleme mit Zuweisungen bei Klassen, die Zeiger enthalten

```
CString n1("Dr. Kloebner");
CString n2("Mueller-Luedenscheid");
n2 = n1;          // Schritt 1: Zuweisung von n1 an n2
```

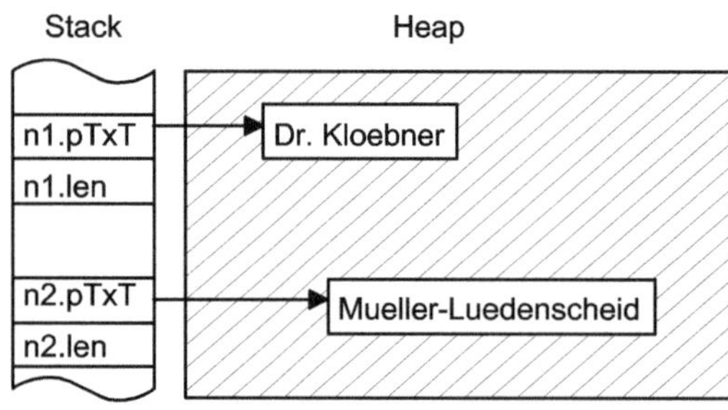

Bild 4.2 Aufteilung der Objekte aus Listing 4.5 auf *Stack* und *Heap*

Die Ausführung der nachfolgenden Programmzeile *n2 = n1* ändert die Verhältnisse fundamental: Bei dieser Zuweisung werden gemäß Bild 4.3 die Attribute von Objekt *n1* in die Attribute des Objektes *n2* kopiert. Ein Kopieren der Inhalte von *n1.pTxt* nach *n2.pTxt* bedeutet lediglich, dass *n2.pTxt* dieselbe Adresse enthält wie *n1.pTxt*. Der Zeiger *n2.pTxt* zeigt jetzt auf denselben Speicherbereich wie *n1.pTxt*, also auf „Dr. Kloebner".

Ein echtes Übertragen des vom Zeiger referenzierten Speicherbereichs erfolgt jedoch nicht. Stattdessen ist der ursprünglich von *n2.pTxt* adressierte Speicherbereich mit dem Inhalt „Mueller-Luedenscheid" verwaist. Da der Zeiger *n2.pTxt* „verbogen" wurde, kann auf diesen Text nicht mehr zugegriffen werden. Für die Speicherverwaltung ist dieser Bereich aber immer noch als „belegt" gekennzeichnet, kann nicht für andere Applikationen verwendet werden und bildet ein sogenanntes Speicherleck.

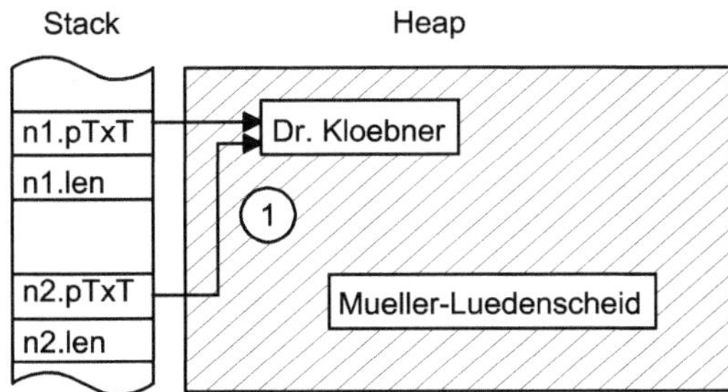

Bild 4.3 Aufteilung der Objekte aus Listing 4.5 auf *Stack* und *Heap* nach der Zuweisung in Schritt 1

Wird der Standard-Zuweisungsoperator auf Objekte angewendet, die Zeiger enthalten, entstehen sogenannte *flache* Kopien: Nur die Zeiger, nicht aber die zugehörigen Speicherbereiche werden kopiert. Im Gegensatz dazu werden bei einer *tiefen* Kopie die zugehörigen Speicherbereiche ebenfalls übertragen.

Ist bei Objekten, die Zeiger enthalten, eine tiefe Kopie erforderlich, so muss der Zuweisungsoperator für die betreffende Klasse überladen werden.

Überladen des Zuweisungsoperators

Die Aufgabe des überladenen Zuweisungsoperators ist es, eine tiefe Kopie von Objekten zu erstellen. Dies gelingt mit dem Programmcode aus Listing 4.6, dessen Wirkungsweise in Bild 4.4 illustriert wird.

Listing 4.6 Überladener Zuweisungsoperator für eine tiefe Kopie

```
CString & CString::operator=(CString _s) {
    int i;
    delete this->pTxt;                    // Loeschen des ursprünglichen Textes
    len = strlen(_s.pTxt);                // Ermitteln der Laenge fuer den neuen Text
    pTxt = new char[len+1];               // Reservieren von Speicherplatz
    for (i = 0; *(_s.pTxt+i) != '\0'; i++)
       *(pTxt+i) = *(_s.pTxt+i);          // Kopieren des neuen Textes
    *(pTxt+i) = '\0';                     // Abschliessen mit Terminatorzeichen
    return *this;
}
```

Nach dem Löschen des ursprünglichen Textes wird die Länge des neuen Textes bestimmt, ausreichend Speicherplatz für diesen Text und das Terminatorzeichen '\0' bereitgestellt und der betreffende Text kopiert.

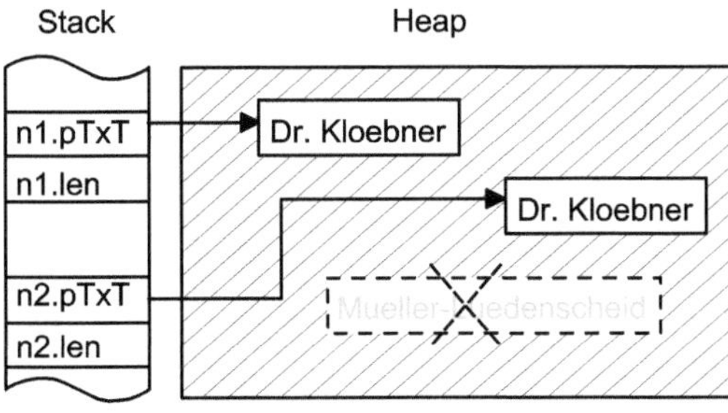

Bild 4.4 Tiefe Kopie durch überladenen Zuweisungsoperator

Verketten von Operationen

Aus der prozeduralen Programmierung ist bekannt, dass ein Verketten von Operatoren zulässig ist. Folgende Zeile weist allen 4 *int*-Variablen denselben Wert zu.

```
int a = b = c = d = 345;
```

Aus Abschnitt 3.2.11 ist bekannt, dass die Anweisung *n2 = n1;* als *n2.operator=(n1);* gelesen wird. Dies bedeutet, dass beim Verketten von Operatoren folgende Identität gilt:

n3 = n2 = n1; entspricht *n3.operator=(n2.operator=(n1));*

Damit auch beim selbst definierten Zuweisungsoperator ein Verketten möglich ist, liefert der überladene Operator aus Listing 4.6 als Rückgabewert eine Referenz auf das Objekt. Der Rückgabewert von *n2.operator=(n1)* ist damit ein Objekt und das Verketten funktioniert (vgl. [Bre09], Abschnitt 20).

4.2.3 Initialisierung durch Kopie

Eine ähnliche Problematik wie beim Zuweisungsoperator liegt vor, wenn Objekte durch Kopie aus einem anderen Objekt initialisiert werden. Ein solcher Fall ist in Listing 4.7 gezeigt.

Listing 4.7 Initialisierung durch Kopie

```
CString n1("Dr. Kloebner");
CString n4 = n1;          // Initialisierung durch Kopieren des Objekts n1
```

Auch wenn es auf den ersten Blick wie eine Zuweisung aussieht: In Listing 4.7 wird das Objekt *n4* mit einer Kopie von *n1* initialisiert. Verantwortlich für diese Initialisierung ist der sogenannte Kopierkonstruktor (vgl. Abschnitt 3.2.3). Wie schon beim Zuweisungsoperator wird vom System ein Standard-Kopierkonstruktor für jede Klasse bereitgestellt, der allerdings lediglich eine Kopie Attribut für Attribut erstellt. Dies bedeutet, dass bei Klassen mit Zeigern ebenfalls flache Kopien entstehen.

Soll bei der Initialisierung durch Kopie eine *tiefe Kopie* realisiert werden, so muss auch der jeweilige Kopierkonstruktor vom Programmierer explizit überladen werden.

■

Überladen des Kopierkonstruktors

Selbstverständlich unterliegt der Kopierkonstruktor denselben Namensregeln wie andere Konstruktoren: Er heißt wie die Klasse und darf keinen Rückgabewert liefern. Seine Aufgabe ist die Initialisierung *seines* Objekts durch das Kopieren eines anderen Objekts derselben Klasse, welches als Parameter übergeben wird. Mit diesen Überlegungen erhält man den Kopierkonstruktor der Klasse *CString* in Listing 4.8.

Listing 4.8 Kopierkonstruktor der Klasse *CString*

```
CString::CString(CString & _s){
   int i;
   len = strlen(_s.pTxt);          // Ermitteln der Laenge fuer den neuen Text
   pTxt = new char[len+1];         // Reservieren von Speicherplatz
   for (i = 0; *(_s.pTxt+i) != '\0'; i++)
      *(pTxt+i) = *(_s.pTxt+i);    // Kopieren des neuen Textes
   *(pTxt+i) = '\0';               // Abschliessen mit Terminatorzeichen
}
```

Der Kopierkonstruktor darf das zu kopierende Objekt nicht mit *call by value* erhalten, sondern muss es unbedingt als Referenz übergeben bekommen. ■

Übung 4.2

Begründen Sie, warum bei der Erstellung des Kopierkonstruktors eine Parameterübergabe der Form *call by value* ausgeschlossen ist. ■

Übung 4.3

Überladen Sie den Kopierkonstruktor für die Klasse *CData*. ■

4.3 Behälterklassen

Lernziele

Der/die Lernende

- kennt den grundlegenden Aufbau von Behälterklassen,
- programmiert die Mechanismen einfügen, suchen und löschen.

Behälterklassen sind Datenstrukturen zur Speicherung einer beliebigen Anzahl von Objekten. Die Grundidee ist es, statt einer bestimmten, fest vorgegebenen Menge von Objekten einzelne Objekte mithilfe eines oder mehrerer Zeiger zu verknüpfen. Dadurch können Datenstrukturen variabler Länge aufgebaut werden. Die einzelnen Elemente dieser Strukturen müssen – im Gegensatz zu statischen und dynamischen Feldern – *nicht zwingend* direkt hintereinander im Speicher liegen, sondern können nahezu beliebig verteilt sein. Man spricht in diesem Zusammenhang von verteilten Datenstrukturen.

4.3.1 Einfach verkettete Listen

Ein Anwendungsgebiet für einfach verkettete Listen ergibt sich immer dann, wenn eine variable Anzahl von zusammengehörigen Elementen verarbeitet werden muss.

Bild 4.5 zeigt vereinfacht die Draufsicht auf den Arbeitsbereich eines Bestückungsautomaten. Dargestellt ist der zweidimensionale Verfahrbereich, der mit einem kartesischen Koordinatensystem beschrieben wird. Angedeutet sind die Bestückungspositionen einzelner Bauteile; sie werden mit P_1 bis P_n bezeichnet. Sie könnten in dem Feld *liste* gespeichert werden:

```
CPunkt liste[laenge];     // statisches Feld konstanter Laenge
```

Der Parameter *laenge* muss jedoch bereits beim Übersetzen angegeben werden, damit der Compiler den entsprechenden Speicherplatz auf dem *Stack* bereitstellen kann. Zu diesem Zeitpunkt ist allerdings noch nicht bekannt, wie groß *liste* sein muss, da der Parameter *laenge* ja von der Anzahl der Bauelemente auf der Platine abhängt. Deren Zahl wiederum wird sich ändern, sobald eine andere Charge bearbeitet wird. In der Praxis müsste *liste* demnach so dimensioniert werden, dass auch die Platine mit der größtmöglichen Zahl an Bauelementen nicht zu einem Überschreiten der Feldlänge führt. Es ist einleuchtend, dass dies kein sinnvolles Vorgehen darstellt.

Es ist auch nicht sinnvoll, das Steuerprogramm des Automaten jedes Mal neu zu compilieren, wenn der zu bestückende Platinentyp gewechselt wird und sich die Anzahl der Bauelemente verändert. Stattdessen muss das Programm in der Lage sein, das Feld immer genau so groß zu machen, dass Platz für alle auf der Platine vorgesehenen Bauteile vorhanden ist.

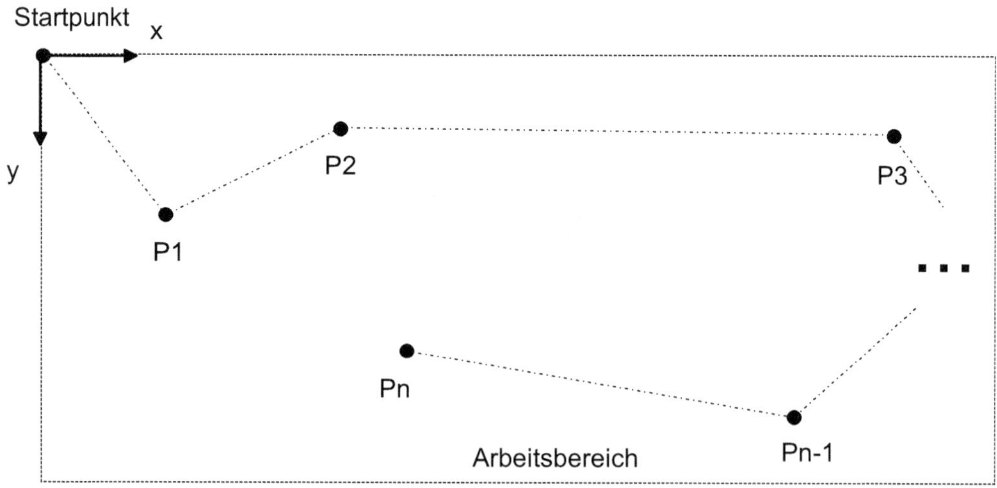

Bild 4.5 Positionen P_1 bis P_n, die von einem Bestückungsautomaten angefahren werden müssen

Grundlegende Idee ist es, den Speicher erst zur Programmlaufzeit zu reservieren, also dann, wenn die Zahl der benötigten Bauelemente bekannt ist. Dies gelingt mit Datenstrukturen, die die dynamische Speicherverwaltung nutzen.

Eine Liste von beliebig vielen Bestückungspositionen kann dadurch aufgebaut werden, dass einzelne Objekte vom Typ *CPunkt*, wie in Bild 4.6 dargestellt, durch einen Zeiger miteinander „verbunden“ werden.

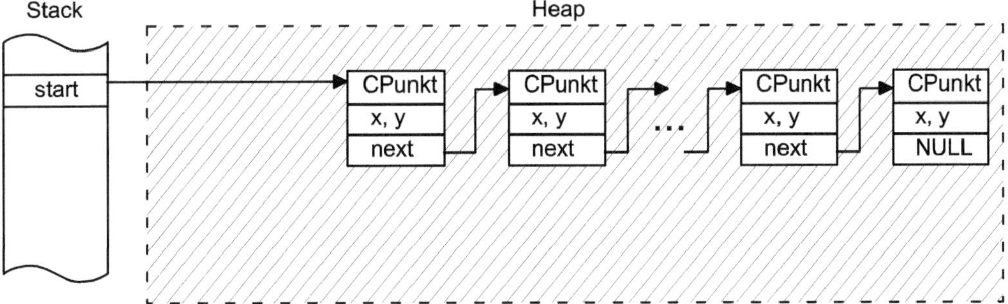

Bild 4.6 Schematische Darstellung einer einfach verketteten Liste

Auf dem *Stack* wird ein Zeiger angelegt, der auf die Listenobjekte zeigen kann. In Bild 4.6 ist dies *CPunkt * start*. Dieser sogenannte Startzeiger verweist auf das erste Listenelement. Der Zugriff auf die Listenelemente erfolgt immer ausgehend von diesem Startzeiger. Alle Elemente der Liste befinden sich auf dem *Heap*. Jedes Element verweist mithilfe des Verkettungszeigers auf das nachfolgende. Der *next*-Zeiger des letzten Elements zeigt auf *NULL* und kennzeichnet so das Ende der Liste. Prinzipiell können beliebig viele Elemente zu einer Liste verkettet werden – im Extremfall kann die Liste den gesamten zur Verfügung stehenden Speicher eines Computers belegen.

Beliebig viele Objekte eines Datentyps können in einer Datenstruktur vom Typ Liste gespeichert werden. Diese Listen dienen quasi als Behälter für die Listenelemente. Sie werden daher Behälter- oder Containerklassen genannt. ■

Konkret wird eine solche Liste als eigenständige Klasse realisiert. Wichtigstes Attribut ist der Startzeiger, der den Listenanfang markiert. Bild 4.7 illustriert den prinzipiellen Aufbau anhand des Klassendiagramms. Die Existenz der Listenobjekte ist grundsätzlich zwar unabhängig von der Liste. Allerdings macht der Erhalt der Elemente wenig Sinn, wenn die Liste gelöscht wird. Daher wird die Beziehung zwischen der Listenklasse und den darin enthaltenen Elementen hier als starke Aggregation modelliert.

Bild 4.7 Klassendiagramm der einfach verketteten Liste

Des Weiteren sind Methoden erforderlich, die den programmiertechnischen Umgang mit der Liste vereinfachen. Dazu zählen folgende Aufgaben:

- Hinzufügen neuer Elemente,
- Entfernen vorhandener Elemente,
- Suchen bestimmter Elemente.

Objekte, die in eine Behälterklasse aufgenommen werden sollen, müssen um einen Zeiger auf Objekte desselben Typs ergänzt werden. Dies ermöglicht bei Behälterklassen mit einfacher Verkettung den Verweis auf das nachfolgende Listenelement. Für doppelt verkettete Behälterklassen müssen die Listenelemente zwei Zeiger besitzen. Neben dem nachfolgenden Element wird dann ebenso auf das vorangehende Element verwiesen.

Im Beispiel aus Bild 4.6 erfordert dieses Vorgehen die Erweiterung der Klasse *CPunkt* um den Zeiger *CPunkt * next.*

Die Elemente einer Liste bestehen grundsätzlich aus zwei Komponenten:

- dem eigentlichen Dateninhalt, also im Beispiel einem Objekt der Klasse *CPunkt,*
- dem Zeiger *next* auf das nächste Objekt der Liste.

Beispiel 4.5 Erweitern der Klasse *CPunkt*

Erweitern Sie die Klasse *CPunkt* so, dass sie als Element einer einfach verketteten Listenklasse eingesetzt werden kann. Geben Sie die zusätzlich erforderlichen Attribute und Methoden an. Müssen bereits vorhandene Methoden angepasst werden?

Lösung:

Die Klasse benötigt einen Zeiger auf *CPunkt* sowie die dafür erforderlichen *set-* und *get*-Methoden. Des Weiteren müssen die Konstruktormethoden so angepasst werden, dass das neu hinzugekommene Attribut *next* sinnvoll initialisiert wird.

```
// erweiterte Klassendeklaration
class CPunkt {
private:
    double x;
    double y;
    CPunkt *next;
public:
    ...
    CPunkt *getNext(void);
    void setNext(CPunkt * _next);
    ...
};
// angepasste bzw. zusätzliche Methoden
CPunkt::CPunkt(void)
    : x(0), y(0), next(NULL)        // Initialisieren des next-Zeigers
{}
CPunkt::CPunkt(double _x, double _y)
    : x(_x), y(_y), next(NULL)      // Initialisieren des next-Zeigers
{}
CPunkt * CPunkt::getNext(void) {
    return next;
}
void CPunkt::setNext(CPunkt * _next) {
    next = _next;
}
```

Beispiel 4.6 Erstellen einer Listenklasse

Erstellen Sie eine Listenklasse, die beliebig viele Objekte vom Typ *CPunkt* aufnehmen kann. Welche Attribute sind erforderlich?

Lösung:

Es ist zunächst nur das Attribut *start* mit der passenden *set*- und *get*-Methode notwendig.

```
#include "Punkt.h"
class CListe {
protected:
    CPunkt *start;
public:
    CListe(void);
    ~CListe(void);
    void setStart(CPunkt * _start);
    CPunkt * getStart(void);
};
// Methodendefinition
CListe::CListe(void)
    : start(NULL)
{}
CListe::~CListe(void)
{}
void CListe::setStart(CPunkt * _start) {
    start = _start;
}
CPunkt * CListe::getStart(void) {
    return start;
}
```

■

Anlegen einer neuen Liste

Das Anlegen einer neuen, noch leeren Liste erfolgt im Hauptprogramm durch Instanzierung eines Objekts der Klasse *CListe.* In Listing 4.9 kann *punkteListe* Objekte vom Typ *CPunkt* aufnehmen, ist zunächst aber noch leer. Einziges Attribut der Klasse ist der Zeiger *start.* Er wird durch den Konstruktor mit *NULL* initialisiert und kennzeichnet so eine leere Liste.

Listing 4.9 Anlegen und Füllen einer Liste

```
void main(void) {
    CListe punkteListe;                  // Anlegen einer neuen Liste
    CPunkt * ptr = new CPunkt(1,5);      // Erzeugen des neuen Objekts
    ...
}
```

Einfügen neuer Elemente

Das Einfügen eines neuen Objekts am Anfang ist nach Bild 4.8 mit wenigen Schritten sehr einfach zu programmieren:

- In Schritt 1 wird das neue Objekt im Hauptprogramm dynamisch auf dem *Heap* angelegt. Der Zeiger *CPunkt * ptr* bietet Zugriff auf das Element.

- Dieses Objekt soll am Anfang aufgenommen werden und ist daher zukünftig das erste Element. Das bisherige erste Element rückt an die zweite Stelle, wird also der Nachfolger des neu hinzugekommenen Objekts. Programmiertechnisch wird eine solche Umorganisation durch „Verbiegen von Zeigern" vorgenommen. Dies bedeutet:
- in Schritt 2 wird der *next*-Zeiger des neuen Elements auf das bisher erste Element gesetzt, auf das (noch) der Startzeiger verweist.
- Das Umsetzen des Startzeigers auf das neue Element erfolgt in Schritt 3. Hierdurch wird gleichzeitig der bestehende Verweis auf das bisher erste und nun zweite Listenelement gelöst.

Diese Funktionalität kann der Listenklasse als Methode *CListe::add()* hinzugefügt werden.

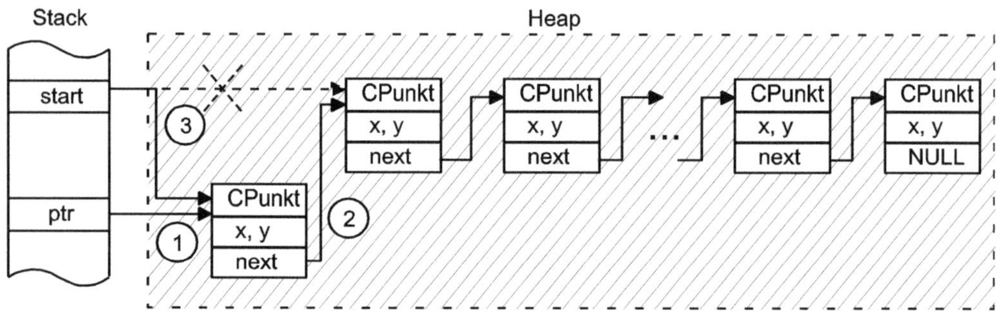

Bild 4.8 Einfügen neuer Listenelemente am Anfang der Liste; Schritt 1: Erzeugen des neuen Elements; Schritt 2: Setzen seines *next*-Zeigers auf das bislang erste Listenelement; Schritt 3: Umsetzen des Startzeigers auf das neue erste Element

Beispiel 4.7 Erstellen der Methode *CListe::add*

Erstellen Sie für die Klasse *CListe* die Methode *add*, mit der neue Elemente in die Liste aufgenommen werden.

Lösung:

```
void CListe::add(CPunkt * ptr) {
    ptr->setNext(start);  // Nachfolgezeiger des neuen Elements auf
                          // bisher erstes Element setzen
    start = ptr;          // start auf das neue Element umsetzen
}
```

■

Übung 4.4

Dürfen beim Einfügen neuer Listenelemente Schritt 2 und Schritt 3 aus Bild 4.8 vertauscht werden?

■

Zugriff auf alle Listenelemente

Häufig muss innerhalb eines Programms auf den gesamten Inhalt zugegriffen werden. Beim Bestückungsautomaten ist dies natürlich dann der Fall, wenn die Bauelemente auf der Platine platziert werden sollen, also jede Bestückungsposition angefahren werden muss. Solche Aufgaben werden elegant mit einer Schleife erledigt.

Listing 4.10 Schleife für den Zugriff auf alle Listenelemente

```
CPunkt * ptr;                    // lokale Variable
for (ptr = start; ptr != NULL; ptr = ptr->getNext())
{ ... }
```

Im Unterschied zu den bekannten Zählschleifen dient in dieser *for*-Schleife der Zeiger *ptr* als Schleifenvariable. Bild 4.9 erläutert in Verbindung mit Listing 4.10 die Einzelheiten.

- Schritt 1: *ptr = start;* setzt die Schleifenvariable auf das erste Listenelement.
- Schritt 2: Mit *ptr != NULL* wird überprüft, ob das letzte Element bereits erreicht wurde.
- Schritt 3: Das Inkrement der Schleifenvariablen bedeutet hier ein „Verbiegen" des Zeigers auf das nachfolgende Element. Dies wird mit *ptr = ptr->getNext()* erreicht.

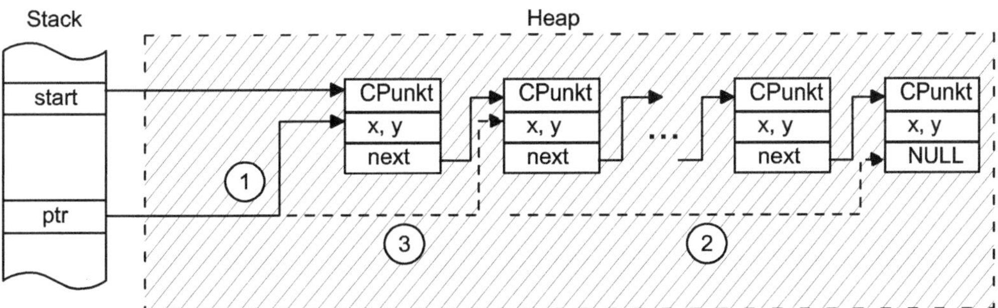

Bild 4.9 Schematische Darstellung der Schleifenprogrammierung für den Zugriff auf alle Listenelemente; Schritt 1: *ptr* wird auf das erste Element gesetzt; Schritt 2: Das Erreichen des *NULL*-Zeigers markiert das Ende der Liste; Schritt 3: *ptr* wird auf das nachfolgende Element verbogen

Übung 4.5

Schreiben Sie die Methode *CListe::printAllElements*, die alle Elemente der Bestückungsliste auf den Bildschirm ausgibt.

Übung 4.6

Schreiben Sie die Methode *CPunkt * CListe::search(CPunkt _p)*, die ein bestimmtes Listenelement sucht. Rückgabetyp der Methode ist ein Zeiger auf den Typ der Listenelemente. Sofern die Liste ein Element enthält, das den Suchkriterien entspricht, soll der zurückgegebene Zeiger auf das gesuchte Element verweisen.

Existiert das gesuchte Element nicht, soll dies durch den Rückgabewert *NULL* signalisiert werden. Es wird dabei vorausgesetzt, dass ein Punkt höchstens einmal in der Liste vorhanden ist.

Entfernen von Elementen

Beim Löschen von Listenelementen muss man streng unterscheiden, ob sie lediglich aus der Liste entfernt werden, aber als Objekt erhalten bleiben sollen, oder vollständig gelöscht werden müssen. Für das Entfernen aus der Liste sind wiederum Zeigeroperationen notwendig. Zum vollständigen Löschen wird zusätzlich der *delete*-Operator benutzt.

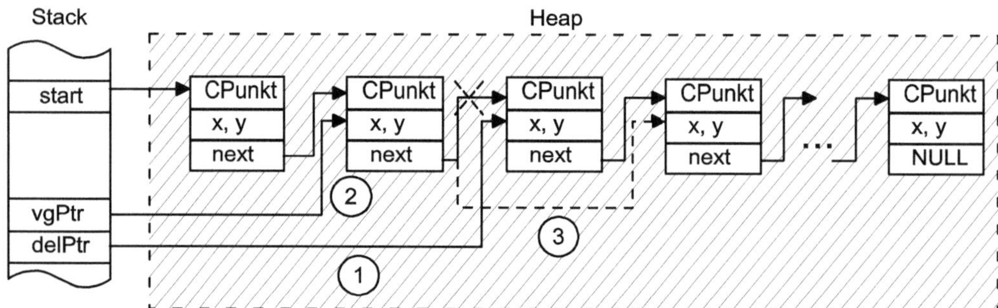

Bild 4.10 Schematische Darstellung der Entfernung von Listenelementen

Die prinzipielle Vorgehensweise wird in Bild 4.10 erläutert. Für das Entfernen von Elementen aus einfach verketteten Listen sind zwei Zeiger erforderlich. Auf das zu entfernende Element, das im ersten Schritt z. B. mithilfe eines Suchkriteriums identifiziert wird, verweist der Zeiger *delPtr*. Sein unmittelbarer Vorgänger wird in einem zweiten Schritt mit *vgPtr* adressiert. In Schritt 3 kann nun der *next*-Zeiger des Vorgängerelements auf den Nachfolger des aus der Liste zu entfernenden Elements „verbogen" werden.

Beispiel 4.8 Entfernen eines Listenelements

Wie lauten die Programmanweisungen, um das in Bild 4.10 über *delPtr* adressierte Element aus der Liste zu entfernen und vollständig zu löschen?

Lösung:

Da die Attribute der Listenelemente – also auch der *next*-Zeiger – dem Geheimnisprinzip unterliegen, müssen für deren lesenden und schreibenden Zugriff die zugehörigen *get*- und *set*-Methoden verwendet werden.

```
vgPtr->setNext(delPtr->getNext());          // Schritt 3 aus Bild 4.10
delete delPtr;                              // Löschen des Objekts
```

Das vollständige Programm „BestueckungsListe" finden Sie unter *https://www.thm.de/ei/uwe-probst/lehrbuecher#vorlesung-softwareentwicklung*

Übung 4.7

Schreiben Sie die Methode *bool CListe::deleteElement(CPunkt _p)*. Diese Methode soll feststellen, ob die Liste ein Element enthält, das dem als Parameter übergebenen Punkt entspricht. Falls ja, soll dieses Element aus der Liste entfernt und vollständig gelöscht werden. Ein erfolgtes Löschen soll durch den Rückgabewert *true* angezeigt werden. Wie bei Übung 4.6 wird vorausgesetzt, dass ein Punkt höchstens einmal in der Liste vorhanden ist. ■

4.3.2 Weitere Arten von Behälterklassen

Doppelt verkettete Listen

Neben einfach verketteten Listen sind auch Containerklassen denkbar, die pro Element zwei Zeiger verwenden, von denen der eine auf den Vorgänger und der andere auf den Nachfolger des jeweiligen Elementes verweist. Eine solche Struktur ist immer dann notwendig, wenn die Liste in beiden Richtungen „abgearbeitet" werden muss. Dies ist z.B. dann der Fall, wenn in Bild 4.5 die Punkte nicht nur ausgehend von P_0, P_1, …, P_n, sondern auch in umgekehrter Reihenfolge beginnend mit P_n angefahren werden sollen.

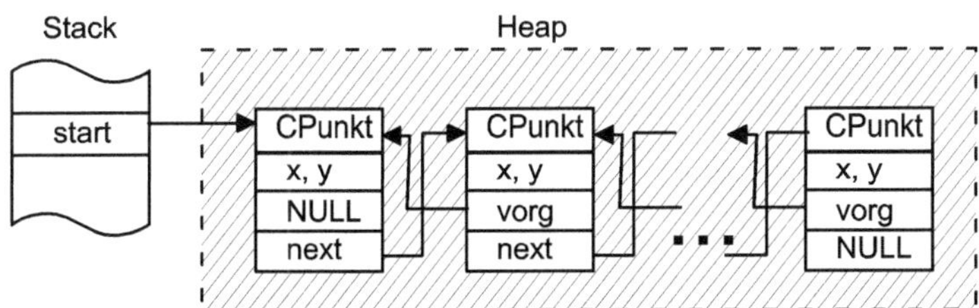

Bild 4.11 Schematische Darstellung einer doppelt verketteten Liste

Warteschlangen (Queue)

Eine Liste, bei der Elemente nur am Anfang eingefügt und am Ende der Liste gelesen bzw. gelöscht werden können, heißt Warteschlange. Sie arbeitet nach dem FIFO-Prinzip (first in, first out): Das Objekt, das zuerst eingefügt wurde, wird als erstes entnommen (vgl. die Anmerkungen zur Standard-Bibliothek in Abschnitt 6.2).

Stapelspeicher *(Stack)*

Werden Elemente ausschließlich am Anfang eingefügt und entnommen, entsteht ein Stapelspeicher. Da nur aus einer Richtung „von oben" auf den Stapel zugegriffen werden kann, arbeitet er nach dem LIFO-Prinzip (**l**ast **in**, **f**irst **o**ut): Das Element, das als letztes auf den Stapel gelegt wurde, muss als erstes wieder entfernt werden.

4.4 Polymorphie am Beispiel von Listen

Lernziele

Der/die Lernende

- überträgt den Aufbau von Behälterklassen auf Klassenhierarchien,
- versteht die Mechanismen der impliziten und expliziten Typumwandlung,
- setzt Vielgestaltigkeit (Polymorphie) ein.

4.4.1 Einführung

Im vorigen Abschnitt wurde der grundlegende Aufbau von Behälterklassen erläutert, die Objekte *eines* Typs aufnehmen können. In vielen praktischen Anwendungen tritt jedoch der Fall auf, dass Objekte verschiedener Typen in einer Liste gespeichert werden sollen.

Beispiel 4.9 Entwicklung einer Stückliste

Wie muss der grundsätzliche Aufbau einer Liste aussehen, die eine beliebige Anzahl von Widerständen, Kondensatoren und Spulen in frei wählbarer Reihenfolge enthalten soll.

Lösung:

Für die Realisierung einer solchen Liste bietet sich die Nutzung einer Behälterklasse an. Die einzelnen Elemente der Liste sind die besagten Bauteile. Zur Implementierung nutzt man die *„ist ein"* Beziehung der Vererbung aus: Ein Widerstand *„ist ein"* Bauelement, ebenso wie Spulen und Kondensatoren Bauelemente sind. Dies bedeutet konkret, dass die Basisklasse *CBauelement* mit den Attributen und Methoden ausgestattet werden muss, die für Listenelemente erforderlich sind. ■

Wird die Klasse *CBauelement* gemäß Listing 4.11 um einen „Zeiger auf sich selbst" erweitert, kann sie als Element in einer Behälterklasse verwendet werden.

Listing 4.11 Erweiterung der Klasse *CBauelement* um einen Zeiger auf sich selbst

```
class CBauelement {
protected:
    double preis;
    CPunkt position;
    CBauelement * next;   // next-Zeiger für Nutzung in einer Liste
public:
    CBauelement(void);
    ... };
```

Dies gilt dann aufgrund der Vererbung ebenso für alle Klassen, die daraus abgeleitet sind: Die Nachkommen erben alle Eigenschaften der Basisklasse und damit auch den besagten *next*-Zeiger. Da sowohl Widerstände wie Spulen und Kondensatoren im Kern Objekte vom Typ *CBauelement* sind, kann der Zeiger *CBauelement * next* auch auf Objekte der abgeleiteten Klassen zeigen.

Selbstverständlich müssen alle Konstruktoren der Klasse *CBauelement* so erweitert werden, dass das neue Attribut *next* sinnvoll initialisiert wird. Des Weiteren sind in der Basisklasse *set*- und *get*-Methoden für den *next*-Zeiger zu implementieren.

In Anlehnung an Beispiel 4.6 kann mit Listing 4.12 die Klasse *CSchaltplan* erstellt werden, die Listenelemente vom Typ *CBauelement* aufnehmen kann.

Listing 4.12 Entwurf der Klasse *CSchaltplan*

```
#include "Bauelement.h"
class CSchaltplan {
protected:
    CBauelement *start;
public:
    CSchaltplan (void);
    ~ CSchaltplan (void);
    void setStart(CBauelement * _start);
    ... };
```

Beim Umsetzen der Implementierung wird klar, dass in der ursprünglichen Listenklasse aus Beispiel 4.6 der Elementtyp *CPunkt* durch den Elementtyp *CBauelement* ersetzt werden muss, um beispielsweise die wichtige Funktion *add* zu realisieren. Im Grunde gilt dies auch für die Methoden *search* und *delete*. Allerdings muss hierbei zusätzlich das Suchkriterium neu definiert werden, da ein Bauelement zwar ein Objekt vom Typ *CPunkt* enthält, aber kein Objekt vom Typ *CPunkt* ist.

Bei der Nutzung vorhandener Listenklassen müssen im Wesentlichen der Zeiger auf den Typ der Listenelemente und die zugehörigen Methoden angepasst werden.

In der Praxis ist die Vorgehensweise „suche *CPunkt* * und ersetze durch *CBauelement* *" weder effizient noch sinnvoll. Besser und sicherer ist die Verwendung von konsistenten, durchgängigen Entwurfskonzepten. Solche Mechanismen werden in Abschnitt 6.1 erläutert. Dort kommen Schablonen zur Realisierung allgemeingültiger Behälterklassen zum Einsatz. An dieser Stelle werden die angesprochenen Änderungen dennoch manuell vorgenommen, um das Thema Polymorphie einzuführen.

4.4.2 Einfache Liste mit Bauelementen

Die einfach verkettete Liste, deren Elemente vom Typ *CBauelement* sind, kann mit Bild 4.12 als Klassendiagramm modelliert werden.

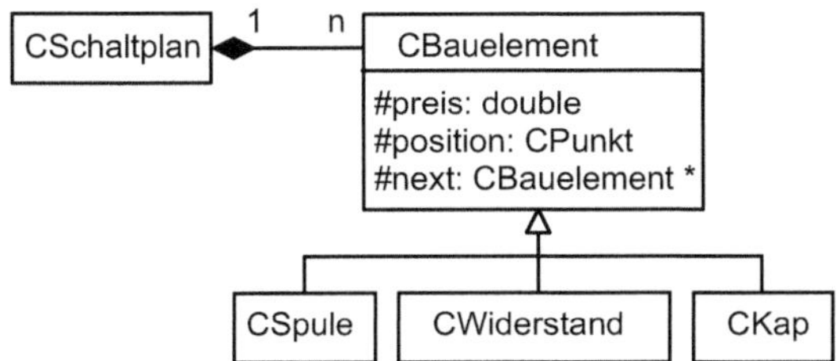

Bild 4.12 Modell der Liste für Objekte vom Typ *CBauelement* in UML-Darstellung

Der Schaltplan enthält beliebig viele Objekte vom Typ *CBauelement*, deren Positionen auf der Platine durch je einen Punkt bestimmt werden. Die konkreten Elemente der Liste sind vom Typ *CWiderstand*, *CSpule* oder *CKap*, die ihre für die Verkettung notwendigen Fähigkeiten von der Basisklasse *CBauelement* durch Vererbung erhalten.

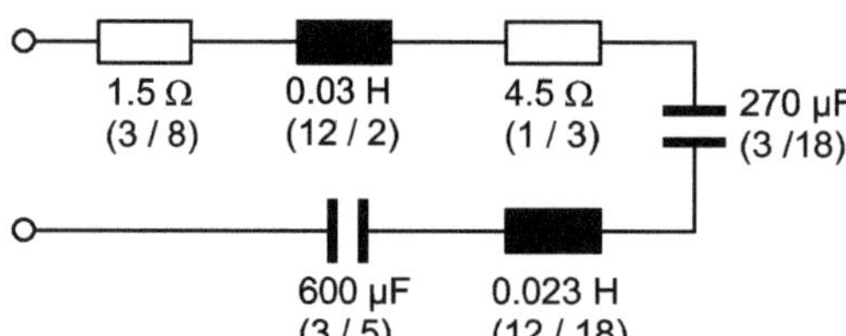

Bild 4.13 Schaltplan mit Angabe der Bauelementparameter und Positionen

Anhand von Beispiel 4.10 soll die Anwendung gezeigt werden.

Beispiel 4.10 Erstellen einer Liste von Bauelementen

Setzen Sie den Schaltplan aus Bild 4.13 in ein Programm um. Dabei sollen die Bauelemente mit den im Schaltplan genannten Werten erzeugt und in eine Liste aufgenommen werden. Die Preise werden für alle Bauelemente einheitlich mit 0,3 Euro angenommen. Anschließend sollen die Werte aller aufgelisteten Bauelemente auf den Bildschirm ausgegeben werden.

Lösung:

Zunächst muss die Klasse *CSchaltplan* um die Methoden *add* und *printAllElements* erweitert werden. Dies gelingt mithilfe von Beispiel 4.6 und Übung 4.5.

```
void CSchaltplan::add(CBauelement * ptr) {
    ptr->setNext(start); // *next auf bisher 1. Element setzen
    start = ptr; // neues Element zum 1. Listenelement machen
}
void CSchaltplan::printAllElements(void) {
    CBauelement * ptr;
    for (ptr = start; ptr != NULL; ptr = ptr->getNext())
       ptr->gebeBauelementWerteAus();
}
```

Im Hauptprogramm wird mit *plan* eine Instanz von *CSchaltplan* angelegt. Danach werden die in Bild 4.13 geforderten Objekte erzeugt, unter Verwendung der Konstruktoren mit den geforderten Werten initialisiert und der Liste *plan* hinzugefügt.

```
void main(void) {
    CSchaltplan plan;
    CBauelement *ptr;
    // Anlegen, Initialisieren und in die Liste einfuegen
    ptr = new CWiderstand(1.5, 0.30, CPunkt(3,8));
    plan.add(ptr);
    ptr = new CSpule(0.03, 0.30, CPunkt(12,2));
    plan.add(ptr);
    ptr = new CWiderstand(4.5, 0.30, CPunkt(1,3));
```

```
        plan.add(ptr);
        ptr = new CKap(0.00027, 0.30, CPunkt(3, 18));
        plan.add(ptr);
        ptr = new CSpule(0.023, 0.30, CPunkt(12,18));
        plan.add(ptr);
        ptr = new CKap(0.0006, 0.30, CPunkt(3, 5));
        plan.add(ptr);
        plan.printAllElements();        // Ausgabe aller Listenelemente
    }
```

■

4.4.3 Implizite Typumwandlungen in C++

Bei der Vererbung übernimmt die abgeleitete Klasse alle Attribute und Methoden der Basisklasse. Objekte der abgeleiteten Klasse sind daher in gewisser Weise spezielle Objekte der Basisklasse, so dass Operationen mit bzw. Zuweisungen an ein Objekt der Basisklasse ebenso mit Instanzen der abgeleiteten Klasse erfolgen können. Dies wird durch eine implizite Typumwandlung in den Typ der Basisklasse ermöglicht. Hierbei sind spezielle Regeln zu beachten, die nachfolgend erläutert werden.

Beim Umgang mit verketteten Listen treten solche Typkonversionen immer dann auf, wenn Objekte aus verschiedenen Klassen einer Vererbungshierarchie in *eine* Liste aufgenommen werden. Als Beispiel dient das Programmfragment aus Listing 4.13 unter der Voraussetzung, dass *CBauelement* keine abstrakte Klasse ist, sondern instanziert werden kann.

Übung 4.8

Welche Maßnahmen sind erforderlich, um den Status „abstrakte Klasse" von *CBauelement* aus Abschnitt 3.3.5 aufzuheben?

■

Listing 4.13 Programmfragment zur Erläuterung der Typkonversion

```
CBauelement b1(0.30, CPunkt(13,5)), b2(0.30, CPunkt(4,9));
CWiderstand r1(4.5, 0.30, CPunkt(1,3));
CSpule l1 (0.03, 0.30, CPunkt(12,2));
l1 = r1;          // Z1: Fehler: eine Spule ist KEIN Widerstand
r1 = l1;          // Z2: Fehler: ein Widerstand ist KEINE Spule
r1 = b1;          // Z3: Fehler: ein Bauelement ist NICHT IMMER Widerstand
l1 = b2;          // Z4: Fehler: ein Bauelement ist NICHT IMMER Spule
b1 = r1;          // Z5: kein Fehler
b2 = l1;          // Z6: kein Fehler
```

Bei den Zuweisungen Z1 bis Z6 aus Listing 4.13 sind Typumwandlungen erforderlich, da *b1*, *r1* und *l1* Instanzen unterschiedlicher, wenn auch verwandter Klassen sind. Manche der Typumwandlungen nach Bild 4.14 sind möglich, andere nicht.

- Z1, Z2: Diese Zuweisungen stellen Syntaxfehler dar und werden vom Compiler unterbunden. Der Grund ist, dass ein Widerstand eben kein Kondensator und eine Spule kein Widerstand ist. Ein Kopieren der Attributwerte eines Objekts in das andere ist nicht möglich, da Objekte vom Typ *CWiderstand* eben kein Attribut *l* aufweisen und umgekehrt.

- Z3, Z4: Zwar finden sich die Attribute *preis* und *position* von *b1* ebenfalls in den Objekten *l1* und *r1* wieder. Allerdings würde ein Kopieren der Attributwerte von *b1* bzw. *b2* nach *r1* bzw. *l1* deren individuelle Werte *r* bzw. *l* unverändert lassen, da ein *CBauelement* weder *r* noch *l* enthält. Dies führt in den Objekten *r1* und *l1* zu inkonsistenten Daten, so dass Zuweisungen von Objekten der Basisklasse an Objekte der abgeleiteten Klassen ebenfalls ausgeschlossen sind.
- Z5, Z6: Hier werden Objekte der abgeleiteten Klassen in Objekte der Basisklasse kopiert. Bei dieser Zuweisung gehen die Werte der individuellen Attribute *r* und *l* der abgeleiteten Klassen zwar verloren. Dennoch entstehen in den Objekten *b1* und *b2* jeweils konsistente Datensätze, da *preis* und *position* von *r1* bzw. *l1* nach *b1* bzw. *b2* kopiert werden. Typkonversionen dieser Art sind daher zulässig und führen nicht zu einem Syntaxfehler.

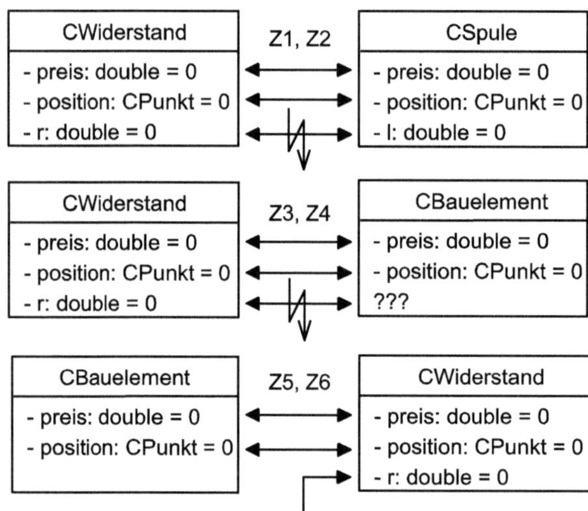

Bild 4.14 Schematische Darstellung erlaubter und nicht zulässiger impliziter Typumwandlungen in Listing 4.13

Die genannten Regeln gelten auch für Zeigeroperationen: Zeiger vom Typ der Basisklasse können auch auf Objekte der abgeleiteten Klassen verweisen.

Listing 4.14 Fortsetzung des Listing 4.13

```
CBauelement * ptr;
ptr = &b1;                              // p zeigt auf b1
cout <<ptr->getPreis() <<" Euro";       // Methodenaufruf d. Basisklasse OK
ptr = &r1;                              // p zeigt jetzt auf r1
cout <<((CWiderstand *)ptr)->getR();    // explizite Typkonversion nötig
```

In Listing 4.14 wird auf Objekte aus Listing 4.13 mittels eines Zeigers *ptr* vom Typ der Basisklasse zugegriffen. Soll mit *ptr* eine spezielle Methode der abgeleiteten Klasse aufgerufen werden, die in der Basisklasse noch nicht existiert, muss mithilfe von *((CWiderstand *)ptr)* eine explizite Typkonversion vorgenommen werden.

4.4.4 Polymorphie

In der Liste aus Beispiel 4.10 sind Widerstände, Kondensatoren und Spulen enthalten, deren Impedanz mit unterschiedlichen Algorithmen berechnet werden muss.

Beispiel 4.11 Berechnung von Impedanzen

Erweitern Sie die Klassen aus Beispiel 4.10 so, dass für alle Bauelemente Real- und Imaginärteil der Impedanz berechnet werden können.

Lösung:

Die Impedanzen ohmscher Widerstände haben zwar einen Real- aber keinen Imaginärteil. Impedanzen von Kondensatoren und Spulen weisen dagegen einen frequenzabhängigen Imaginärteil auf. Ihr Realteil ist stets null. Die Basisklasse *CBauelement* wird um die beiden Methoden *berechneRealteil* und *berechne Imaginaerteil* erweitert. Letztere benötigt als Parameter die aktuelle Frequenz.

```
double CBauelement::berechneRealteil(void) {
    return 0;
}
double CBauelement::berechneImaginaerteil(double _omega) {
    return 0;
}
```

Die Basisklasse kann nicht wissen, wie die Berechnungsalgorithmen der abgeleiteten Klassen konkret aussehen müssen. Daher werden in den abgeleiteten Klassen die für sie relevanten Methoden überschrieben. Dies sind:

```
double CWiderstand::berechneRealteil(void) {
    return r;
}
double CSpule::berechneImaginaerteil(double _omega) {
    return _omega*l;
}
double CKap::berechneImaginaerteil(double _omega) {
    return -1/(_omega*c);
}
```

■

Schlüsselwort virtual

Mit der Lösung aus Beispiel 4.11 sind alle Berechnungsalgorithmen für die Impedanzen korrekt implementiert. Werden verschiedenartige Bauelemente zusammen in einer Liste geführt, kann der Zugriff auf die einzelnen Bauelemente der Liste nur über Zeiger erfolgen. Dies führt in Listing 4.15 zu einem folgenschweren Dilemma:

Listing 4.15 Problem bei verschiedenartigen Listenelementen in einer Liste

```
void CSchaltplan::printAllImpedances(double _omega) {
    CBauelement * ptr;
    for (ptr = start; ptr != NULL; ptr = ptr->getNext()) {
                cout <<ptr->berechneRealteil() <<" + j";
                cout <<ptr->berechneImaginaerteil(_omega) <<" Ohm" <<endl;
        }
}
```

Listing 4.15 zeigt die Methode *CSchaltplan::printAllImpedances*, mit deren Hilfe Real- und Imaginärteil der Impedanzen aller Bauelemente der Liste ausgegeben werden sollen. Zeigervariablen enthalten den Typ des Objekts, auf das sie verweisen. Deshalb kann der Compiler bereits bei der Übersetzung des Programms entscheiden, welche Methode gemeint ist. Der statische Typ des Zeigers (*CBauelement * ptr* in Listing 4.15) bestimmt demnach, welche Methode aufgerufen wird. Im vorliegenden Fall werden die Methoden *berechne Realteil* sowie *berechneImaginaerteil* der Basisklasse (!) aktiviert werden. Daher erscheint für alle Bauelemente 0 + j 0 Ohm auf dem Bildschirm.

Bei der sogenannten statischen Bindung entscheidet der konkrete Zeiger- bzw. Objekttyp zum Zeitpunkt des Compilierens darüber, welche Methode aufgerufen wird.

Im Fall von Listing 4.15 ist die statische Bindung allerdings nicht sinnvoll. Hier soll nicht der *Typ des Zeigers*, sondern der *Typ des Objektes*, auf das der Zeiger zur Laufzeit verweist, die aufgerufene Methode bestimmen. Dies bedeutet zwangsläufig, dass die aufgerufene Methode nicht zum Übersetzungszeitpunkt festgelegt wird, sondern erst zur Laufzeit des Programms. Dies gelingt, wenn die Methoden, für die eine *dynamische Bindung* gelten soll, in der Basisklasse mit dem Schlüsselwort *virtual* gekennzeichnet werden. Dadurch wird der Compiler angewiesen, die so gekennzeichneten Funktionen beim Erzeugen des Codes nicht statisch einzubinden, sondern ein sogenanntes *late binding* zu ermöglichen. Es wird dann zur Laufzeit bei einem Zeiger auf die Basisklasse automatisch die richtige Methode der abgeleiteten Klasse gesucht und - falls sie implementiert wurde - aufgerufen.

Die einzig notwendige Veränderung in der Klassendeklaration von *CBauelement* ist daher das Schlüsselwort *virtual* vor der Deklaration der Methoden *berechneRealteil* bzw. *berechneImaginaerteil.*

Beispiel 4.12 Dynamische Bindung

Erweitern Sie das Projekt aus Beispiel 4.10 und Beispiel 4.11 so, dass für jedes Bauelement in der Liste der korrekte Impedanzwert ausgegeben wird.

Lösung:

Für die Klasse *CBauelement* und die daraus abgeleiteten Klassen muss die dynamische Bindung aktiviert werden. Dies geschieht mithilfe des Schlüsselwortes *virtual* vor allen (!) Methoden, die der dynamischen Bindung unterliegen sollen.

```
class CBauelement {
protected:
    double preis;
    CPunkt position;
    CBauelement *next;     // next-Zeiger für Nutzung in einer Liste
public:
    CBauelement(void);
    CBauelement(double _preis, CPunkt _pos);
    virtual ~CBauelement(void);
    CBauelement * getNext(void);
    // dynamische Bindung mit virtual aktivieren
```

```
    virtual double berechneRealteil(void);
    virtual double berechneImaginaerteil(double _omega);
    ...
};
```

Das vollständige Programm „Polymorphismus" finden Sie unter
https://www.thm.de/ei/uwe-probst/lehrbuecher#vorlesung-softwareentwicklung

Die dynamische Bindung wird mit dem Schlüsselwort *virtual* aktiviert. In diesem Fall bestimmt nicht mehr der Typ der Zeigervariablen die aufzurufende Methode, sondern der tatsächlich vorliegende Objekttyp. Die in der abgeleiteten Klasse überschriebene virtuelle Methode muss die identische Signatur, also dieselbe Parameterliste, wie die Methode in der Basisklasse besitzen. Weist die überschriebene Methode eine unterschiedliche Signatur auf, so ist sie nicht mehr virtuell.

Eine Klasse mit virtuellen Funktionen wird polymorphe Klasse genannt. Um ein polymorphes Verhalten in C++ zu erzielen, müssen die Objekte über Zeiger oder Referenzen manipuliert werden und die aufgerufenen Methoden virtuell sein.

Eine Methode, die in der Basisklasse als *virtual* gekennzeichnet wird, ist in allen abgeleiteten Klassen ebenfalls virtuell: Diese Eigenschaft wird quasi mitvererbt. Der umgekehrte Weg funktioniert jedoch nicht: Eine Methode in der Basisklasse wird rückwirkend *nicht* dadurch virtuell, dass sie in einer abgeleiteten Klasse als virtuell deklariert wird.

Wird eine virtuelle Methode der Basisklasse in der abgeleiteten Klasse nicht überschrieben, so erbt die abgeleitete Klasse die existierende Methode der Basisklasse.

Virtueller Destruktor

Eine Klasse, die als Basisklasse für andere Klassen dient, sollte immer einen virtuellen Destruktor besitzen. Dies ist sinnvoll, damit beim Löschen eines Listenelements der korrekte Destruktor des zu löschenden Elements – und nicht nur derjenige der Basisklasse – aufgerufen wird.

Übung 4.9

Erweitern Sie das Programm aus Beispiel 4.10, Beispiel 4.11 und Beispiel 4.12 so, dass die komplexe Impedanz der Serienschaltung aus Bild 4.13 ermittelt wird.

Übung 4.10

Erweitern Sie das Programm aus Übung 4.9 so, dass für die Schaltung aus Bild 4.13 der Frequenzgang $|\mathbf{Z}| = f(\omega)$ für den Frequenzbereich $1\text{ Hz} < f < 10\text{ kHz}$ berechnet wird. Die Werte sollen im Abstand von 1 Hz ermittelt und so in einer Datei abgelegt werden, dass sie mit einem Tabellenkalkulationsprogramm als Grafik visualisiert werden können.

4.5 Lösungen

Übung 4.1

```
CData::CData (void) {
    name = "";
    ptrXVal = NULL;
    ptrYVal = NULL;
    length=0;
}
```

Übung 4.2

Die Verwendung einer Parameterübergabe vom Typ *call by value* erfordert, dass eine Kopie des an die Funktion/Methode übergebenen Parameters auf dem *Stack* angelegt wird. In diesem Fall soll durch den Kopierkonstruktor aber genau festgelegt werden, wie eine solche Kopie auszusehen hat. Daher kann für dessen Definition keine Parameterübergabe verwendet werden, die das Vorhandensein der „Kopierfähigkeit" bereits voraussetzt.

Übung 4.3

Der überladene Kopierkonstruktor lautet

```
CData::CData (const CData &_data) {
    length = _data.length;
    ptrXVal = new double[length];
    ptrYVal = new double[length];
    name = _data.name;
    for(int i=0; i < length; i++) {
        ptrXVal[i]=_data.ptrXVal[i];        // Kopieren der x-Werte
        ptrYVal[i]=_data.ptrYVal[i];        // Kopieren der y-Werte
    }
}
```

Übung 4.4

Vertauschen von Schritt 2 und 3 bedeutet, dass der Startzeiger auf das neue Element „verbogen" wird, bevor dessen Nachfolgezeiger auf das bisher erste Listenelement verweist. Wird dies so gemacht, kann auf die existierende Liste nicht mehr zugegriffen werden, da kein Zeiger mehr auf den Listenanfang verweist. Daher dürfen die Schritte 2 und 3 nicht vertauscht werden.

Übung 4.5

```
void CListe::printAllPoints(void) {
    CPunkt * ptr;
    for (ptr = start; ptr != NULL; ptr = ptr->getNext())
       cout <<"(" <<ptr->getX() <<" , " <<ptr->getY() <<")" <<endl;
}
```

Übung 4.6

```
CPunkt * CListe::search(CPunkt _p) {
    CPunkt * ptr;
    for (ptr = start; ptr != NULL; ptr = ptr->getNext()) {
       if ((ptr->getX()==_p.getX()) && (ptr->getY() == _p.getY())) {
         return ptr;
       }
    }
    return NULL;
}
```

Übung 4.7

Es müssen insgesamt vier Fälle unterschieden werden:

1. Das gesuchte Element ist das erste Listenelement.
2. Das gesuchte Element ist das letzte Listenelement.
3. Das gesuchte Element ist weder das erste noch das letzte.
4. Das gesuchte Element ist nicht in der Liste vorhanden.

Bei Containerklassen mit mehr als einem Element besteht die größte Schwierigkeit darin, einen Zeiger auf den Vorgänger des zu entfernenden Objekts zu erhalten. Dies ist nicht trivial, da ein Element nur seinen Nachfolger, nicht aber seinen Vorgänger kennt. In der hier dargestellten Lösung wird daher zunächst überprüft, ob das gesuchte Element überhaupt Bestandteil der Liste ist. Wenn nein, hat man damit den vierten der o. g. Fälle bereits abgearbeitet.

Ist das gesuchte Element das erste in der Liste (Fall 1), so gibt es keinen Vorgänger und *start* wird direkt auf den Nachfolger, also das zweite Listenelement, „verbogen“. Die beiden verbleibenden Fälle 2 und 3 erfordern, dass der Vorgänger des zu entfernenden Elements gefunden wird. Daher wird in diesen beiden Fällen ein weiterer Suchlauf gestartet, der *vgPtr* so nachführt, dass er am Ende der Suche auf den Vorgänger zeigt. Mit *vgPtr->setNext(dP->getNext())* wird das gesuchte Element zunächst aus der Liste entfernt und anschließend mit *delete* gelöscht.

```
bool CListe::deleteElement(CPunkt _p) {
    CPunkt * dP, * vgPtr;
    // Pruefen, ob das zu loeschende Element in der Liste ist
    if (dP = this->search(_p)) {
       // das Element ist in der Liste vorhanden
```

```
            if (start == dP) {
                     // Fall 1, erstes Element entfernen
                     start = dP->getNext();
                     delete dP;
            } else
                     // Fall 2 und Fall 3 werden zusammen behandelt
                     for (vgPtr=start; vgPtr!=NULL; vgPtr=vgPtr->getNext()) {
                              dP = vgPtr->getNext();
                              if ((dP->getX()==_p.getX())&&(dP->getY()==_p.getY())) {
                                // Vorgaenger auf Nachfolger zeigen lassen
                                vgPtr->setNext(dP->getNext());
                                delete dP;
                                break;
                              }
                     }
            return true;
        } else
            // Fall 4, gesuchtes Element nicht vorhanden
            return false;
}
```

■

Übung 4.8

In der bisherigen Klassendeklaration aus Abschnitt 3.3.5 war die Methode *void CBauelement::gebeBauelementWerteAus() = 0* rein virtuell. Eine solche *pure virtual function* macht eine Klasse zur abstrakten Klasse mit der Folge, dass keine Objekte instanziert werden können. Ändert man die Klassendeklaration und gibt für die Methode eine Implementierung an, ist die Klasse nicht mehr abstrakt. Nun kann die Instanz *b1* von *CBauelement* angelegt werden.

■

Übung 4.9

Zur besseren Handhabung wird die Klasse *CComplex* mit in das Projekt eingebunden. Sie nimmt Real- und Imaginärteil der komplexen Gesamtimpedanz auf.

Die Berechnung der frequenzabhängigen Gesamtimpedanz der Schaltung setzt die polymorphe Klasse *CBauelement* aus Beispiel 4.12 voraus. Die Behälterklasse wird um die Methode *CSchaltplan::calcSerienImpedanz* erweitert.

```
CComplex CSchaltplan::calcSerienImpedanz(double _omega) {
    CComplex impedanz;
    CBauelement * ptr;
    double real = 0;
    double imag = 0;
    for (ptr = start; ptr != NULL; ptr = ptr->getNext()) {
       real += ptr->berechneRealteil();
       imag += ptr->berechneImaginaerteil(_omega);
    }
    impedanz.setReal(real);
    impedanz.setImag(imag);
    return impedanz;
}
```

Nun kann das Hauptprogramm aus Beispiel 4.10 um die Berechnung der Serienimpedanz ergänzt werden:

```
CComplex res;
res = plan.calcSerienImpedanz(2*PI*50);       // Serienimpedanz berechnen
cout <<"Z = " <<res.getReal() <<" + j";       // Realteil ausgeben
cout <<res.getImag() <<" Ohm" <<endl;         // Imaginaerteil ausgeben
```

■

Übung 4.10

Die Listenklasse wird unter Verwendung bereits vorhandener Funktionalität um die Methode *CSchaltplan::calcImpedanzBetrag* erweitert.

```
double CSchaltplan::calcImpedanzBetrag(double _omega) {
    double betrag;
    CComplex impedanz;
    impedanz = this->calcSerienImpedanz(_omega);
    return impedanz.getBetrag();
}
```

Im Anschluss an das Hauptprogramm aus Beispiel 4.10 werden Felder für die Aufnahme des Frequenzgangs angelegt, $|Z|$ für alle verlangten Frequenzen berechnet und das Ergebnis in der Datei „frequenzgang.txt" gespeichert:

```
void main(void) {
    ...
    double impBetrag[10000];
    double freq[10000];
    ofstream datei("frequenzgang.txt");
    for (int i = 0; i < 10000; i++){
        impBetrag[i] = plan.calcImpedanzBetrag(2*PI*(i + 1));
        freq[i] = i+1;
        datei <<freq[i] <<"," <<((int)floor(100*impBetrag[i])) <<endl;
}
```

Das Tabellenkalkulationsprogramm benutzt je nach Systemeinstellung als Dezimaltrenner entweder '.' oder ','. Um den damit verbundenen Problemen beim Öffnen der Datei im Tabellenkalkulationsprogramm auszuweichen, wird der berechnete Impedanzwert vor dem Speichern zunächst mit 100 multipliziert und dann mithilfe der Funktion *floor* abgerundet und in einen *int*-Wert konvertiert. Damit erhält man in der Datei Zahlen ohne Nachkommastellen, die lediglich um den Faktor 100 zu groß sind. Die Darstellung im Tabellenkalkulationsprogramm zeigt Bild 4.15. Die Resonanzfrequenz in der Nähe von 50 Hz ist deutlich erkennbar. ■

Das vollständige Programm „Polymorphismus" finden Sie unter
https://www.thm.de/ei/uwe-probst/lehrbuecher#vorlesung-softwareentwicklung ■

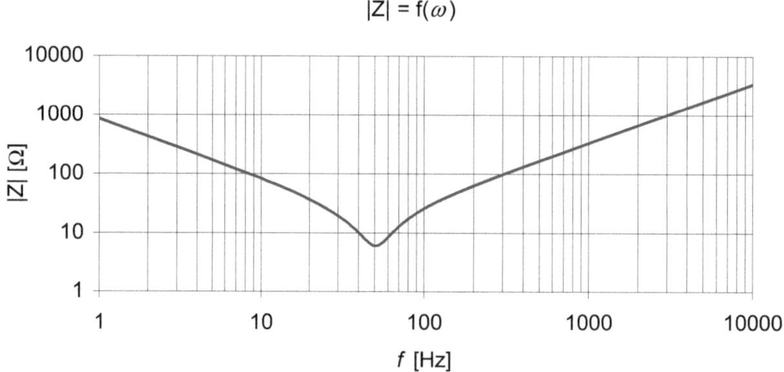

Bild 4.15 Visualisierung des berechneten Amplitudengangs $|Z| = f(\omega)$ mithilfe eines Tabellenkalkulationsprogramms

5 Techniken der Softwareentwicklung

Nachdem in den bisherigen Abschnitten die Grundlagen der objektorientierten Programmierung im Mittelpunkt standen, ist dieser verschiedenen Techniken gewidmet, die bei der Entwicklung von Software eingesetzt werden. Zur Einordnung in den Gesamtzusammenhang dient Beispiel 5.1.

Beispiel 5.1 Analogie zwischen Softwareentwicklung und Hochbau

Eine Familie erbt 250 000 Euro und will mit diesem Geld auf einem bereits erworbenen Grundstück ein Einfamilienhaus bauen. Bewerten Sie nachfolgende Vorgehensweisen:

Variante 1: Am Tag 1 nach der Testamentseröffnung besorgt der Bauherr Schaufeln und Spitzhacken und bestellt Baumaterial. Am zweiten Tag markiert er mit Trassierbändern den gewünschten Grundriss auf dem Bauplatz und hebt mit Freunden die Fundamentgräben aus. Im erweiterten Bekanntenkreis der Familie findet sich ein exzellenter Maurer. Dieser wird engagiert und errichtet zusammen mit dem Bauherrn die Kellerwände. Auf welcher Gebäudeseite die Eingangstür Platz findet, wird nach dem Betonieren der Kellerdecke entschieden. Der Rest wird sich finden.

Variante 2: Im Familienkreis wird überlegt, welche Anforderungen an das Haus gestellt werden: Sind zwei oder drei Kinderzimmer notwendig? Müssen die Großeltern später Platz im Haus finden? Soll eine Gasheizung installiert oder das Gebäude als Passivhaus ausgeführt werden? Etc.

Nachdem die Anforderungen geklärt sind, wird ein Architekt beauftragt, der nach einigen Wochen verschiedene Entwürfe vorstellt. Diese berücksichtigen die Grundstücksausrichtung, beleuchten die Auswirkungen unterschiedlicher Heizkonzepte, illustrieren die jeweiligen Vorder- und Seitenansichten und liefern erste Hochrechnungen der voraussichtlichen Baukosten. Am Ende einer ausgiebigen Diskussion entscheidet sich die Familie für einen der Entwürfe und bestimmt einen Bauleiter.

Dieser führt eine zeitliche Planung der einzelnen Schritte durch und beauftragt ausführende Unternehmen, die die jeweiligen Gewerke nacheinander realisieren. So wird sichergestellt, dass der Innenputz erst nach erfolgter Gas-, Wasser- und Elektroinstallation, aber vor dem Tapezieren der Wände in Angriff genommen wird.

Während der Bauausführung prüft der Bauleiter mehrmals pro Woche den Baufortschritt und die Qualität der Arbeiten.

Wenn das Ende der Bauarbeiten absehbar ist, wird die Familie den Mietvertrag der bisherigen Wohnung kündigen, den Umzug planen und einige Zeit später das neue Haus beziehen.

Zwei bis drei Jahre nach dem Einzug beginnen bei stark verwohnten Räumen erste Renovierungsmaßnahmen. Die Erweiterung des hausinternen LAN-Netzwerks ist problemlos möglich, da entsprechende Leerrohre verlegt wurden usw.

Lösung:

Halten Sie Variante 1 im Ernst für ein sinnvolles Vorgehen? Sicher nicht! ■

5.1 Grundlagen

Lernziele

Der/die Lernende

- kennt die fünf Phasen der Softwareentwicklung,
- ordnet diese Phasen unterschiedlichen Vorgehensmodellen zu,
- versteht die wesentlichen Unterschiede zwischen den Vorgehensmodellen.

5.1.1 Fünf Phasen der Softwareentwicklung

Moderne Softwareentwicklung zeichnet sich aus durch eine ingenieurmäßige, systematische Vorgehensweise. Sie beruht auf der sorgfältigen Planung aller wichtigen Schritte und unterteilt den Entwicklungsprozess in überschaubare, zeitlich und inhaltlich begrenzte Phasen. Die wichtigsten Entwicklungsphasen entsprechen in etwa den Schritten aus Variante 2 von Beispiel 5.1. Man unterscheidet die fünf Phasen der Softwareentwicklung, die das gesamte Vorgehen der Programmentwicklung strukturieren und in Tabelle 5.1 zusammengefasst sind. Der Entwicklungsprozess wird dabei vom Projektmanagement und der Qualitätssicherung begleitet.

Tabelle 5.1 Phasen der Softwareentwicklung

	Grundphase	Zugeordnete Tätigkeiten
1	Analyse	Festlegen der Anforderungen an das Programm; Erkennen aller wesentlichen Objekte der Anwendung inkl. ihrer Eigenschaften und Methoden; Beschreibung erfolgt mithilfe von Modellen, …
2	Entwurf	Aufteilen in Hard- und Softwareaufgaben; Festlegen der Systemarchitektur und Programmstruktur; Umsetzung des Analysemodells in Klassenhierarchien; Beschreiben des Bedienkonzeptes (grafische Bedienoberfläche)

	Grundphase	Zugeordnete Tätigkeiten
3	Programmierung	Umsetzen der Entwurfsergebnisse in Programmmodule mithilfe einer konkreten Programmiersprache; Entwicklung und Test der einzelnen Module
4	Test	Integration und Systemtest; Zusammenführen der einzelnen Programmmodule und Test des gesamten Programms. Sicherstellen, dass alle Anforderungen erfüllt werden
5	Installation/Wartung	Installation und Anwendung; dabei Fehlerkorrektur und Weiterentwicklung

Es gibt eine ganze Reihe unterschiedlicher Vorgehensmodelle, die die zeitliche Abfolge der einzelnen Phasen beschreiben und sich wesentlich in ihrem Detaillierungsgrad unterscheiden [Som01]. Nicht bei jedem Softwareprojekt werden die Phasen zeitlich nacheinander durchlaufen; einige Prozessmodelle sehen sowohl Überlappungen zwischen den Phasen als auch deren Wiederholungen vor.

5.1.2 Vorgehensmodelle

Wasserfallmodell

Führt man beginnend mit der Analyse alle Phasen zeitlich nacheinander aus, entsteht das Prozessmodell aus Bild 5.1. Wegen der Kaskaden von einer Phase zur nächsten wird es Wasserfallmodell genannt. Die einzelnen Kaskaden des Modells entsprechen den grundlegenden Entwicklungsphasen aus Tabelle 5.1.

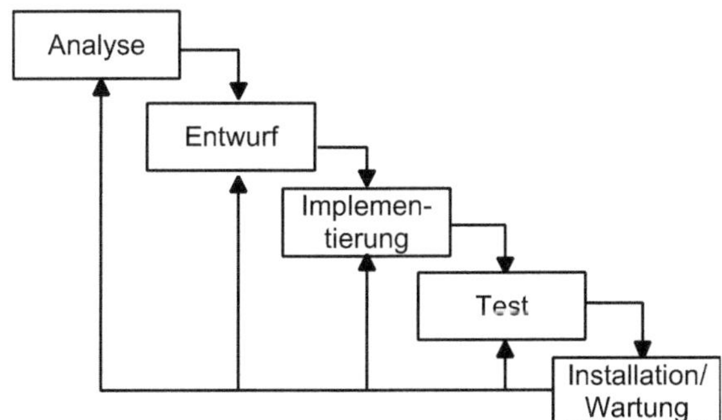

Bild 5.1 Wasserfallmodell

Wesentliche Arbeitsergebnisse einer Phase werden schriftlich festgehalten und bilden die Arbeitsgrundlage für die nächste. Typischerweise wird eine Phase beendet, bevor die darauffolgende begonnen wird. Als Vorteil des Wasserfallmodells gilt, dass eine eindeutige Bewertung des aktuellen Entwicklungsstandes des Projekts jederzeit möglich ist.

Nachteilig ist, dass die Spezifikation sehr früh im Projektablauf vorliegen muss, um mit der Entwurfsphase beginnen zu können. Die Praxis zeigt jedoch, dass während der Projektlaufzeit Anforderungen häufig modifiziert oder gänzlich neue diskutiert werden müssen. Bei diesem Prozessmodell kann die Spezifikation aber gar nicht oder nur schwer an neue Bedürfnisse angepasst werden.

Beispiel 5.2 Wasserfallmodell im Hochbau, Teil 1

Bei der Variante 2 aus Beispiel 5.1 stellt der Architekt beim Entwurf des Hauses fest, dass das eigentlich gewünschte dritte Kinderzimmer nicht zusätzlich zum Arbeitszimmer realisiert werden kann. Diskutieren Sie das notwendige Vorgehen am Beispiel des Wasserfallmodells.

Lösung:

Der Architekt wird die Familie mit der Situation konfrontieren. Familienintern müssen die Anforderungen neu überdacht werden: Hat das Kinder- oder das Arbeitszimmer Vorrang? Im Wasserfallmodell entspricht dies einer wiederholten Ausführung der Analysephase, da während der Entwurfsphase deutlich wurde, dass einige Anforderungen so nicht umgesetzt werden können. Diese Iteration ist im Wasserfallmodell eigentlich nicht vorgesehen.

■

Beispiel 5.3 Wasserfallmodell im Hochbau, Teil 2

Kurz vor dem Einzug der Familie aus Beispiel 5.1 stellt der Bauherr fest, dass die Wasserleitungen im Bad nicht verlegt worden sind. Diskutieren Sie das notwendige Vorgehen am Beispiel des Wasserfallmodells.

Lösung:

Es ist einleuchtend, dass eine Modifikation der Anforderungen in diesem Fall nicht sinnvoll ist: Auf den Wasseranschluss im Bad kann nicht verzichtet werden. Es liegt auch kein Entwurfsfehler (Phase 2), sondern eindeutig ein Implementierungsfehler vor. Daher wird Phase 3 teilweise wiederholt: Wände werden aufgebrochen und die fehlenden Leitungen verlegt.

■

Bei der Softwareentwicklung in Anlehnung an das Wasserfallmodell sind auftretende Fehler umso schwieriger zu beheben, je später sie entdeckt werden. Werden Fehler aus Phase 1 erst in der Test- oder Installationsphase identifiziert, ist deren Behebung mitunter nicht mehr möglich.

Evolutionäre Entwicklung

Die frühe Festlegung der Spezifikation ist ein Nachteil des Wasserfallmodells. Er kann vermieden werden, wenn die Softwareentwicklung an der Vorgehensweise der evolutionären Entwicklung nach Bild 5.2 ausgerichtet wird.

Ausgehend von der Produktidee werden die Phasen Analyse, Implementierung und Test für eine begrenzte Funktionalität zeitlich parallel abgearbeitet. Die entstehenden Zwischenversionen werden dem Anwender zum Test zur Verfügung gestellt.

Aus diesen Tests resultieren Erweiterungs- und Verbesserungsvorschläge. Wegen der Projektorganisation in Iterationsschritten hat der Anwender Einfluss auf die Ausgestaltung der endgültigen Spezifikation, die ja basierend auf den Erfahrungen mit den verschiedenen Zwischenversionen ständig verändert und angepasst wird. Entwicklungen, die nach diesem Vorgehensmodell ablaufen, liefern daher im Idealfall maßgeschneiderte Programme.

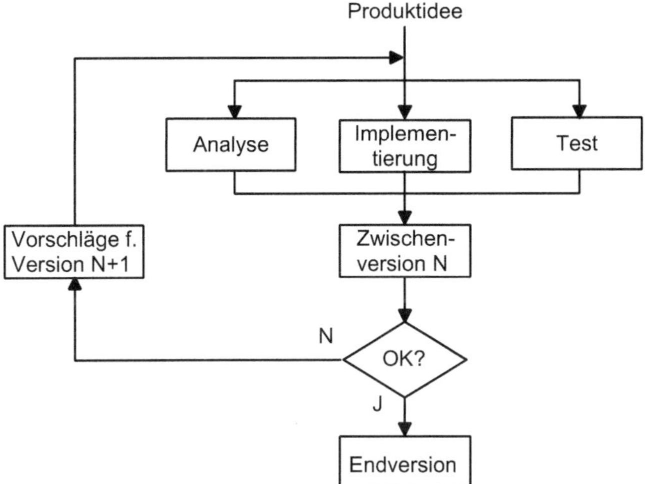

Bild 5.2 Prozessmodell „Evolutionäre Entwicklung“

Bei diesem Vorgehen treten sehr viele, einander möglicherweise widersprechende Verbesserungsvorschläge auf. Eine genaue Bewertung und Abwägung der eingehenden Vorschläge ist also dringend geboten. Im Unterschied zu anderen Vorgehensweisen entstehen sehr viele Iterationsschritte, was die Einschätzung des Projektfortschritts erschwert.

Aufgrund andauernder Erweiterungen entsteht in der Regel unstrukturierter Programmcode. Die Integration neuer Funktionen wird immer schwieriger und auch teurer. Diese Vorgehensweise ist daher für umfangreiche Projekte oft nicht sinnvoll [Som01].

Eine andere Spielart der evolutionären Entwicklung sieht daher statt vieler Zwischenversionen sogenannte Wegwerf-Prototypen für diejenigen Anforderungen vor, die noch unklar sind. Sie erfüllen denselben Zweck wie o. g. Zwischenversionen. Allerdings werden sie nach endgültiger Klärung und Festlegung der Spezifikation nicht weiterverwendet. Stattdessen wird mithilfe der gewonnenen Erkenntnisse das gesamte Projekt neu strukturiert. Über die Prototypen fließen die Rückmeldungen der Anwender in das Projekt ein. Gleichzeitig entsteht aber auch ein Programm, das die Anforderungen an Struktur und Wartbarkeit erfüllt.

Inkrementelle Entwicklung

Das Wasserfallmodell erzwingt eine sehr frühe Festlegung der Spezifikation. Zwar wird diese bei der evolutionären Entwicklung verschoben; es besteht jedoch die Gefahr, dass unstrukturierter Code entsteht. Ein Kompromiss zwischen beiden Vorgehensweisen stellt die inkrementelle Entwicklung nach Bild 5.3 dar.

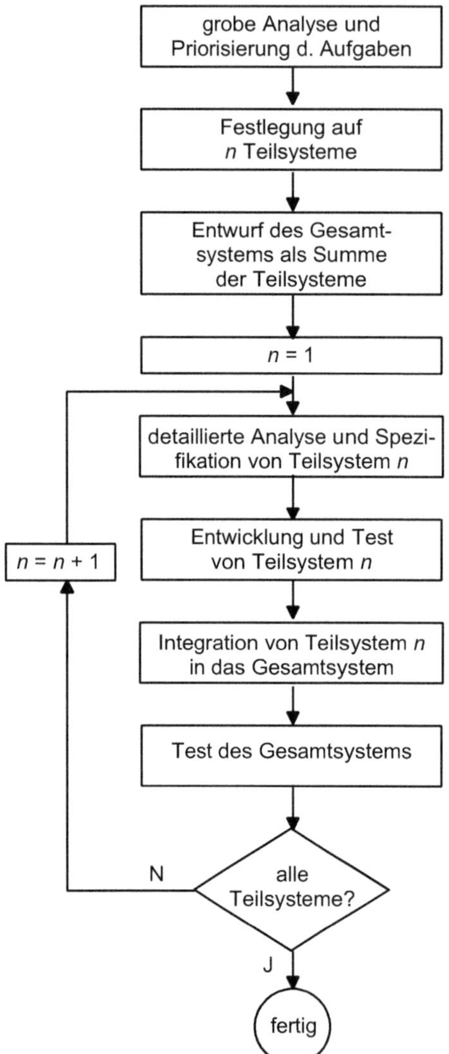

Bild 5.3 Inkrementelle Entwicklung

Zu Projektbeginn entsteht ein grobes Pflichtenheft, das die wesentlichen Leistungsmerkmale des Programms beschreibt und die Anforderungen in priorisierter Form einzelnen Teilsystemen zuordnet. Der ersten von *n* Programmversionen werden die wichtigsten Eigenschaften zugeordnet. Folgeversionen implementieren weniger bedeutsame Funktionalitäten. Die Summe der definierten Teilsysteme bildet das Gesamtprogramm, das den geforderten Leistungsumfang zur Verfügung stellt.

Ist die grobe Zuordnung von erforderlichem Funktionsumfang zu Programmversion abgeschlossen, findet die detaillierte Definition des ersten Teilsystems statt. Es wird anschließend mit demjenigen Entwicklungsprozess, der am besten dafür geeignet ist, implementiert und getestet. Während der Programmcode des ersten Teilsystems entsteht, erfolgt die genaue Spezifikation der verbleibenden Programmteile.

Die erste fertiggestellte Programmversion bildet das vorläufige Gesamtsystem, das für Anwender bereits nutzbar ist. Sein verfügbarer Funktionsumfang wächst mit jedem weiteren fertiggestellten Teilsystem, das in das vorläufige Gesamtsystem integriert wird. Die zu Projektbeginn vorgenommene Priorisierung sorgt dafür, dass wichtige Funktionen zu Beginn und weniger wichtige erst später implementiert werden. Diese Vorgehensweise bietet eine Reihe von Vorteilen:

- Für die einzelnen Teilsysteme können verschiedene Entwicklungsansätze zur Anwendung kommen. Beispielsweise könnte der Teil „Bedienoberfläche" im evolutionären Prozess entstehen, wohingegen für präzise definierte Teilsysteme das Wasserfallmodell eingesetzt werden kann.
- Das erste Teilsystem erfüllt wichtige Anforderungen und bringt sofortigen Nutzen.
- Durch die frühe Realisierung der wichtigsten Funktionen werden diese am längsten getestet. Dies verringert die Wahrscheinlichkeit von unentdeckten Fehlern zum Zeitpunkt der Fertigstellung des Gesamtsystems. Insgesamt sinkt dadurch das Projektrisiko.

V-Modell

Das V-Modell in Bild 5.4 stellt eine Erweiterung des Wasserfallmodells dar. Jeder Entwicklungsphase ist eine zugehörige Phase der Qualitätssicherung gegenübergestellt. IT-Projekte der öffentlichen Hand sowie Systementwicklungen in der Automobilbranche werden immer nach den Vorgaben des V-Modells durchgeführt.

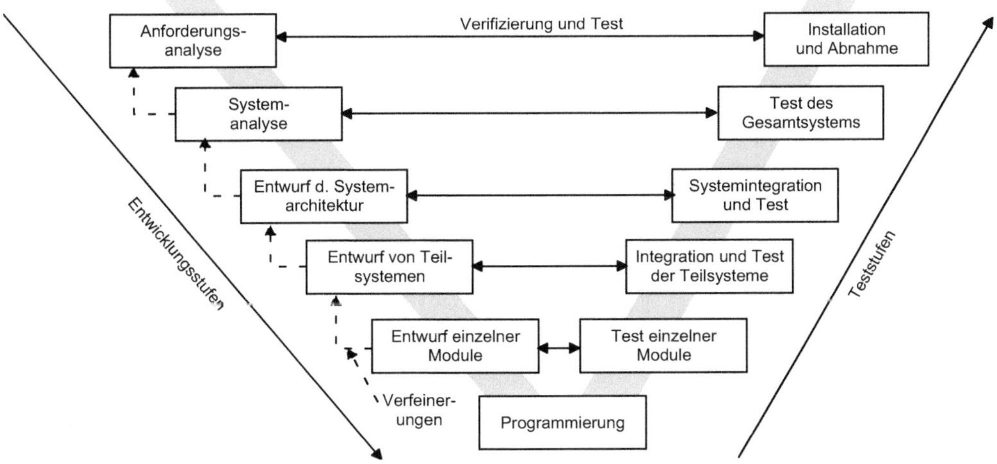

Bild 5.4 V-Modell

Der linke, nach unten weisende Ast der Spezifikationsphasen schließt mit der Programmierphase ab. Eine wichtige Erweiterung gegenüber dem Wasserfallmodell sind die zeitlich nachfolgenden Testphasen, die im rechten, nach oben führenden Ast dargestellt sind. Den spezifizierenden Phasen stehen jeweils testende Phasen gegenüber, sodass in der Gesamtdarstellung das namengebende „V" entsteht. Die Gegenüberstellung von Entwicklungs- und Testphasen soll zu einer möglichst hohen Testabdeckung führen. Hierbei sind die Vorgaben der jeweiligen Entwicklungsstufen die Grundlage für die Definition der Testfälle der entsprechenden Teststufen.

Im Gegensatz zu klassischen phasenorientierten Vorgehensmodellen werden im V-Modell lediglich Aktivitäten und Ergebnisse definiert; es wird keine strikte zeitliche Abfolge gefordert.

5.2 Einfache Entwurfsmuster

Lernziele

Der/die Lernende

- versteht die Bedeutung von Entwurfsmustern für die Softwareentwicklung,
- wendet einige Entwurfsmuster an konkreten Beispielen an,
- untergliedert umfangreiche Projekte durch Nutzung von Schnittstellen in kleinere Teilsysteme.

5.2.1 Einführung und Begriffe

Aus dem vorangehenden Abschnitt sind die fünf wesentlichen Phasen eines Entwicklungsprojektes bekannt. Unbestritten ist, dass diese Einteilung nicht nur bei der Entwicklung von Programmen zum Einsatz kommt, sondern auch den Ablauf anderer Ingenieurprojekte im Bausektor, der Elektrotechnik oder dem Maschinenbau strukturiert.

Während der Analysephase entsteht das Pflichtenheft. Es beschreibt im Detail das, was im Projekt geschaffen werden soll und bildet die Grundlage für den sich anschließenden Entwurfsprozess. Üblicherweise entstehen mehrere Entwürfe, mit denen die verlangten Inhalte realisiert werden können. Der beste Entwurf wird ausgewählt und anschließend umgesetzt.

Nicht rechtzeitig erkannte Entwurfsfehler können fatale Folgen haben: Die Fertigstellung des Projekts verzögert sich, was einen verspäteten Markteintritt bedeuten kann. Möglicherweise gibt es dann schon vergleichbare Erzeugnisse von Wettbewerbern, welche die Wirtschaftlichkeit des eigenen Produktes bedrohen. Lässt sich der Entwurfsfehler nicht beheben, scheitert das Projekt schlimmstenfalls vollständig.

Beispiel 5.4 Beheben Sie den Entwurfsfehler

Im Schaltplan einer elektronischen Steuereinheit wurde eine Teilkomponente vergessen, die aus einem Sensor und einem Analog-Digital-Wandler besteht. Der Fehler wird bei der Inbetriebnahme der Schaltung entdeckt.

Lösung:

Der Schaltplan wird um den fehlenden Teil ergänzt und das Layout an den geänderten Schaltplan angepasst. In dieser Stufe der Produktentwicklung können die Dimensionen der Leiterplatte üblicherweise nicht mehr verändert werden. Reicht der vorhandene Platz nicht für den neuen Schaltungsteil aus, muss die Erweiterung z. B. über eine Aufsteckplatine erfolgen. Ein solcher Entwurfsfehler kann innerhalb weniger Wochen korrigiert werden, führt allerdings zu höheren Entwicklungskosten und einem entsprechenden Zeitverzug. ■

Beispiel 5.5 Gravierender Entwurfsfehler

Beim Bau eines kommunalen Gemeindehauses muss strikt auf Kostenminimierung geachtet werden. Daher wird die oberste Geschossdecke aus Kostengründen so dünn wie möglich konstruiert, dass sie den statischen Erfordernissen gerade genügt. Während der Bauphase wird beim Gießen der obersten Geschossdecke festgestellt, dass die erforderliche Deckenöffnung für den Treppenzugang nicht vorgesehen ist. Lässt sich der Entwurfsfehler beheben?

Lösung:

Eine Fehlerkorrektur ist sehr aufwendig: Aufgrund der dünnen Decke kann aus statischen Gründen nicht einfach ein zusätzliches Deckenloch für den Treppenzugang eingefügt werden. Ob die unteren Wände einer dicker ausgeführten oberen Geschossdecke standhalten können, ist fraglich. Eine schnelle Lösung ist in diesem Fall unwahrscheinlich. Weder der ursprüngliche Zeitplan noch das Budget werden sich einhalten lassen. ■

Obwohl keines der Beispiele aus dem Softwarebereich stammt, unterstreichen sie die Bedeutung der Entwurfsphase für den Projekterfolg. Dies trifft auch auf Softwareprojekte zu.

Ein ganz wesentlicher Unterschied zwischen Software und materiellen Produkten ist jedoch deren unterschiedliche Updatefähigkeit: Bei den letztgenannten kommt eine Erweiterung des Funktionsumfangs normalerweise nicht in Betracht. Lediglich im Reparaturfall müssen fehlerhafte Teile (Glühbirnen, Akkus, usw.) ausgetauscht werden. Ganz anders ist das bei Programmen: Oft mehrmals pro Jahr gibt es Patches, die nicht nur Fehler beheben, sondern auch neue Funktionalitäten zur Verfügung stellen. Die dafür notwendige Flexibilität des Programmcodes beeinflusst den Entwurfsprozess bei der Entwicklung.

Beispiel 5.6 Defekte Glühlampe am KFZ

Bei Ihrem Auto steht die TÜV-Hauptuntersuchung an. Sie stellen kurz vorher fest, dass das rechte Bremslicht defekt ist. Wie reagieren Sie?

Lösung:

Man prüft, ob der Fehler an einer durchgebrannten Sicherung oder einer defekten Glühbirne liegt. Der Austausch des defekten Teils stellt kein Problem dar, da sowohl für Sicherungen als auch für Glühbirnen Standardkomponenten von allen KFZ-Herstellern verwendet werden. ■

Beispiel 5.7 Defektes Smartphone

Ihr Smartphone lässt sich nicht mehr einschalten. Was tun Sie?

Lösung:

Zunächst testet man, ob das Problem mit angeschlossenem Netzteil weiterhin besteht. Falls nein, ist vermutlich der Akku defekt. Und jetzt? Ein Handy-Akku ist kein Standardteil, sondern muss individuell für das jeweilige Smartphone beschafft werden. In vielen Fällen lässt sich der defekte Akku ohne Weiteres gar nicht mehr ersetzen und das Handy wird unbrauchbar. ■

Der Ersatz einer defekten Glühbirne gestaltet sich deswegen so unkompliziert, weil die Bajonettfassung eine einfache, standardisierte und von vielen Herstellern unterstützte *Schnittstelle* für Glühlampen im KFZ-Bereich darstellt. Dagegen ist der Tausch von Akkus aufgrund der großen Vielfalt ihrer Schnittstellen (mechanische Abmessungen, elektrische Kapazität, Ausgangsspannung, komplexe Montage usw.) deutlich problematischer.

Im Alltag nutzen wir ohne großes Nachdenken viele Vorteile von fest definierten Schnittstellen:

- Ein defektes Küchengerät (Backofen, Kühlschrank, Spülmaschine) lässt sich aufgrund der standardisierten Rastermaße von 45 cm bzw. 60 cm bei Einbauküchen jederzeit einfach ersetzen.
- An eine Schuko-Steckdose kann jedes Gerät angeschlossen werden, das mit einem Schuko-Stecker ausgestattet ist.
- Getränkekisten können herstellerunabhängig sicher gestapelt werden, da zumindest Längen- und Breitenmaße übereinstimmen.
- Wer ein Auto des Herstellers A fahren kann, dem fällt der Umstieg auf ein Fahrzeug des Herstellers B nicht schwer, da sich Gas-, Kupplungs- und Bremspedale sowie die Armaturen für Blinker und Fernlicht an derselben Stelle befinden, die Bedienschnittstelle also fahrzeugübergreifend *identisch* ist.

  Probleme entstehen jedoch beim Wechsel auf ein Fahrzeug mit Automatikgetriebe oder beim Fahren eines Rechtslenkers wie sie in Großbritannien benutzt werden, da sich in beiden Fällen die Bedienschnittstelle *ändert*: Beim Auto mit Automatikgetriebe fehlt das Kupplungspedal; bei Rechtslenkern sind Blinker- und Fernlichthebel vertauscht.

Auch bei der Softwareentwicklung kommt den Schnittstellen zwischen den einzelnen Programmteilen eine große Bedeutung zu.

Kapitel 3 und 4 dieses Buches erläutern die Grundlagen der objektorientierten Programmierideen, die durch die Begriffe Abstraktion, Kapselung, Polymorphie und Vererbung charakterisiert werden können. Die Anwendung dieser Grundlagen alleine gewährleistet aber noch keinen guten Programmentwurf. Ergänzend kommen objektorientierte *Entwurfsprinzipien* zur Anwendung [Freeman06]:

- Kapseln Sie die Programmteile, die sich ändern können.
- Ziehen Sie die Komposition der Vererbung vor.
- Achten Sie bei Objekten, die miteinander agieren, auf eine lose Kopplung.
- Programmieren Sie auf eine Schnittstelle statt auf eine Implementierung.
- Klassen sollten für Veränderung geschlossen, aber für Erweiterung offen sein.

5.2.2 Grundlagen von Entwurfsmustern

Für eine ganze Reihe von Aufgabenstellungen gibt es bereits Lösungsvorschläge, die sich in der Praxis bewährt haben. Dies gilt bei Alltagsthemen ebenso wie für technische Fragestellungen.

Beispiel 5.8 Einfamilienhaus

Konzipieren Sie ein Wohnhaus, das für Sie und Ihre Familie geeignet ist.

Lösung:

Sofern Ihre Familie aus zwei Eltern und zwei bis drei Kindern besteht, können Sie bestehende Entwürfe verwenden, die es zuhauf gibt: Solche Häuser besitzen neben der Küche, ein oder zwei Bädern und dem Wohnzimmer ausreichend Schlafräume für die Familienmitglieder. Hinzu kommen Funktionsräume für Heizung, Vorratshaltung und Wäsche. Möglicherweise wird der Raumbedarf um ein Gästezimmer erweitert.

Beispiel 5.9 Transportunternehmen

Ermitteln Sie Lösungsvorschläge für folgende Transportaufgaben:

1. Fall
   - regelmäßiger Transport von zwei bis drei Kindern zur Schule
   - Einkaufen auch großer Mengen an Lebensmitteln
   - gelegentlicher Transport von Fahrrädern
   - selten Fahrten > 1000 km

2. Fall
   - regelmäßiger Transport von 800 Getränkekisten über mittlere bis große Distanzen
   - alternativ Sperrgut bis zu 20 t
3. Fall
   - regelmäßiger Transport von Erdaushub über kurze Distanzen
   - gelegentlicher Transport von Sand oder Kies bis zu 10 t

Lösung:

Für die erste Aufgabe bietet sich die Verwendung eines großen PKWs an. Der zweite Fall wird vermutlich am besten durch den Einsatz eines LKWs mit geschlossenem Aufbau gelöst. Aufgrund weiter Fahrstrecken und daher langer Fahrzeiten sollte ein Schlafplatz für den Fahrer im Führerhaus vorhanden sein. Für den Transport von Erdaushub ist ein Kipper am besten geeignet. Ein Schlafplatz für den Fahrer ist in diesem Fall nicht erforderlich.

■

Wie Beispiel 5.8 und Beispiel 5.9 illustrieren, existieren für eine ganze Reihe von Aufgabenstellungen bereits Erfolg versprechende Bearbeitungsstrategien. Ihre Verwendung beschleunigt das Finden konkreter Lösungen für eigene Projekte. Der Einsatz von Konzepten, die sich in der Praxis bereits bewährt haben, verringert zudem das Risiko, einen unpraktikablen oder sogar falschen Ansatz zu verfolgen.

Entwurfsmuster *(design patterns)* sind bewährte Lösungsschablonen für Entwurfsprobleme, wie sie bei der Entwicklung von Programmen immer wieder auftreten. Sie stellen wiederverwendbare Vorlagen dar, die bei Softwareprojekten eingesetzt werden können. Der Anwender von Entwurfsmustern hat somit folgende Vorteile:

- Konzept: Ein Entwurfsmuster beschreibt einen Lösungsansatz für eine bestimmte Familie von ähnlichen Aufgabenstellungen.
- Zeitersparnis: Durch ihren Einsatz gewinnt man viel Zeit in der Entwurfsphase, da das verwendete Muster einen Lösungsweg aufzeigt.
- Fehlerfreiheit: Man kann sicher sein, dass ein Entwurfsmuster frei von Fehlern ist. Versäumnisse wie in Beispiel 5.5 und 5.10 sind dadurch ausgeschlossen.
- gemeinsame Kommunikationsgrundlage: Entwurfsmuster sind in Fachkreisen allgemein bekannt. Dies führt insbesondere bei größeren Projekten zu einem gemeinsamen Verständnis und einer besseren Kommunikation zwischen den Verantwortlichen.
- einfache Übertragbarkeit: Entwurfsmuster sind unabhängig von der konkret verwendeten Programmiersprache.
- sauberes objektorientiertes Design: Die routinierte Verwendung von Entwurfsmustern führt zu einem besseren Verständnis für objektorientierte Entwürfe.

In [Gamma96], dem Standardwerk zum Thema, werden die bekannten Muster den drei Kategorien Erzeugungs-, Verhaltens- und Strukturmuster zugeordnet. Eine lesenswerte Einführung in deren Anwendung wird in [Freeman06] anhand von Beispielen gegeben.

Beispiel 5.10 ICE-Bahnhof Kassel-Wilhelmshöhe

Beim Entwurf von öffentlichen Gebäuden sind Fehler nicht ausgeschlossen. Zur Eröffnung des ICE-Bahnhofs Kassel-Wilhelmshöhe im Jahr 1991 hagelte es Kritik: „Die steilen Rampen zu den Bahnsteigen sind bundesweit einmalig und eine tägliche Zumutung. Die Fahrstühle zum Parkdeck hat die Bahn erst nach Protesten eingebaut, die Toiletten fast ganz vergessen.“[1]

5.2.3 Strategie

In der Praxis gibt es kaum Software, die nach der ersten Version nicht weiterentwickelt wird. Im Rahmen von Wartungs- und Weiterentwicklungsarbeiten an Programmen tritt oft die Notwendigkeit auf, vorhandene Algorithmen zu ergänzen.

Beispiel 5.11

Nennen Sie ein prägnantes Beispiel, bei dem nachträglich algorithmische Programmerweiterungen durchgeführt werden müssen und begründen Sie, warum solche Erweiterungen unter Umständen problematisch sein können.

Lösung:

Ein solcher Fall kann bei einem Bildbearbeitungsprogramm auftreten, wenn die Anzahl der verfügbaren Dateiformate im Menüpunkt „Speichern unter“ erweitert werden muss. Soll etwa zusätzlich zu den bestehenden Formaten *.png und *.gif zukünftig auch das Dateiformat *.jpg unterstützt werden, so muss der Programmteil erweitert werden, in dem die Datenspeicherung vorgenommen wird. Möglicherweise ist der betreffende Programmteil in einer Funktion realisiert, etwa so:

```
void speichernUnter(void) {
  if (png) {
     ...
  }
  if (gif) {
     ...
  }
} // end void speichernUnter(void)
```

Soll nun auch das Datenformat *.jpg geschrieben werden können, ist eine Modifikation der Funktion *void speichernUnter(void)* erforderlich. Ein solcher Eingriff in bestehende, getestete und freigegebene Funktionen ist riskant und fehleranfällig: Es besteht die Gefahr, dass neue semantische Fehler eingebaut werden, von denen auch ursprünglich korrekte Programmteile betroffen sind.

[1] Onlineausgabe der Hessisch-Niedersächsischen Allgemeinen (HNA) vom 29.5.2011; *http://www.hna.de/lokales/kassel/welt-palast-winde-1262382.html*

Zur Entschärfung dieser immer wiederkehrenden Problematik werden alle variablen Teile des Quelltextes gekapselt. Dadurch wird eine zukünftige flexible Erweiterung des Programms ermöglicht, ohne dass dies Auswirkungen auf die unangetasteten Programmteile hat. Eine Änderung des Quelltextes hat so weniger unvorhergesehene Konsequenzen. Diese Maßnahme kann als Entwurfsprinzip formuliert werden:

Identifiziere diejenigen Teile der Anwendung, die sich ändern können, und trenne sie von denen, die konstant bleiben. ■

Diesem Prinzip entsprechend sollten daher z. B. Speicheralgorithmen, die fortwährender Erweiterung unterliegen, von den Programmteilen getrennt werden, die weitgehend unverändert bleiben (z. B. Standarddialoge für Suchen und Ersetzen usw.). Eine solche Trennung gelingt, indem man einzelne Algorithmen in untereinander austauschbare Klassen verpackt. Wird ein zusätzlicher Algorithmus implementiert, so wird eine neue Klasse angelegt. Die bereits programmierten Algorithmen bleiben in ihren Klassen jedoch weiterhin gekapselt und somit unangetastet. Dadurch sinkt das Risiko, neue Fehler in bestehenden Programmcode einzubauen.

Die Kapselung von Algorithmen in Form untereinander austauschbarer Module wird Strategiemuster *(strategy)* genannt und gehört zur Gruppe der sogenannten Verhaltensmuster.

Beispiel 5.12 Taschenrechner für Grundrechenarten

Ein Taschenrechner für die vier Grundrechenarten verknüpft immer zwei Operanden mit einem Operator. Für jede Operation müssen demnach zwei Zahlen (die Operanden) eingegeben werden, mit denen anschließend die jeweilige, durch den Operator vorgegebene Rechnung durchgeführt wird.

3 + 14	addiert den linken und rechten Operanden
7 - 3	subtrahiert den rechten vom linken Operanden

Der Unterschied zwischen der ersten und zweiten Rechenoperation ist die Art der Berechnung (Addition bzw. Subtraktion). Die Eingabe der Zahlen, die als Operanden verwendet werden, bleibt in beiden Fällen gleich. Die konsequente Anwendung des Strategiemusters erfordert es, die Eingabe der Operanden (die bei allen Grundrechenarten gleichermaßen erforderlich ist) von ihrer Verarbeitung (der Ausführung der Berechnungen) zu trennen. ■

Die Kapselung eines Algorithmus in einer eigenen Klasse ist vorteilhaft, da zukünftige Algorithmen in einer neuen Klasse untergebracht werden können und keine der bereits erstellten, dokumentierten und getesteten Klassen geändert werden muss. Damit im Programm zwischen den verschiedenen Algorithmen umgeschaltet werden kann, ist eine spezielle Klassenstruktur nach Bild 5.5 erforderlich.

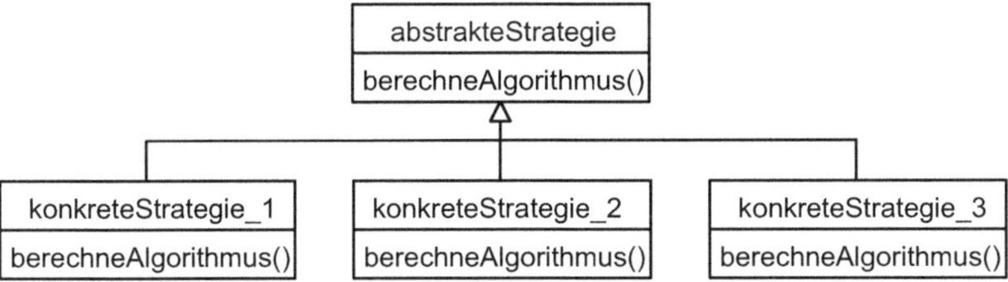

Bild 5.5 Schematisches Klassendiagramm für das Entwurfsmuster „Strategie“

Bild 5.5 stellt den Zusammenhang zwischen vier Klassen dar. Die Oberklasse *abstrakte Strategie* legt die Aufrufschnittstelle für die austauschbaren Algorithmen fest. Im einfachsten Fall ist dies die Signatur (also Name, Parameter und Rückgabetyp) der Methode *berechneAlgorithmus()*, die den Algorithmus realisiert. Der Klassenname *abstrakteStrategie* deutet bereits an, dass es sich um eine abstrakte Klasse handelt, die keinerlei Implementierung für den Algorithmus enthält. Die Methode *berechneAlgorithmus()* der Basisklasse ist also rein virtuell und legt lediglich die Methodenschnittstelle fest.

Von dieser Klasse werden nun weitere Klassen abgeleitet, die jeweils eine konkrete Implementierung eines Algorithmus' enthalten. Jede der abgeleiteten Klassen implementiert *ihren* Algorithmus in *ihrer* Methode *berechneAlgorithmus()*, die selbstverständlich dieselbe Signatur wie in der Basisklasse haben muss.

Die Familie von Algorithmen, die in der Klassenstruktur nach Bild 5.5 angelegt wurde, wird von der Klasse *CKlient* genutzt. Der Zusammenhang zwischen der Klasse *CKlient* und der Algorithmenfamilie wird in Bild 5.6 als schwache Aggregation modelliert. Typischerweise enthält die Klasse *CKlient* einen Zeiger, der auf einen der konkreten Algorithmen verweist. Durch Umsetzen dieses Zeigers auf eine andere Strategie kann zur Laufzeit der Algorithmus gewechselt werden.

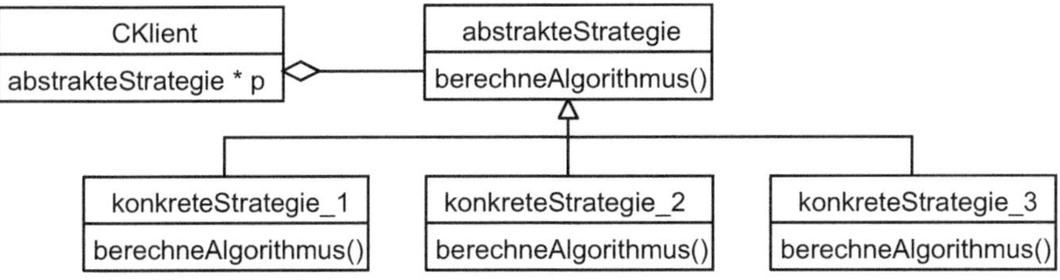

Bild 5.6 Zusammenhang zwischen der Klasse *CKlient* und der Algorithmenfamilie

Beispiel 5.13 Klassenstruktur des Taschenrechners für Grundrechenarten

Entwerfen Sie die Klassenstruktur für den Taschenrechner aus Beispiel 5.12. Im ersten Schritt soll der Taschenrechner addieren und subtrahieren können.

Lösung:

In diesem Fall stellt der Taschenrechner den Klienten dar. Addieren und Subtrahieren sind die Algorithmen, die gekapselt werden müssen. Dazu muss eine passende Basisklasse entworfen werden. Bild 5.7 zeigt die Einzelheiten.

Als Basisklasse der Algorithmenfamilie wird die Klasse *CGrundrechenArt* definiert. Es handelt sich um eine abstrakte Klasse, weil die Methode *berechne()* rein virtuell ist. Von dieser Basisklasse werden die konkreten Algorithmenklassen *CAddiere* und *CSubtrahiere* in Listing 5.1 abgeleitet. In Listing 5.2 sind die zugehörigen Methoden *berechne()* mit den jeweiligen Algorithmen für die betreffenden Grundrechenarten implementiert. ■

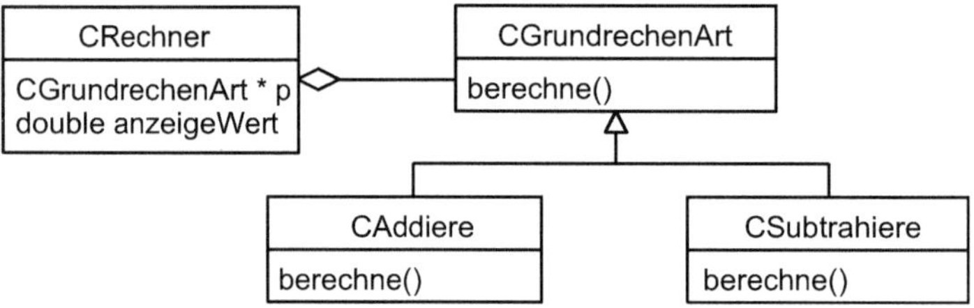

Bild 5.7 Klassenkonzept für den Taschenrechner aus Beispiel 5.13 und Beispiel 5.14

Listing 5.1 Klassendeklaration von *CAddiere* und *CSubtrahiere*

```
class CAddiere : public CGrundrechenArt {
public:
  CAddiere(void);
  ~CAddiere(void);
  double berechne(double a, double b);
};
class CSubtrahiere : public CGrundrechenArt {
public:
  CSubtrahiere(void);
  ~CSubtrahiere(void);
  double berechne(double a, double b);
};
```

Listing 5.2 Methodendefinition *berechne()*

```
double CAddiere::berechne(double a, double b) {
  return a+b;
}
double CSubtrahiere::berechne(double a, double b) {
  return a-b;
}
```

Beispiel 5.14 Entwurf der Klasse für den Taschenrechner

Entwerfen Sie die Klasse *CRechner* mit den beiden Attributen *anzeigeWert* und *ptr*.

Lösung:

Der Taschenrechner wird nach Bild 5.7 als eigenständige Klasse *CRechner* modelliert, die zwei Attribute besitzt: In der Variablen *anzeigeWert* wird das Ergebnis der Rechenoperation gespeichert. Die Variable *ptr* verweist auf denjenigen Algorithmus, der für die momentane Berechnung genutzt werden soll.

```
class CRechner {
protected:
  double anzeigeWert;
  CGrundrechenArt *ptr;
public:
  CRechner(void);
  ~CRechner(void);
  double getAnzeigeWert(void);
  void setRechenart(CGrundrechenArt *  _ptr);
  void rechnen(double _a, double _b);
};
```

Das Attribut *ptr* zeigt immer auf den zurzeit aktiven Algorithmus, der mithilfe der Methode *CRechner::rechnen()* aufgerufen werden kann und das gewünschte Ergebnis liefert.

```
void CRechner::rechnen(double _a, double _b) {
  anzeigeWert = ptr->berechne(_a, _b);
}
```

■

Beispiel 5.15 Nutzung des Taschenrechners im Hauptprogramm

Erstellen Sie ein Programmfragment, das den Taschenrechner verwendet. Die Operanden und der Operator sollen über die Tastatur eingegeben und das Ergebnis jeder arithmetischen Operation auf den Bildschirm ausgegeben werden.

Lösung:

Im zugehörigen Hauptprogramm werden eine Instanz des Rechners sowie Variablen für die Operanden und das Operatorsymbol angelegt.

```
CRechner rechner;
char operatorSymbol = '+';
double liOp, reOp;
// Instanzieren der Algorithmen
CGrundrechenArt  *pa = new CAddiere();
CGrundrechenArt  *ps = new CSubtrahiere();
cout <<"*** Taschenrechner" <<endl;
cin >> liOp;                      // Einlesen des linken Operanden
cin >> operatorSymbol;            // Einlesen des Operators
cin >> reOp;                      // Einlesen des rechten Operanden
switch (operatorSymbol) {         // Auswahl des Algorithmus
  case '-':
     rechner.setRechenart(ps);
     break;
  default: case'+':
     rechner.setRechenart(pa);
     break;
} // endswitch
rechner.rechnen(liOp,reOp);       // aktuellen Algorithmus aufrufen
cout <<" = " <<rechner.getAnzeigeWert() <<endl;       // Ausgabe
```

■

Das vollständige Programm „Taschenrechner" finden Sie unter *https://www.thm.de/ei/uwe-probst/lehrbuecher#vorlesung-softwareentwicklung*

■

Übung 5.1

Erweitern Sie das Projekt aus Beispiel 5.13 um die Algorithmen für Multiplikation und Division.

■

Übung 5.2

Erweitern Sie das Hauptprogramm aus Beispiel 5.15 so, dass mit der Eingabe des zweiten Operanden die Berechnung erfolgt. Aufeinanderfolgende Berechnungen sollen so lange durchgeführt werden, bis als Operatorsymbol '=' eingegeben wird. Das Ergebnis jeder Rechnung soll als linker Operand der nächsten Berechnung dienen.

■

Übung 5.3

In Übung 4.9 wurde anhand der Beispiele 4.10 bis 4.12 die Klasse *CSchaltplan* mit der Fähigkeit ausgestattet, die Gesamtserienimpedanz der Bauelemente in der Schaltung zu berechnen. Erweitern Sie dieses Programm unter Verwendung des Strategiemusters so, dass die Gesamtimpedanz wahlweise für Serien- oder Parallelschaltung aller Bauelemente der Liste ermittelt wird.

■

Übung 5.4

Erweitern Sie die Lösung zu Übung 5.3 so, dass die komplexe Serien- bzw. Parallelimpedanz für den Frequenzbereich 1 Hz $\leq f \leq$ 10 kHz berechnet wird.

5.2.4 Adapter

Adapter sind aus dem Alltagsleben allgemein bekannt. Bei Reisen nach Afrika und Asien, teilweise auch ins europäische Ausland werden sie notwendig, um deutsche Netzstecker mit Schutzkontakt an Steckdosen des jeweiligen Landes betreiben zu können.

Viele Industriegeräte haben für Wartungs- und Inbetriebnahmezwecke eine RS-232-Schnittstelle, mit deren Hilfe sie sich über einen Laptop parametrisieren lassen. Moderne Laptops besitzen allerdings keine RS-232-Schnittstelle mehr, sondern lediglich USB-Anschlüsse.

Um dennoch mit Geräten zu kommunizieren, die nur eine RS-232-Schnittstelle aufweisen, wird in Bild 5.8 ein Schnittstellenadapter USB-RS-232 verwendet, der den USB-Anschluss am Laptop mit der RS-232-Buchse am Gerät koppelt und einen Datenaustausch ermöglicht.

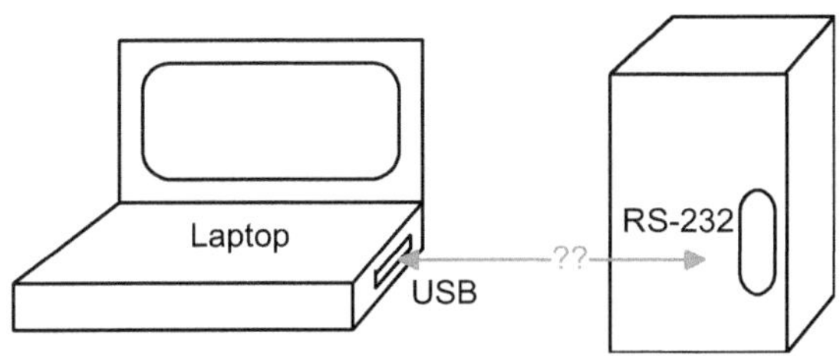

Bild 5.8 Beispiel für Adapter zwischen RS-232 und USB

Vergleichbare Situationen können bei der Entwicklung von Programmen entstehen. Dies ist z. B. der Fall, wenn existierende Klassen, deren Quellcode nicht geändert werden kann, eine Schnittstelle haben, die nicht zu dem Softwareprojekt passen, in dem sie eingesetzt werden sollen. In Bild 5.9 b) sollen Objekte vom Typ *COpv* in die Liste aufgenommen werden. Ganz offensichtlich unterscheidet sich deren Schnittstelle aber von derjenigen, die Objekte des Typs *CBauelement* aufweisen.

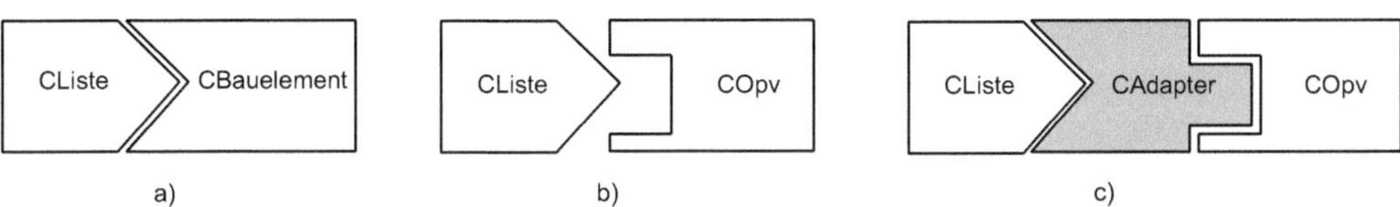

Bild 5.9 Schematische Darstellung einer Adapterklasse: a) Schnittstelle beider Klassen passt exakt, keine Adapterklasse erforderlich; b) Schnittstelle beider Klassen passt nicht; c) Adapterklasse *CAdapter* verbindet die Elemente mit unterschiedlicher Schnittstelle

Bild 5.9 illustriert schematisch, wie mithilfe einer Adapterklasse die Schnittstellen beider Seiten einander angepasst werden können, wenn die bestehende Klassendeklaration nicht geändert werden kann. Die Adapterklasse fungiert als Bindeglied zwischen den beteiligten Klassen. Sie nimmt die Schnittstelle der linken Klasse auf (*CListe* in Bild 5.9) und bildet sie auf die Schnittstelle der rechten Klasse ab (*COpv* in Bild 5.9). Da keine der beiden ursprünglichen Klassen *COpv* bzw. *CListe* dafür geändert werden muss, sinkt das Risiko zusätzlicher semantischer Fehler im bestehenden Programmcode.

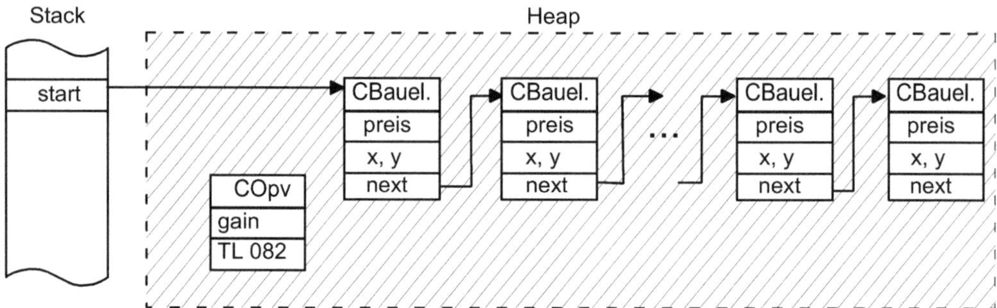

Bild 5.10 Nutzung der vorhandenen Klasse *COpv* aus Beispiel 5.16

Beispiel 5.16 Adapterdarstellung für die existierende Klasse *COpv* in UML

Erläutern Sie, wie die existierende Klasse *COpv*, die elektronische Bauelemente vom Typ Operationsverstärker modelliert, aber *nicht* mit der Klasse *CBauelement* verwandt ist, in die bestehende Liste nach Bild 5.10 aufgenommen werden kann.

Lösung:

Als eigenständiger, nicht von *CBauelement* abgeleiteter Klasse fehlt *COpv* das für eine Aufnahme in die Liste wichtige Attribut *CBauelement * next* nebst den zugehörigen *set/get*-Methoden. Die Adapterklasse *COpvAdapter* wird von der Klasse *CBauelement* abgeleitet. Durch die Vererbung erhält sie u.a. den benötigten Zeiger *CBauelement * next*, sodass Objekte dieser Klasse in die Liste aufgenommen werden können. Bild 5.11 zeigt Einzelheiten, führt jedoch nicht alle Methoden der Klasse *COpv* auf, um die Übersichtlichkeit zu wahren.

Der Zeiger *opvPtr* referenziert das Objekt vom Typ *COpv*. Über ihn sind alle Methoden des Objekts erreichbar.

■

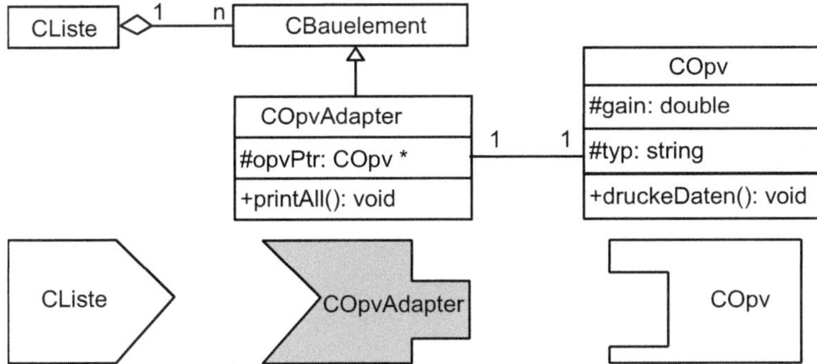

Bild 5.11 Adapterklasse zur Anpassung von *COpv* an die Anforderungen der Containerklasse *CListe*; oben: UML-Darstellung des Konzepts; unten: schematische Darstellung der Lösung in Anlehnung an Bild 5.9

Beispiel 5.17 Umsetzung des Adapters in C++

Setzen Sie den Konzeptvorschlag aus Beispiel 5.16 in Quellcode um, für den Fall, dass *COpv* folgendermaßen definiert ist:

```
class COpv {
protected:
  double gain;
  string typ;
public:
  COpv(void);
  COpv(double _gain, string _typ);
  virtual ~COpv(void);
  string getTyp(void);
  double getGain(void);
  void setGain(double _gain);
  void setTyp(string _typ);
  void druckeDaten(void);
};
...
void COpv::druckeDaten(void) {
  cout <<"Gain: " <<gain <<endl;
  cout <<"Typ: " <<typ <<endl;
}
```

Lösung:

Zunächst wird die Adapterklasse aus *CBauelement* abgeleitet und mit dem Zeiger *opvPtr* auf Objekte vom Typ *COpv* ausgestattet:

```
class COpvAdapter : public CBauelement {
protected:
  COpv *opvPtr;
```

```
public:
  COpvAdapter(void);
  COpvAdapter(double _preis, CPunkt _pos, string name, double _gain, string _
typ);
  ~COpvAdapter(void);
  COpv * getPtr(void);
  void setOpvPtr(COpv * _ptr);
  void printAll(void);
};
```

Im Programmcode der Konstruktoren wird ein Objekt vom Typ *COpv* auf dem Heap angelegt und ggf. mit den Parametern des Konstruktors initialisiert.

```
COpvAdapter::COpvAdapter(void)
  : opvPtr(NULL)
{ opvPtr = new COpv(); }
COpvAdapter::COpvAdapter(double _preis, CPunkt _pos, string _name, double _gain,
                         string _typ)
  : CBauelement(_preis, _pos, _name), opvPtr(NULL)
{ opvPtr = new COpv(_gain, _typ); }
```

Mithilfe des Zeigers *opvPtr* werden Methoden der Klasse *COpv* aus Methoden der Adapterklasse heraus aufgerufen.

```
void COpvAdapter::printData(void) {
  CBauelement::printData();      // Aufruf v. Methoden der Basisklasse
  opvPtr->druckeDaten();         // Aufruf v. Methoden von COpv
}
```

Im Hauptprogramm können neue Objekte vom Typ *COpvAdapter* angelegt werden. Ihre Konstruktoren erstellen automatisch ein zugehöriges Objekt vom Typ *COpv* und initialisieren es mit den übergebenen Parametern. Über den Zeiger *pAdapter* wird auf die Methoden des Objekts zugegriffen.

```
// Zeiger auf Adapterklasse
COpvAdapter * pAdapter;
// Anlegen eines neuen Objekts vom Typ COpvAdapter; damit verbunden
// wird automatisch ebenso ein Objekt vom Typ COpv erzeugt
pAdapter = new COpvAdapter(0.1, CPunkt(4,1), "OPV1",10000, "TL082");
// Aufruf von Methoden
pAdapter->printData();
```

Bild 5.12 illustriert die Aufnahme von Objekten des Typs *COpv* in die verkettete Liste mithilfe von Objekten der Adapterklasse *COpvAdapter*. ■

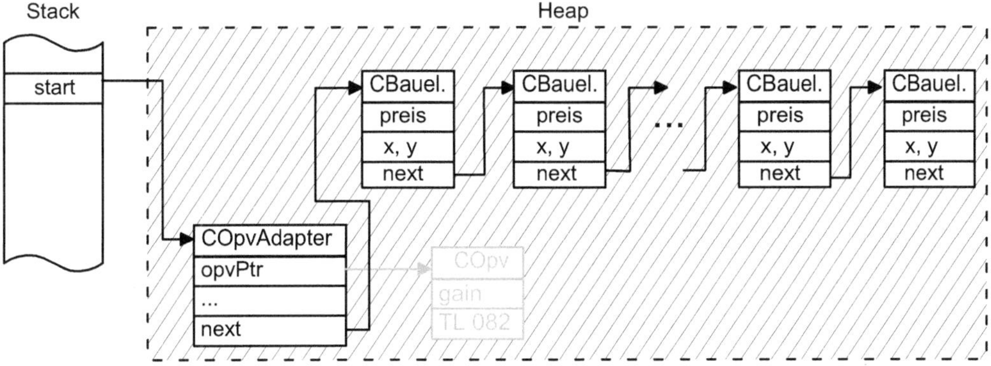

Bild 5.12 Mithilfe der Adapterklasse *COpvAdapter* werden Objekte des Typs *COpv* in die verkettete Liste aufgenommen

Die Adapterklasse finden Sie im Projekt „ReihenParallelSchaltung“ unter *https://www.thm.de/ei/uwe-probst/lehrbuecher#vorlesung-softwareentwicklung* ■

5.2.5 Beobachter

Üblicherweise besteht ein Softwaresystem aus einer ganzen Reihe von Klassen, deren Objekte miteinander in Beziehung stehen und Daten untereinander austauschen. Zwischen den Klassen wird eine möglichst lose Kopplung angestrebt. Dies gewährleistet eine hohe Wiederverwendbarkeit der Klassen unabhängig voneinander.

Beispiel 5.18 Lose Kopplung

Sie wollen Ihren Laptop mit 1 TB zusätzlicher Festplattenspeicherkapazität aufrüsten. Im Idealfall soll die Lösung auch funktionieren, wenn der derzeitige Rechner durch einen anderen ersetzt wird. Bewerten Sie die folgenden drei Lösungsvarianten:

a) Einbau einer Festplatte in den jetzigen Laptop;

b) Anschluss einer externen Festplatte mittels eines USB-Kabels;

c) Bereitstellen der Speicherkapazität durch einen Netzwerkspeicher (NAS).

Lösung:

Die Variante a) erfordert eine Festplatte, die in das Laptopgehäuse passt und mechanisch solide befestigt werden kann. Des Weiteren muss der elektrische Anschluss der Platte mit der vorhandenen Schnittstelle Ihres Laptops übereinstimmen. Diese Lösung hat eine *enge* Kopplung von Rechner und neuer Festplatte zur Folge. Ob Sie die Platte zu einem späteren Zeitpunkt ohne Weiteres in einen anderen Laptop integrieren können, ist fraglich.

Mehr Freiheit bietet die Variante b). Der Rechner, an den die Platte angeschlossen wird, benötigt lediglich einen freien USB-Anschluss. Die mechanischen Abmaße des Festplattengehäuses sind dagegen weitgehend egal, da die Festplatte nur *lose* mit dem Laptop über das USB-Kabel verbunden wird.

Bei Variante c) wird der Erweiterungsspeicher irgendwo im Netzwerk untergebracht. Eine räumliche Nähe zum Laptop ist nicht erforderlich, sodass eine *sehr lose* Kopplung zwischen beiden vorliegt. Ein Nachteil gegenüber b) besteht jedoch darin, dass der Speicher nur verfügbar ist, wenn der Rechner Zugriff auf das Netzwerk hat.

Anhand von Beispiel 5.18 erkennt man, dass eine lose Kopplung Vorteile bei der Wiederverwendbarkeit hat.

Entwürfe mit loser Kopplung ermöglichen flexible objektorientierte Systeme. Die Abhängigkeiten zwischen den verwendeten Objekten werden minimiert. Veränderungen im System können so schnell und vor allem ohne unerwartete Folgen umgesetzt werden.

Die Grundidee des Beobachter-Musters lässt sich anhand eines Tabellenkalkulationsprogramms erläutern. Hiermit können die Inhalte von Datenreihen in Bild 5.13 beispielsweise als Ring-, Balken- oder Tortendiagramm visualisiert werden. Jede Änderung eines oder mehrerer Werte in der Datenreihe hat die sofortige Aktualisierung aller zugehörigen Diagramme zur Folge.

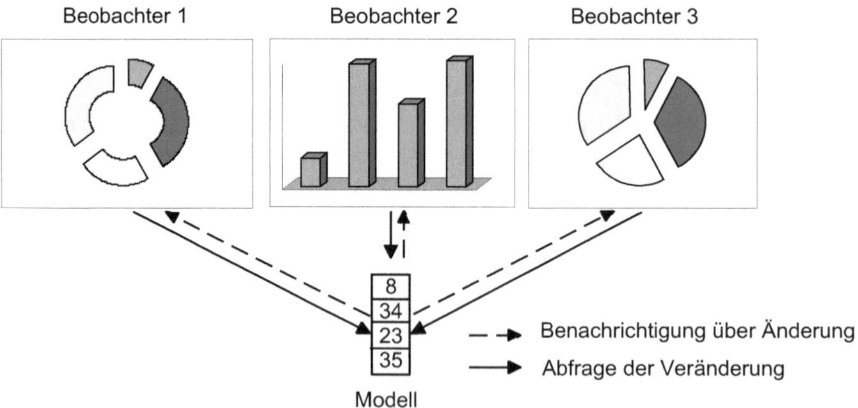

Bild 5.13 Verschiedene Visualisierungen einer Datenreihe mithilfe eines Tabellenkalkulationsprogramms [Gamma96]

In Bild 5.13 stellen alle Grafiken Informationen dar, die im Datenreihenobjekt gespeichert sind. Da sich jede Modifikation der Datenwerte sofort in einer Aktualisierung der Diagramme widerspiegeln soll, müssen die Grafiken über Änderungen der Datenreihe informiert werden. Das Beobachtermuster beschreibt, wie die Beziehungen zwischen Diagrammen und Datenobjekt eingerichtet werden.

Zentrale Bestandteile dieses Musters sind das Datenobjekt, das im Folgenden *CModel* genannt wird sowie eine prinzipiell beliebige Anzahl von sogenannten Beobachtern, die unabhängig voneinander sind. Allen gemeinsam ist jedoch, dass sie von *CModel* abhängen und benachrichtigt werden, wenn sich dessen Werte ändern. Diese Art der Interaktion ist auch als Publish-Subscribe-Prinzip bekannt.

Beispiel 5.19 Publish-Subscribe-Situationen im Alltag

Das Beobachtermuster kann ebenso zur Beschreibung vieler Alltagssituationen dienen:

- Die Abonnenten *(Beobachter)* einer Zeitschrift *(CModel)* bekommen im vereinbarten Zeitraster (täglich, wöchentlich, monatlich) das neuste Exemplar automatisch zugestellt.
- Bei Twitter kann man im Sinne des Beobachtermusters sowohl *CModel* sein (eigene Tweets veröffentlichen) als auch *Beobachter* werden (sich anderen Twitterern als Follower anschließen).
- Ist man an einer Auktion bei Ebay interessiert, kann man den betreffenden Artikel beobachten. Damit registriert man sich im Sinne von Bild 5.13 als *Beobachter* beim *CModel* (der Auktion).

Grundlegende Funktionsweise des Beobachtermusters

CModel veröffentlicht (publish) eine Nachricht, wenn seine Werte sich ändern. Alle Beobachter, die diese Nachrichten abonnieren (subscribe), werden über die Wertänderungen informiert. Als Reaktion darauf liest jeder Beobachter die für *ihn* wichtigen Daten aus *CModel* aus und aktualisiert mit diesen Werten seine Anzeige.

Üblicherweise (und anders, als Bild 5.13 vermuten lässt) sind nicht alle Beobachter an *allen* Daten von *CModel* interessiert. Sie entscheiden selbstständig und unabhängig voneinander darüber, ob und welche der geänderten Daten von *CModel* sie weiterverwenden. Auch dieses Verhalten orientiert sich an Alltagssituationen. Kaum ein Zeitungsabonnent wird *alle* Artikel einer Ausgabe lesen, stattdessen wählt er individuell die Artikel aus, die ihn interessieren.

Beispiel 5.20 Ermittlung charakteristischer Größen von Messwerten

Ein Programm liest periodisch einen Digital-Analog-Wandler aus und übergibt die Messwerte einem Objekt vom Typ *CData* (vgl. Beispiel 4.4). Die Klasse *CData* stellt die Methoden *getMean()*, *getMin()* und *getMax()* zur Verfügung, mit denen Mittelwert, Minimum und Maximum der Messdaten berechnet werden können.

Das Programm soll zusätzlich Anzeigeelemente enthalten, die charakteristische Größen der gemessenen Daten darstellen und leicht um weitere Anzeigen ergänzt werden können. Entwerfen Sie ein grobes Lösungskonzept.

Lösung:

Neben einem Objekt der Klasse *CData* sind in Bild 5.14 zunächst drei Anzeigeobjekte notwendig, die aus den Messdaten die jeweils für *sie* relevanten Kenngrößen des Datenfeldes ermitteln und danach ausgeben. Sobald sich Messwerte ändern, muss die Ermittlung der Kenngrößen neu durchgeführt und jede Anzeige aktualisiert werden.

Variante 1: Es wird eine Methode *void CData::berechneKenngroessen()* erstellt, die Minimum, Maximum und Mittelwert bestimmt und an die Anzeigeobjekte weiterleitet. Nachteil dieser Variante ist es, dass dafür in die Klasse *CData* eingegriffen werden muss. In der angesprochenen Methode müssen zudem Informationen über die Anzeigeobjekte vorhanden sein, ansonsten könnten die Kenngrößen nicht an diese weitergeleitet werden. Man erkennt, dass alle beteiligten Klassen bei diesem Lösungsweg eng miteinander verzahnt sind. Dies widerspricht dem Entwurfsprinzip der losen Kopplung: Ist eine weitere Anzeige, z. B. der Effektivwert der Messdaten, erforderlich, muss die Methode *void CData::berechneKenngroessen()* angepasst werden.

Variante 2: Das System wird so konzipiert, dass die Anzeigeelemente von der Klasse *CData* über Änderungen der Messdaten informiert werden. Jede Anzeige errechnet den für sie relevanten Kenngrößenwert neu und aktualisiert sich. Der Vorteil dieser Variante liegt auf der Hand: Die Klasse *CData* weiß lediglich, dass eine Reihe von Anzeigeelementen auf ihre Daten zugreifen wird. Welche Kenngrößen jedes Anzeigeelement im Einzelnen benötigt, bleibt ihr jedoch verborgen. Ein weiteres Anzeigeelement kann der Anwendung hinzugefügt werden, ohne dass *CData* oder die bereits bestehenden Anzeigeelemente modifiziert werden müssen. Dies entspricht der geforderten losen Kopplung zwischen den beteiligten Klassen.

Damit diese Lösung funktioniert, sind folgende Schritte erforderlich:

1. *CData* muss Zugriff auf eine Abonnentenliste haben, in der sich alle Anzeigeelemente eintragen können, die Kenngrößen oder Messwerte darstellen wollen.
2. Liegen neue Messwerte vor, muss *CData* anhand der Liste alle Abonnenten darüber informieren, *dass* (nicht welche!) Änderungen aufgetreten sind.
3. Die Abonnenten, also die Anzeigeelemente, lesen die für *sie* relevanten Daten aus und verwenden sie, um neue Grafiken zu erstellen. ■

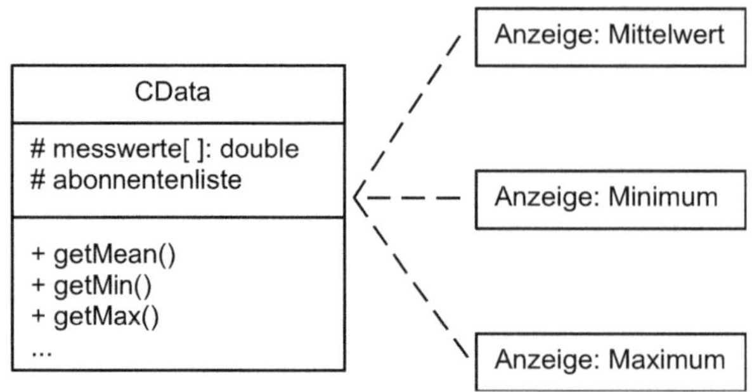

Bild 5.14 Beteiligte Klassen beim Lösungskonzept für Beispiel 5.20

Das Lösungskonzept gemäß Variante 2 von Beispiel 5.20 wird elegant mit dem Beobachtermuster realisiert, dessen Struktur in Bild 5.15 dargestellt ist:

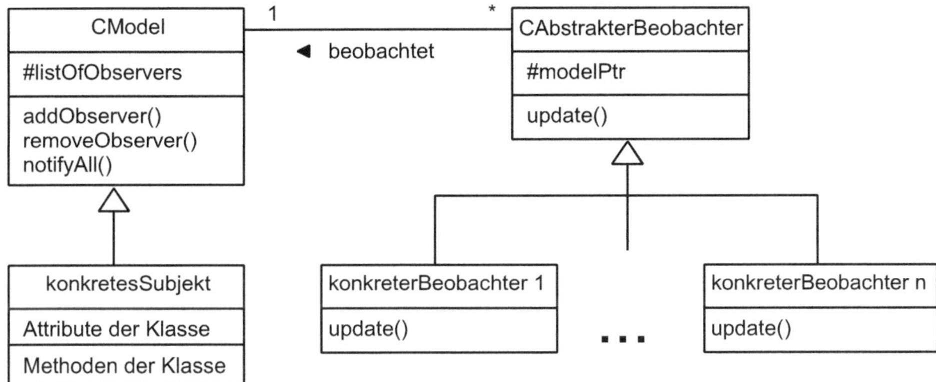

Bild 5.15 Allgemeine Darstellung des Beobachtermusters in UML

In der Basisklasse *CModel* werden die ersten beiden Lösungsschritte von Variante 2 aus Beispiel 5.20 angelegt. Die Klasse enthält die Datenstruktur *listOfObservers*, bei der sich Beobachter mithilfe der Methoden *addObserver()* registrieren bzw. *removeObserver()* wieder abmelden. In dieser Liste werden alle aktuellen Beobachter der Klasse *CModel* gespeichert.

Sobald neue Messwerte vorliegen, wird die Methode *CModel::notifyAll()* ausgeführt. Sie informiert alle registrierten Beobachter über geänderte Messdaten.

Für jeden Beobachter wird während Schritt 3 aus Variante 2 von Beispiel 5.20 die polymorphe Methode *update()* aufgerufen. In der Basisklasse *CAbstrakterBeobachter* wird deren Schnittstelle festgelegt. Es handelt sich um eine rein virtuelle Methode, was *CAbstrakter Beobachter* tatsächlich zu einer abstrakten Klasse macht. Die daraus abgeleiteten Klassen *konkreterBeobachter* müssen diese Methode individuell überschreiben.

Sobald die Basisklassen *CModel* und *CAbstrakterBeobachter* korrekt funktionieren, können Anwendungen das Beobachtermuster sehr einfach verwenden.

Beispiel 5.21 Basisklassen des Beobachtermusters

Erstellen Sie die beiden Klassen *CModel* und *CAbstrakterBeobachter*.

Lösung:

Die Klasse *CAbstrakterBeobachter* ist abstrakt. Sie enthält mit dem Attribut *modelPtr* einen Zeiger, der auf das *CModel* zeigt, an dem der Beobachter angemeldet ist. Dieser Verweis ist erforderlich, wenn sich der Beobachter wieder von *CModel* abmelden will.

```
class CAbstrakterBeobachter {
protected:
  CModel *modelPtr;
public:
  CAbstrakterBeobachter(void);
  virtual ~CAbstrakterBeobachter(void);
  virtual void update(void) = 0;
  void setModelPtr(CModel * _modelPtr);
  CModel * getModelPtr(void);
};
```

Die Methoden der Klasse sind denkbar einfach aufgebaut:

```
CAbstrakterBeobachter::CAbstrakterBeobachter(void)
  :modelPtr(NULL)
{}
CAbstrakterBeobachter::~CAbstrakterBeobachter(void)
{}
void CAbstrakterBeobachter::setModelPtr(CModel * _modelPtr) {
  modelPtr = _modelPtr;
}
CModel * CAbstrakterBeobachter::getModelPtr(void) {
  return modelPtr;
}
```

Die Basisklasse *CModel* besitzt als wichtiges Attribut das Feld *listOfObservers*, in dem Zeiger auf die registrierten Beobachter gespeichert werden. Die Anzahl der Beobachter ist prinzipiell beliebig und nicht fest vorgegeben. Daher ist ein Feld erforderlich, dessen Länge dynamisch zur Laufzeit verändert werden kann (vgl. Abschnitt 4.2). Die aktuelle Feldlänge wird im Attribut *size* festgehalten. Im Unterschied zu Beispiel 4.2 sind die Feldelemente hier keine Werte des Datentyps *double*, sondern Zeiger auf Beobachter. Daher lautet der Datentyp der Feldelemente in diesem Fall *CAbstrakterBeobachter* *. Der Zeiger auf das erste Feldelement ist demnach ein Zeiger auf Zeiger. Somit ergibt sich die Klassendeklaration von *CModel* zu:

```
class CModel {
protected:  int size;   // Zahl der registrierten Beobachter, ( = Feldlänge)
  // Zeiger auf das Feld, in dem Verweise auf die Beobachter stehen
  (CAbstrakterBeobachter *) * listOfObservers;
public:
  CModel(void);
  ~CModel(void);
  // neuen Beobachter, auf den _ptr zeigt, hinzufügen
  void addObserver(CAbstrakterBeobachter * _ptr);
  // bestehenden Beobachter, auf den _ptr zeigt, entfernen
  bool removeObserver(CAbstrakterBeobachter * _ptr);
  // alle Beobachter informieren, dass sich Werte geändert haben
  void notifyAll(void);
  // rein virtuelle Methode, die in Ableitungen überschrieben wird
  virtual CModel & getModel(void) = 0;
};
```

Im Wesentlichen besteht *CModel::notifyAll()* aus einer Schleife, die für alle registrierten Beobachter deren individuelle Methode *update()* aufruft. Das Prinzip zeigt Listing 5.3.

Zusammen mit der Information, dass sich am (Daten-)Zustand des Objekts etwas verändert hat, wird die polymorphe Methode *update()* aller registrierten Beobachter aufgerufen. In *konkreterBeobachter::update()* legt jeder Beobachter für sich fest, welche Daten von *CModel* ihm wichtig sind und was er damit macht. ■

Listing 5.3 Information aller registrierten Beobachter

```
for (alle Beobachter b in listOfObservers)
  b->update(); // b ist ein Zeiger, daher wird -> verwendet
```

Durch die in Bild 5.15 gezeigte Vererbung wird der grundlegende Mechanismus des An- und Abmeldens von der Basisklasse *CModel* an die abgeleiteten Klassen weitergegeben.

Beispiel 5.22 Anwenden des Beobachtermusters

In diesem Beispiel wird die Klasse *CData* aus der Basisklasse *CModel* abgeleitet und erbt auf diesem Weg die Fähigkeit, ein Modell zu sein. Wie lautet der Zusammenhang zwischen der Klasse *CData* und den Anzeigeelementen aus Beispiel 5.20 in Bezug auf die Basisklassen *CModel* und *CAbstrakterBeobachter* aus Beispiel 5.21?

Lösung:

Immer wenn sich Messwerte ändern, sollen die Anzeigeelemente aktualisiert werden. Daher wird *CData* von den Anzeigeelementen *Minimum, Maximum* und *Mittelwert* beobachtet. Der Zusammenhang kann nach Bild 5.16 als UML-Diagramm formuliert oder im Quellcode angegeben werden:

```
class CData : public CModel {
private:
  double dataValue[MAX_DATA];
public:
  CData(void);
  ~CData(void);
  void setDataValue(double _value, int _index);
  double getDataValue(int _index);
  CData(double _dataValue[]);
  double getMax(void);
  double getMin(void);
  double getMean(void);
  CModel & getModel(void);
};
```

Als Beispiel eines Beobachters wird die Mittelwertbildung betrachtet. Die betreffende Klasse ist ein Nachkomme der Klasse *CAbstrakterBeobachter*, deren Methode *update()* passend zur Mittelwertbildung überschrieben wird.

```
class CMeanDisplay : public CAbstrakterBeobachter {
public:
  CMeanDisplay(void);
  ~CMeanDisplay(void);
  void update(void);
};
void CMeanDisplay::update(void) {
  cout <<" Mittelwert: " <<((CData *) modelPtr)->getMean() <<endl;
}
```

Um die Methode *getMean()* aufrufen zu können, die in der Basisklasse *CModel* nicht existiert, muss in *update()* das Zeigerattribut *CModel * modelPtr* in *CData ** (also in einen Zeiger auf die abgeleitete Klasse) konvertiert werden. Dies ist jedoch kein Problem, da aufgrund der Vererbung jedes Objekt vom Typ *CData* auch ein Objekt vom Typ *CModel* ist.

■

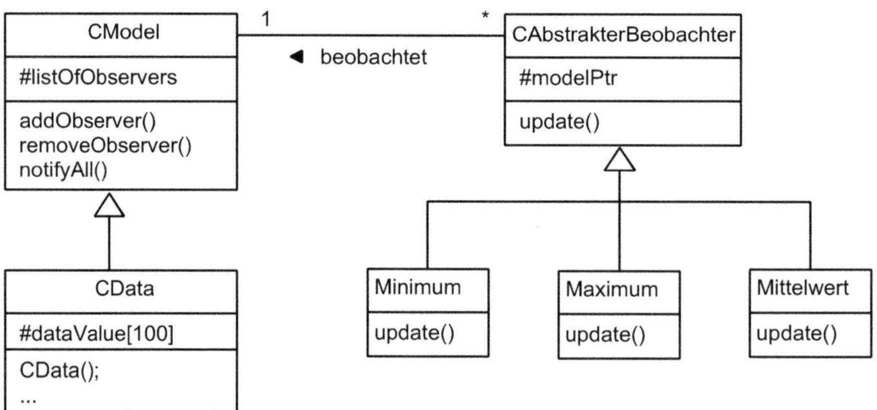

Bild 5.16 Lösungsvorschlag zu Beispiel 5.22, in dem *CData* Nachkomme von *CModel* ist

Übung 5.5

Erstellen Sie die Beobachterklassen für Minimum und Maximum mit den zugehörigen *update()*-Methoden.

■

Übung 5.6

Erstellen Sie die Methoden *addObserver()*, *removeObserver()* und *notifyAll()* für die Klasse *CModel* aus Beispiel 5.21.

■

Mithilfe der Lösungen von Übung 5.5 und Übung 5.6 kann das Hauptprogramm nach Listing 5.4 realisiert werden:

Listing 5.4 Hauptprogramm zur Anwendung des Beobachtermusters

```
void main(void) {
  CData data;                    // Instanzierung von CData, Ableitung von CModel
  CMeanDisplay mean;             // Beobachter für Mittelwert
  CMaxDisplay max;               // Beobachter für Maximum
  CMinDisplay min;               // Beobachter für Minimum
  double amp = 325, offset = 10; // lokale Variablen vereinbaren
  cout << "*** Beobachtermuster, wenn CData aus CModel abgeleitet wird" << endl
  // Beobachter f. Mittelwert und Minimum melden sich an
  data.addObserver(&mean);
  data.addObserver(&min);
  // Datenobjekt (also das Modell) mit Werten füllen
  for (int i = 0; i < MAX_DATA; i++)
     data.setDataValue(amp*sin(ZWEI_PI*i/MAX_DATA)+offset,i);
  // alle Beobachter informieren, dass neue Daten da sind ...
  data.notifyAll();
  // min als Beobachter abmelden
  data.removeObserver(&min);
  // jetzt Daten ändern
  amp = 100;
  for (int i = 0; i < MAX_DATA; i++)
     data.setDataValue(amp*sin(ZWEI_PI*i/MAX_DATA)+offset,i);
  // die NOCH angemeldeten Beobachter informieren,
  // dass Daten geändert wurden ...
  data.notifyAll();
  // neuen Beobachter max registrieren ...
  data.addObserver(&max);
  // jetzt Daten ändern
  amp = 1;
  offset = 0;
  for (int i = 0; i < MAX_DATA; i++)
     data.setDataValue(amp*sin(ZWEI_PI*i/MAX_DATA)+offset,i);
  // alle Beobachter informieren, dass Daten geändert wurden ...
  data.notifyAll();
  // ehemaligen Beobachter min erneut registrieren ...
  data.addObserver(&min);
  // jetzt Daten ändern
  offset = 5;
  for (int i = 0; i < MAX_DATA; i++)
     data.setDataValue(amp*sin(ZWEI_PI*i/MAX_DATA)+offset,i);
  // alle Beobachter informieren, dass Daten geändert wurden ...
  data.notifyAll();
```

Übung 5.7

Welche Ausgabe erzeugt das Programmfragment nach Listing 5.4? ■

In Bild 5.16 wird *CData* von *CModel* abgeleitet, *CData* also als ein Nachkomme von *CModel* aufgefasst. Nicht immer ist eine solche Relation jedoch sinnvoll. Dies gilt z. B. dann, wenn man die Klasse *CData* in anderen Anwendungen verwendet, bei denen sie die Eigenschaften von *CModel* nicht benötigt. Ein solcher Fall liegt vor, wenn *CModel* mehr als eine Datenreihe aufweisen muss. Unter diesen Umständen ist es angebracht, dem Entwurfsprinzip „Ziehen Sie die Komposition der Vererbung vor“ zu folgen. Bild 5.17 zeigt das zugehörige Klassendiagramm.

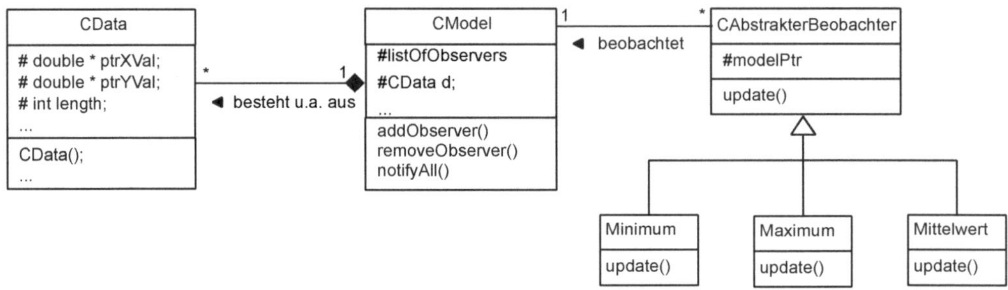

Bild 5.17 Lösungsvorschlag zu Beispiel 5.22, in dem *CModel* u. a. aus einem oder mehreren Objekten vom Typ *CData* aus Beispiel 4.4 besteht

CData ist nun Bestandteil des Modells und nur noch für *seine* Daten verantwortlich. Daher könnte die Klasse *CData* aus Beispiel 4.4 verwendet werden. Die Art und Weise von An- und Abmeldung der Beobachter am Modell ändert sich nicht. Allerdings müssen die Beobachter auf Daten zugreifen, die nun Teil eines privaten Attributs (*CData*) des Modells (*CModel*) sind. Das erfordert eine Erweiterung des Modells um *CData *CModel::getData();* sowie der update()-Methode der drei konkreten Beobachter gem. Listing 5.5 und Listing 5.6.

Listing 5.5 Notwendige Erweiterungen von *CModel* bei Komposition gem. Bild 5.17

```
//  in dieser Lösungsvariante enthält CModel ein Objekt vom Typ CData
//  dann ist die Vererbung nicht erforderlich.
class CModel {
protected:
  int size;  // Anzahl der registrierten Beobachter
  CAbstrakterBeobachter * * listOfObservers;
  CData d;
public:
  CModel(void);
  ~CModel(void);
  // neuen Beobachter, auf den _ptr zeigt, hinzufügen
  void addObserver(CAbstrakterBeobachter * _ptr);
  // bestehenden Beobachter, auf den _ptr zeigt, entfernen
  bool removeObserver(CAbstrakterBeobachter * _ptr);
  // alle Beobachter darüber benachrichtigen, dass sich Werte geändert haben
  void notifyAll(void);
  CData *getData();
};
```

Listing 5.6 Notwendige Veränderung der *update*-Methode bei den konkreten Beobachtern am Beispiel von *CMinDisplay* bei Komposition gemäß Bild 5.17

```
class CMinDisplay : public CAbstrakterBeobachter {
public:
  CMinDisplay(void);
  ~CMinDisplay(void);
  void update(void);
};
void CMinDisplay::update() {
  cout <<"beobachteter Minimalwert " << modelPtr->getData()->getMinY() << endl;
}
```

Das vollständige Programm „BeobachterMusterKomposition" finden Sie unter *https://www.thm.de/ei/uwe-probst/lehrbuecher#vorlesung-softwareentwicklung*

Beispiel 5.23 illustriert das Thema anhand von Bild 5.18.

Beispiel 5.23 Lose Kopplung zwischen Klassen

Für die Schaltung aus Bild 5.18 oben soll die komplexe Impedanz berechnet werden. Zusätzlich sind deren Amplituden- und Phasengang zu ermitteln und grafisch darzustellen. Bei jeder Änderung der Bauelementparameter soll eine Aktualisierung aller Ausgaben erfolgen. Erläutern Sie das Prinzip des Beobachters an dieser Aufgabenstellung.

Lösung:

Die Klassenstruktur für die Nachbildung eines solchen Schaltplans wurde in den vorangehenden Kapiteln erläutert: Zum Einsatz kommt eine Containerklasse, die die Bauelemente der Schaltung aufnimmt. Mithilfe des Strategiemusters aus Abschnitt 5.2.3 sowie der Lösung von Übung 5.4 wird die komplexe Impedanz für den Frequenzbereich 1 Hz $\leq f \leq$ 10 kHz ermittelt. Somit liegen die erforderlichen Werte zur Berechnung von Amplituden- und Phasengang als Wertetabelle vor.

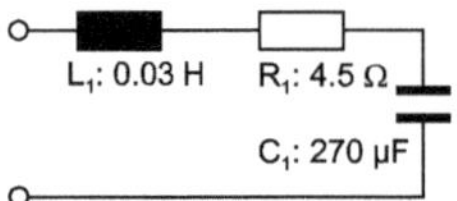

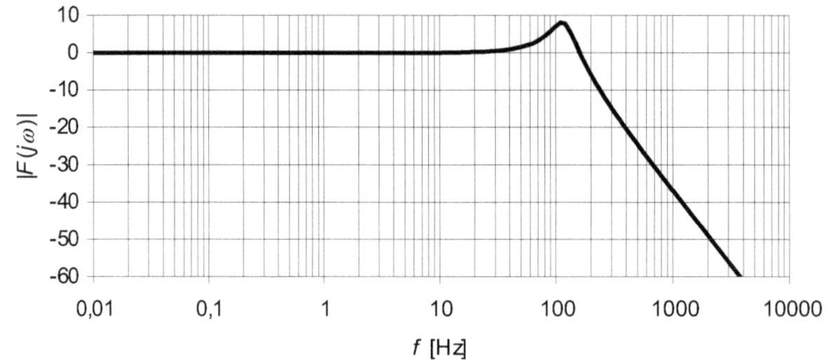

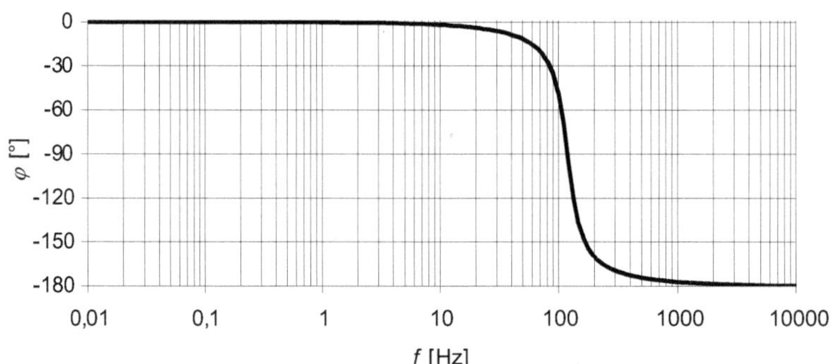

Bild 5.18 Frequenzabhängige Impedanz; oben: Schaltplan; Mitte: Amplitudengang; unten: Phasengang

Weitere Entwurfsmuster

Der Entwurf nach Bild 5.17 hat einige Nachteile:

- Aufgrund der starken Aggregation zwischen *CModel* und *CData* sind die Datenobjekte feste Attribute der Modellklasse (z. B. das Attribut *d* im Modell nach Bild 5.17). Hier wäre eine Lösung sinnvoller, welche die Anzahl der Datenobjekte im Modell durch Einsatz einer Containerklasse variabel hält.
- In *CData* selbst ist eine solche Flexibilität durch Verwendung der beiden Zeiger *ptrXVal* und *ptrYVal* zwar gegeben. Allerdings muss deren Verwaltung in *CData* implementiert werden.

Einfacher wird es, wenn in beiden Fällen vorhandene Lösungen aus der Standard-Template-Library zum Einsatz kommen, die in Abschnitt 6.2 beschrieben werden. Darüber hinaus nutzen zusammengesetzte Entwurfsmuster wie das Model-View-Controller-Muster Aspekte sowohl des Beobachter- als auch des Strategiemusters und beweisen ihre Stärke vor allem in interaktiven Anwendungen mit grafischer Nutzeroberfläche (GUI). Abschnitt 6.3 beschreibt den Aufbau der MFC, mit deren Hilfe ein GUI einfach realisiert werden kann. Aus diesen Gründen wird das Model-View-Controller-Muster erst in Abschnitt 6.4 erläutert. In diesem Kontext werden auch modifizierte Varianten von *CData* und *CModel* vorgestellt.

5.3 Multithreading

5.3.1 Grundlagen und Begriffe

Die Begriffe Task oder Thread sind insbesondere im Zusammenhang mit heutigen Rechnerarchitekturen und Betriebssystemen gebräuchlich und stellen ein Merkmal moderner Programme und Betriebssysteme dar.

Serielle vs. parallele Bearbeitung

Vor- und Nachteile serieller bzw. paralleler Abarbeitung von Aufgaben sind eigentlich naheliegend, werden aber in Bild 5.19 und Bild 5.20 am Beispiel von Paketzustellungen nochmals dargestellt.

Bild 5.19 Serielle Zustellung von Paketen

In Bild 5.19 transportiert ein Lastwagen alle Sendungen und liefert sie nacheinander aus. Nachteilig daran ist der Zeitraum, bis alle Pakete ihren Empfänger erreicht haben: Insbesondere bei hohem Paketaufkommen dauert die serielle Zustellung u. U. viel zu lang. Allerdings wird in diesem Beispiel lediglich ein Transporter mit Fahrer benötigt.

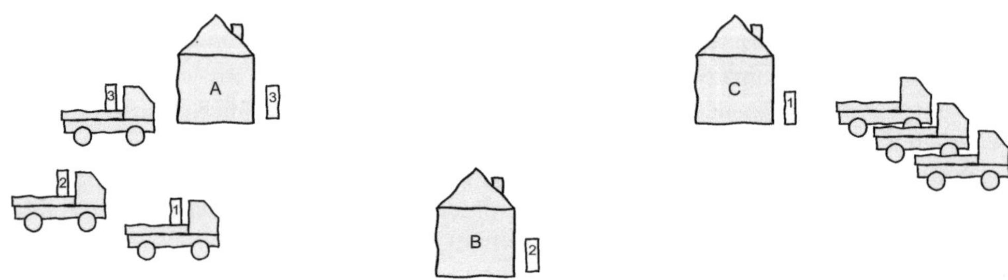

Bild 5.20 Parallele Paketauslieferung

Die parallele Auslieferung nach Bild 5.20 erfolgt dagegen deutlich schneller. Allerdings sind auch mehr Ressourcen in Form von Fahrern und Fahrzeugen notwendig. Natürlich ist es unsinnig, jedes auszuliefernde Paket auf einem eigenen Transporter zu befördern. Bei einer ausgewogenen Lösung wie in Bild 5.21 kommen bei einem hohen Paketaufkommen daher mehrere Fahrzeuge zum Einsatz, die in bestimmten Gebieten die ihnen zugeteilten Sendungen jeweils seriell ausliefern.

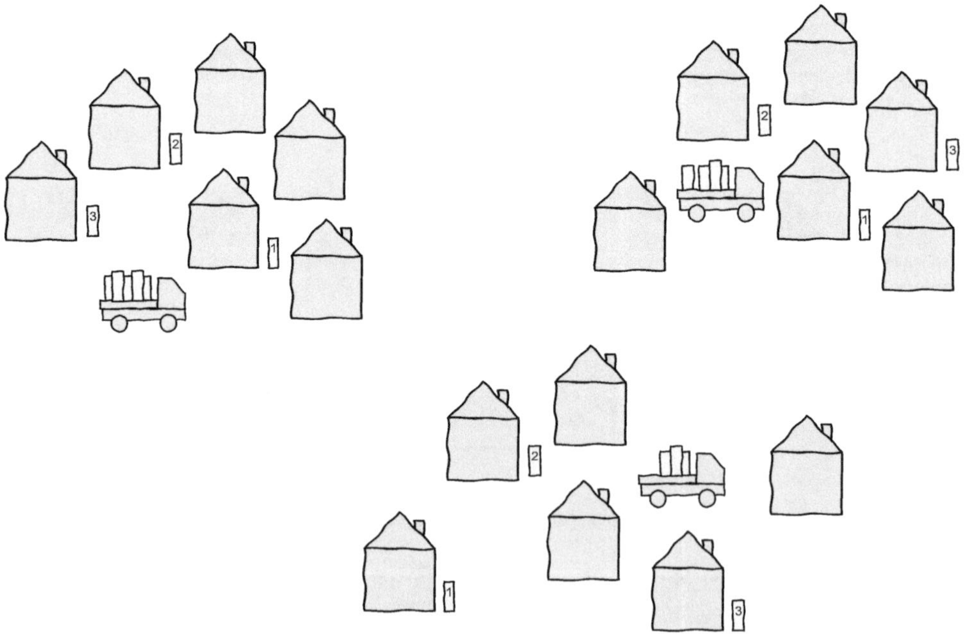

Bild 5.21 Gemischt parallel-serielle Auslieferung von Paketen: parallel liefern drei Fahrzeuge eine Reihe von Paketen nacheinander aus

Nahezu alle Ingenieurdisziplinen setzen heutzutage Simulationsprogramme ein, um Vorhersagen für das Verhalten „ihrer“ Produkte treffen zu können, ohne dass aufwendige

Prototypen hergestellt werden müssen. Das Spektrum reicht von Simulationsprogrammen wie matlab/Simulink[2] oder CST[3], die für viele Anwendungen geeignet sind bis hin zu maßgeschneiderten Lösungen für spezielle Aufgaben[4]. Der Einsatz dieser Programme zur Beantwortung von Fragen im laufenden Entwicklungsprozess erfordert jedoch zwingend kurze Rechenzeiten: Wenn das Simulationsergebnis erst nach Wochen oder gar Monaten zur Verfügung steht, kann das zugehörige Simulationsprogramm nicht entwicklungsbegleitend eingesetzt werden. Heutige Rechnerarchitekturen berücksichtigen diese hohen Anforderungen an die Rechenleistung von Computern durch Mehrkernprozessoren bzw. Multiprozessorsysteme. Damit Programme, um Rechenzeit einzusparen, die nötigen Operationen auf mehrere parallel arbeitende CPUs aufteilen können, sind bei der Programmentwicklung einige Dinge zu beachten.

Task und Thread

Ein Task ist ein Programm in Ausführung. Er besteht wie in Bild 5.22 dargestellt aus dem eigentlichen Programmcode sowie dem Kontext, der die erforderlichen Ressourcen einschließt. Ein solcher Prozess kann einen oder mehrere Threads umfassen und weist folgende grundlegenden Eigenschaften auf:

- Prozesse, die auf demselben Rechner ausgeführt werden, sind unabhängig voneinander und können also lediglich auf ihren jeweils eigenen Kontext zugreifen. Vorteilhaft ist, dass prozessinterne Daten so vor Zugriffen von außen geschützt sind. Allerdings ist eine Kooperation zwischen zwei Prozessen, also beispielsweise der Austausch von Daten, nicht ohne weiteres möglich.
- Prozesse sind schwergewichtig, da sie einen jeweils eigenen Kontext besitzen und dadurch unabhängig von anderen Prozessen ausgeführt werden können. Beim Umschalten von einem Prozess auf einen anderen ist nachteilig, dass der volle Kontext gewechselt werden muss, was entsprechend zeitaufwendig ist und die Ausführungszeit verlängert.

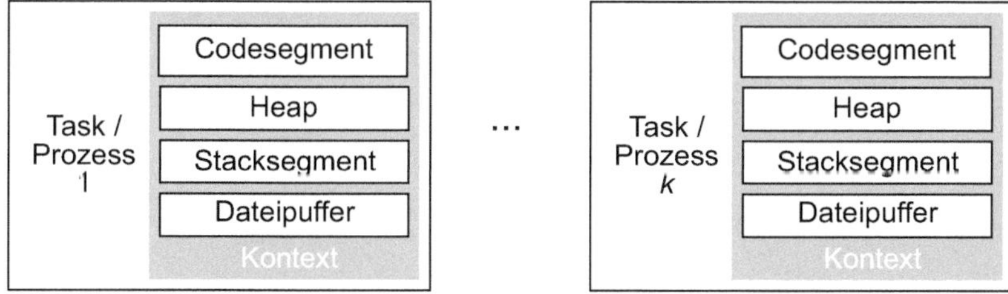

Bild 5.22 Schematische Darstellung der Prozesse 1 bis *k* mit ihrem jeweiligem Kontext

Im Unterschied dazu ist ein Thread nach Bild 5.23 einer von mehreren Abläufen, die nebeneinander innerhalb einer Task ablaufen und wird als nebenläufige Aktivität bezeich-

---

2 *https://de.mathworks.com/products/matlab.html*

3 *https://www.3ds.com/products-services/simulia/products/cst-studio-suite/*

4 Reeh, A.: Der Modellierungsprozess und die Auslegung eines Radiofrequenz-Ionentriebwerks; Dissertation Justus-Liebig-Universität Gießen, 2021

net. Er teilt sich den Kontext mit anderen Threads derselben Task, besitzt selbst jedoch nur einen kleinen eigenen Datenbestand. Diese Tatsache macht ihn leichtgewichtig: Threads sind schnell umschaltbar. Da lediglich das Stacksegment threadspezifisch ist, können Prozessvariablen, die im Datensegment liegen, von mehreren Threads gemeinsam genutzt werden. Ihre Speicherbereiche sind nicht gegen Zugriffe anderer Threads des eigenen Prozesses geschützt, sodass der programmiertechnische Umgang Vorsicht und einen gewissen Aufwand zur Synchronisation erfordert.

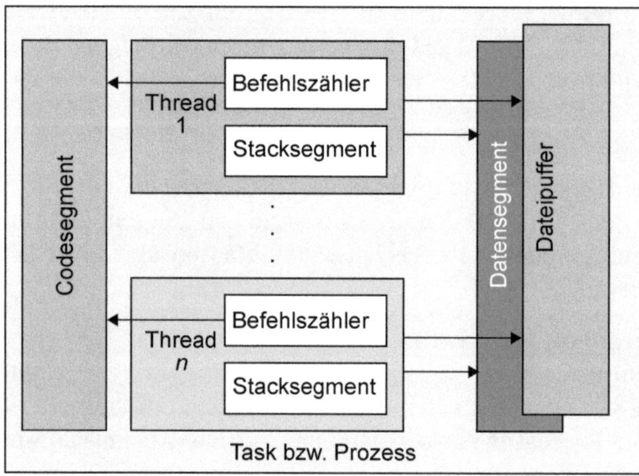

Bild 5.23 Schematische Darstellung einer Task mit *n* verschiedenen Threads, threadindividuellem Befehlszähler bzw. Stacksegment, aber gemeinsamem Dateipuffer sowie Daten- und Codesegment

Nebenläufigkeit

Bei Rechnern der heutigen Generation ist es üblich, dass mehrere Aufgaben gleichzeitig bearbeitet werden können. Man ist es beispielsweise gewohnt, dass parallel zu Videokonferenzen auch Dokumente gelesen und/oder Mails empfangen werden können.

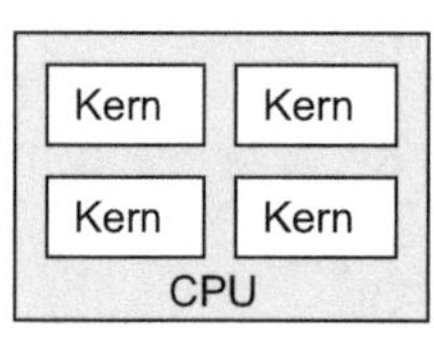

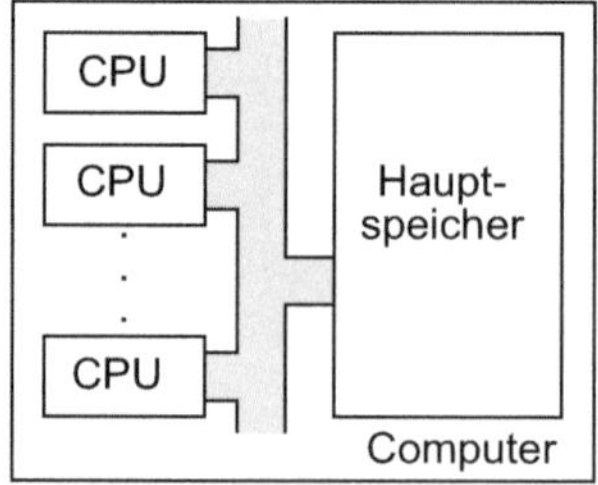

Bild 5.24 Schematische Darstellung heutiger Rechnerarchitekturen [Endl21]; links: Mehrkernprozessor; rechts: Multiprozessorsystem, bei dem die einzelnen CPUs mit dem Hauptspeicher über einen gemeinsamen Bus gekoppelt sind

Echte Nebenläufigkeit wird durch den parallelen Einsatz mehrerer Hardwarekomponenten ermöglicht, die verschiedene Aufgaben gleichzeitig bearbeiten können. Das kann, wie in Bild 5.24 schematisch dargestellt ist, mit einer CPU erreicht werden, die aus mehreren Rechnerkernen besteht. Eine weitere Möglichkeit ist die Verwendung eines Multiprozessorsystems, bei dem mehrere unabhängige CPUs einen gemeinsamen Hauptspeicher nutzen.

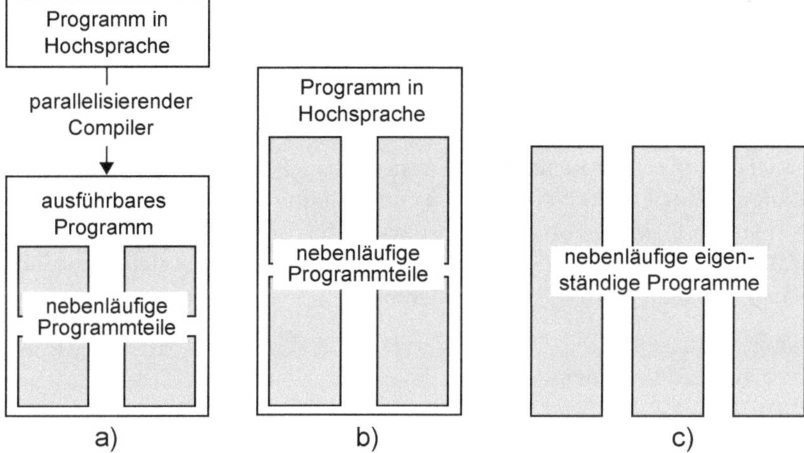

Bild 5.25 Nebenläufigkeit durch Software: a) Teilprogramme erzeugt von parallelisierendem Compiler; b) Teilprogramme erzeugt durch Programmierer:in bei der Codeerstellung; c) Programme, verwaltet durch speziellen Scheduler

Nebenläufigkeit kann nach Bild 5.25 [Endl21] auf verschiedene Weise jedoch auch durch Software implementiert werden:

- Im Teilbild a) übersetzt ein parallelisierender Compiler ein Programm, das in Hochsprache erstellt wurde, in Teilprogramme, die parallel ausgeführt werden können, ohne die Programmlogik aufzuheben.
- Verschiedene Teile *eines* sequenziellen Programms werden in Teilbild b) auf einer nebenläufigen CPU echt gleichzeitig ausgeführt. Dies setzt voraus, dass die Teilprogramme tatsächlich parallel abgearbeitet werden dürfen und nicht aus logischen Gründen nacheinander ablaufen müssen. Die Aufteilung in nebenläufige Teilstücke erfolgt während der Entwicklung.
- Ein Scheduler strukturiert in Teilbild c) die Warteschlange der von der CPU ausgeführten Operationen so, dass mehrere Programme scheinbar parallel ablaufen. Moderne Betriebssysteme nutzen diese Technik, die als Multi-Tasking bezeichnet wird, um mehrere Anwendungen gleichzeitig auszuführen. In diesem Fall liegt jedoch keine echte, sondern eine Pseudonebenläufigkeit vor. Dies ist immer dann der Fall, wenn mehr nebenläufige Softwareteile existieren, als Rechnerkerne vorhanden sind.

Im Folgenden wird lediglich die Nebenläufigkeit aus Teilbild b) besprochen: Während der Entwicklung wird das Programm mit speziellen Befehlen der Hochsprache in einzelne Threads unterteilt. Nach dem Programmstart bringt das Betriebssystem diese Threads nebenläufig zur Ausführung.

5.3.2 Eigenschaften von Threads

Bild 5.26 visualisiert schematisch den Lebenszyklus eines Threads, der bestimmte Zustände annehmen kann:

- Running („rechnend"): Der Thread wird ausgeführt.
- Ready („bereit"): Der Thread wurde gestartet und könnte ausgeführt werden, wird es aber derzeit nicht.
- Blocked („blockiert"): Der Thread kann nicht (weiter) ausgeführt werden, da er auf ein bestimmtes Ereignis wartet (Benutzereingabe, Beendigung eines anderen Threads, Zugriff auf Festplatte o. ä.). Eine Fortsetzung ist erst dann möglich, wenn das Ereignis eingetreten ist. Dieser Zustand kann kritisch sein, wenn zwei Threads sich gegenseitig blockieren und aus der Blockierung eine Verklemmung („Deadlock") entsteht.
- Terminated („abgeschlossen"): Der Thread beendet sich selbst oder wird durch eine Maßnahme von außen zu Ende gebracht.

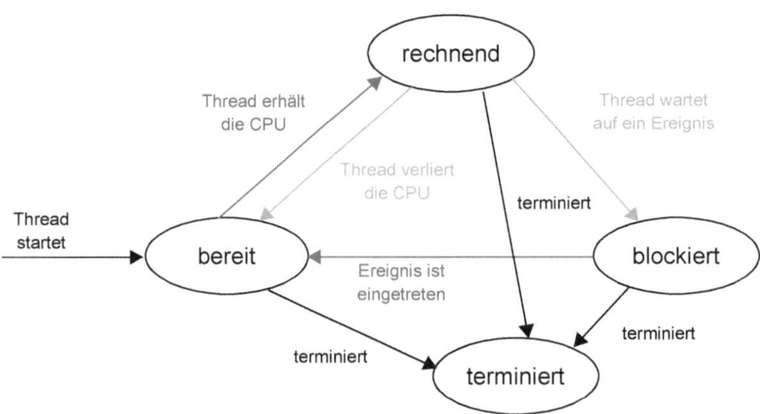

Bild 5.26 Zustände innerhalb des Lebenszyklus' eines Threads

Die Verwaltung aller laufenden Threads übernimmt das Betriebssystem. Der dort integrierte Scheduler legt fest, wann welchem Thread als nächstes die CPU zugeteilt wird. Beim *kooperativen* Scheduling, das aus den 1980er-Jahren stammt, muss der nächste Thread so lange warten, bis der aktuell laufende Thread die CPU wieder freigibt. In der Praxis führt das u. U. dazu, dass dringende Prozesse die CPU erst verzögert zugewiesen bekommen und daher verspätet ausgeführt werden. Diesen Nachteil hat das *präemptive* Verfahren nicht: Das Betriebssystem kann den aktuell laufenden Thread aktiv von außen unterbrechen und die CPU einem anderen Thread zuteilen. Es ist daher der Standard in modernen Betriebssystemen.

Um zu entscheiden, welcher Thread als nächstes Zugriff auf die CPU erhält, nutzen Scheduler zwei verschiedene Verfahren: Beim Zeitscheibenverfahren (Round Robin) bekommt jeder Thread reihum die CPU für eine bestimmte Rechenzeit und wird nach deren Ablauf unterbrochen. Die Alternative ist das prioritätengesteuerte Scheduling: Jeder Thread erhält einen Prioritätswert. Stets wird der Thread mit der höchsten Priorität ausgeführt.

Beispiel 5.24

Ein Programm besteht aus drei Threads A, B und C. Erläutern Sie, welche Maßnahmen beim Umschalten von einem auf den anderen Thread getroffen werden müssen.

Lösung:

Der Ablauf ist schematisch in Bild 5.27 dargestellt. Jeder Thread wird in n Abschnitte unterteilt und stückweise ausgeführt ($n > k$). Zu Beginn des Teilstücks ($k + 1$) von Thread A wird er an der Stelle fortgesetzt, an der er am Ende der Ausführung des k-ten Teilstücks angekommen war. Dazu müssen die entsprechenden Registerinhalte des Threads A zum Zeitpunkt $t_{A,Ende,k}$ gesichert und zum Zeitpunkt $t_{A,Anfang,k+1}$ für die nächste Zeitscheibe für Thread A wieder geladen werden. Dieselben Maßnahmen sind beim Umschalten der anderen Threads B und C ebenso erforderlich.

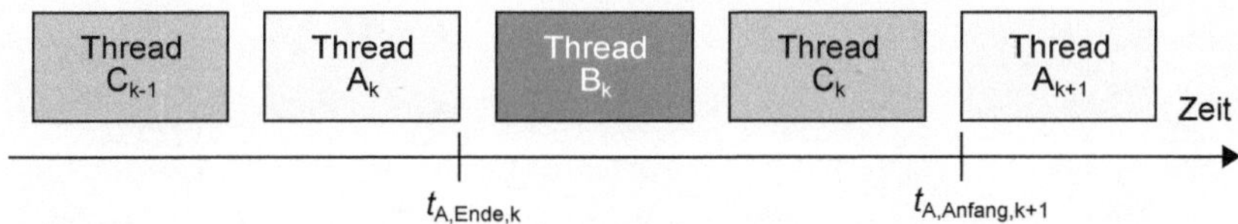

Bild 5.27 Umschaltung von Threads; schematische Darstellung in Anlehnung an [Endl21]

■

5.3.3 Synchronisation von Threads

Um Konflikte zu vermeiden, müssen Threads, die innerhalb desselben Programmes ablaufen, untereinander synchronisiert werden. Dies ist in den angesprochenen Simulationsprogrammen häufig der Fall, wenn Thread A Daten liefert, auf denen Thread B seine Berechnungen aufbaut. Letzterer muss daher so lange warten, bis die Ergebnisse von Thread A vorliegen. Auch die gleichzeitige Nutzung einer Ressource (z. B. eines Druckers o. ä.) durch zwei Threads darf nicht zugelassen werden. Als elementare Synchronisationsmechanismen dienen der wechselseitige Ausschluss (*mut*ual *ex*clusion, mutex) sowie die Reihenfolgebedingung.

Wechselseitiger Ausschluss (mutex)

Der wechselseitige Ausschluss löst eine Konkurrenzsituation *mehrerer* Threads um *eine* Ressource auf. Die Problematik erschließt sich anhand des folgenden Beispiels aus dem Straßenverkehr.

Beispiel 5.25

Aufgrund von Bauarbeiten tritt auf einer zweispurigen Straße eine Engstelle auf, die nur einspurig befahren werden kann. Wie stellen Sie sicher, dass sich in der Engstelle nicht zwei entgegenkommende Fahrzeuge begegnen?

Lösung:

Die Antwort liegt auf der Hand. Eine Ampelanlage (Bild 5.28) bestehend aus den Ampeln A_1 und A_2 steuert die Zufahrt auf den Streckenteil, der stets nur in eine Richtung befahren werden darf. Die Ampelsteuerung stellt sicher, dass A_2 auf rot gestellt wird, bevor A_1 auf grün springt und umgekehrt. Die Zeitspanne dazwischen ist so bemessen, dass sich keine Fahrzeuge in Fahrtrichtung München mehr auf der Strecke befinden, wenn A_1 von rot auf grün umschaltet.

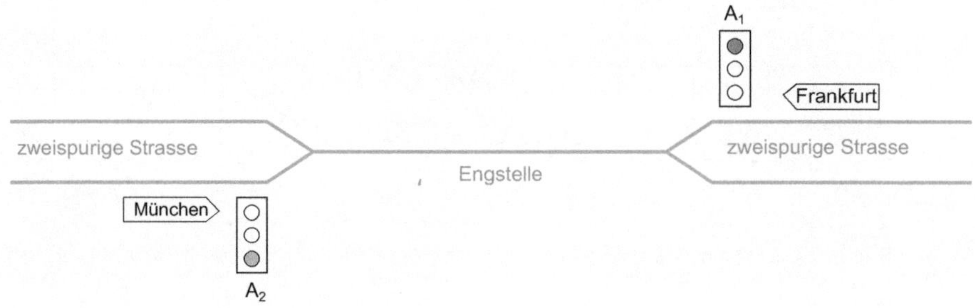

Bild 5.28 Beispiel für den wechselseitigen Ausschluss

Konkurrieren zwei oder mehr Threads um die Nutzung eines Druckers oder wollen gleichzeitig einen Datenbankeintrag modifizieren, tritt in Programmen eine solche Konstellation auf. Die von mehreren Threads gemeinsam genutzte Ressource bildet einen kritischen Abschnitt („critical section“), der immer nur von einem Thread zur selben Zeit genutzt werden darf. In diesem Zeitraum muss der Zugriff anderer Programmteile auf die Ressource strikt unterbunden werden.

Bei pseudonebenläufigen Systemen wird die CPU zwischen verschiedenen Threads hin und her geschaltet. Befindet sich ein Thread in einem kritischen Abschnitt, darf er auf keinen Fall unterbrochen, also die CPU keinem anderen Thread zugeteilt werden, der einen kritischen Abschnitt bzgl. derselben Ressource ausführen will.

Beispiel 5.26

Für ein Bankkonto stehen verschiedene Möglichkeiten des Geldtransfers zur Verfügung: Der Kunde kann am Bankschalter oder Geldautomat eine Barauszahlung vornehmen oder Abbuchungen in Form von Überweisungen oder Lastschriften beauftragen. Identifizieren Sie kritische Abschnitte, wenn die verschiedenen Arten des Geldtransfers von einzelnen Threads übernommen werden und Auszahlungen bzw. Überweisungen nur dann zulässig sind, wenn nach der Operation kein negativer Kontensaldo auftritt.

Lösung:

Thread A ist zuständig für Barauszahlungen, Thread B bildet Überweisungen ab. Aus Gründen der Übersichtlichkeit werden in diesem Beispiel konkrete Zahlenwerte verwendet. Die Auszahlung von 100 Euro bzw. eine Überweisung von 50 Euro darf nur dann erfolgen, wenn kein negativer Kontostand entsteht. Der Programmcode, der Transaktionen auf Zulässigkeit prüft, könnte so aussehen:

Thread A

```
//Barauszahlung zulässig?
if (kontoStand >= 100)
  kontoStand -= 100;
// Auszahlung einleiten
```

Thread B

```
// Überweisung zulässig?
if (kontoStand >= 50)
  kontoStand -= 50;
// Überweisung einleiten
```

In diesem Fall ist die Variable *kontoStand* die Ressource, die von beiden Threads geprüft und ggf. modifiziert wird. Die beiden o. g. Programmzeilen bilden hierbei den kritischen Abschnitt. Folgendes Szenario könnte auftreten:

- Ausgangspunkt: *kontoStand* = 120
- Thread A prüft `(kontostand >= 100)`, erkennt true und wird dann unterbrochen.
- Es erfolgt der Wechsel zu Thread B, bevor Thread A die Auszahlung eingeleitet hat.
- Thread B prüft `(kontostand >= 50)`, erkennt ebenfalls true (der Kontostand liegt ja noch bei 120 Euro) und führt danach die Subtraktion durch: `kontoStand -= 50;`.
- Der Variablenwert beträgt nun *kontoStand* = 70 Euro.
- Nach dem Wechsel zurück zu Thread A wird sofort die Auszahlung durchgeführt, da die Überprüfung vorher bereits erfolgt ist: `kontoStand -= 100;`.
- Die Variable hat jetzt einen Wert von *kontoStand* = −30 Euro, der nicht zulässig ist.

Dieses Verhalten wird *racing condition* genannt, da das Ergebnis der Transaktionen davon abhängt, *wann* die Umschaltung zwischen den Threads stattfindet. Erfolgt der Wechsel zu Thread B erst, nachdem Thread A die Subtraktion tatsächlich vorgenommen hat, würde die Überweisung nicht mehr ausgeführt, weil die Überprüfung durch Thread B das entstehende negative Kontensaldo rechtzeitig erkennt.

■

Reihenfolgebedingung

Sowohl in der digitalen wie auch in der realen Welt müssen Aktivitäten in einer bestimmten Reihenfolge erfolgen, um korrekte Ergebnisse zu erhalten. Beispielweise kann immer dann, wenn Passagiere eines verspäteten Zuges A den Anschlusszug B erreichen sollen, dessen Abfahrt erst erfolgen, wenn Zug A im Bahnhof eingefahren ist und die Passagiere den Bahnsteig von B erreicht haben.

Um solche Sachverhalte beim Programmieren zu beherrschen, werden Vorgänger- bzw. Nachfolgerthreads definiert: Der Nachfolger darf seine Aktivität erst dann ausführen, wenn der Vorgänger eine bestimmte Aktivität abgeschlossen hat. Zu diesem Zweck wird eine Reihenfolgebedingung eingeführt. Sie legt fest, welcher Thread zuerst und welcher danach ausgeführt werden muss.

Zur Threadsynchronisation stehen u. a. Bibliotheksfunktionen aus Listing 5.7 sowohl für den wechselseitigen Ausschluss als auch für Reihenfolgebedingungen zur Verfügung, die wie viele andere auch im Namensbereich *std* definiert sind.

Listing 5.7 Aufstellung von C++-Bibliotheken und nützlichen Funktionen für Threads

```
#include <thread>            // Thread-Bibliothek C++
#include <mutex>             // Mutex-Bibliothek C++
using namespace std;         // definiert im Namensbereich std

// Instanzierung und Start des Threads A mittels überladenem Konstruktor
// fkt: Name der Funktion, die der Thread ausfuehren soll
// par1 bis parN; Parameter der Funktion fkt
thread A(fkt, par1, ... , parN);

t1.join();  // hier wird auf das Ende des Threads t1 gewartet

// globales mutex fuer kritischen Abschnitt anlegen
mutex mtx;

mtx.lock(); // Kritscher Abschnitt, wird durch mtx gesperrt („locked")
// hier wird der Code des kritischen Abschnitts programmiert,
// der nicht unterbrochen werden darf
mtx.unlock(); // Sperrung wird aufgehoben
```

Beispiel 5.27 zeigt exemplarisch die Anwendung der in Listing 5.7 erläuterten Synchronisationsmechanismen für C++ an einem einfachen Programm.

Beispiel 5.27

Im Programm aus Listing 5.8 werden die beiden Threads *th1* und *th2* angelegt, die beide die Funktion *ausgabe()* aufrufen. Da die Funktion *main* den Hauptthread darstellt, sind in diesem Programm also insgesamt drei Threads aktiv. Jeder der Threads nutzt *ausgabe()*, um ein einzelnes Zeichen 100-mal auf den Bildschirm auszugeben. Immer dann, wenn *ausgabe()* von Thread 1 aufgerufen wird, erscheint auf dem Monitor die Ziffer '1'. Bei Thread 2 wird dagegen die Ziffer '2' gedruckt. Der Hauptthread gibt das Zeichen 'M' aus.

Listing 5.8 Programmcode von *main()* und *ausgabe(...)*

```
#include <iostream>
#include <thread>              // Thread-Bibliothek C++
#include <mutex>               // Mutex-Bibliothek C++
using namespace std;           // Namensbereich std wird verwendet
```

```
void ausgabe(int n, char c) {
  for (int i = 0; i<n; ++i) {
       // Kritischer Abschnitt, der hier noch nicht gesperrtist
       cout << c; // c wird insgesamt n-mal ausgegeben
  }
  cout <<"END" << endl;
}

int main() {
  // Anlegen und Starten des Threads 1
  //            | ausgabe ist die Funktion, die der Thread ausfuehren soll
  //            |       | 1. Parameter der Funktion ausgabe vom Datentyp int
  //            |       |    | 2. Parameter der Funktion ausgabe vom Datentyp char
  //            |       |    |
  thread th1(ausgabe, 100, '1');
  // Anlegen und Starten des Threads 2
  //            | ausgabe ist die Funktion, die der Thread ausfuehren soll
  //            |       | 1. Parameter der Funktion ausgabe vom Datentyp int
  //            |       |    | 2. Parameter der Funktion ausgabe vom Datentyp char
  //            |       |    |
  thread th2(ausgabe, 100, '2');
  // Aufruf von ausgabe aus dem main-Thread heraus
  ausgabe(100, 'M');
  cout << "Haupt-Thread-Ende" << endl;
  return 0;
}
```

Nach dem Start des Programms werden die drei Threads *th1*, *th2* und *main* vom Scheduler verwaltet. Wann welcher Thread in den Zustand „running“ geschaltet wird, ist jedoch dem Zufall überlassen. Daher entstehen bei jedem Programmdurchlauf unterschiedliche Ausgaben im Konsolenfenster.

Listing 5.9 Bildschirmausgaben des Programms aus Listing 5.8 bei zwei aufeinanderfolgenden Durchläufen, ohne dass der kritische Abschnitt in ausgabe(...) gesperrt wurde

```
Programmdurchlauf 1:
111111111111111MMMMMMMMM2222222222222222222222222222222222222222222222222222222222
22222222222222222222222222222222222222222222END

MMMMMMMMMMMMMMMMMMMMMMMMMMMMMMMMMMMMMMMMMMMMMMMMMMMMMMMMMMMMMMMMMMMMMMMMMMMMMMMMMM
MMMMMMMMMEND

Haupt-Thread-Ende
1111111111111111111111111111111111111111111111111111111111111111111111111111111111
1111END

Programmdurchlauf 2:
1111222222222222222222222222222222222222222222222222222222222222222222222222222222
22222222222222222222222END11111111111111111111111111111111111111111111111111111111
11111111111111111111111111111111111111111END

MMMMMMMMMMMMMMMMMMMMMMMMMMMMMMMMMMMMMMMMMMMMMMMMMMMMMMMMMMMMMMMMMMMMMMMMMMMMMMMMMM
MMMMMMMMMMMMMMMMMMMEND

Haupt-Thread-Ende
```

■

Beispiel 5.28

Erweitern Sie den Programmcode aus Beispiel 5.27 so, dass die Ausgabefunktion eines Threads durch keinen anderen Thread unterbrochen wird.

Lösung:

Um sicherzustellen, dass die Ausgabe nicht unterbrochen werden kann, muss sie als kritischer Abschnitt gekennzeichnet werden. Dies gelingt durch Anwendung eines *mutex* innerhalb der Funktion *ausgabe()*.

```
void ausgabe(int n, char c) {
  static mutex mtx;
  mtx.lock(); // hier beginnt die Sperrung („Lock")
  // Kritscher Abschnitt, wird durch mtx gesperrt („locked")
  for (int i = 0; i<n; ++i) {
       cout << c;
  }
  cout <<"END" << endl;
  mtx.unlock();      // Sperrung wird jetzt aufgehoben
}
```

■

Anhand von Listing 5.10 wird deutlich, dass die in Beispiel 5.28 modifizierte Funktion *ausgabe(...)* dafür sorgt, dass die einzelnen Threads während der Ausgabe nicht unterbrochen werden. Allerdings endet der Hauptthread auch hier, bevor die Threads *th1* und *th2* abgeschlossen sind.

Listing 5.10 Bildschirmausgabe bei modifizierter Funktion *ausgabe(...)*

```
MMMMMMMMMMMMMMMMMMMMMMMMMMMMMMMMMMMMMMMMMMMMMMMMMMMMMMMMMMMMMMMMMMMMMMMMMMMMMMMMMMMMMMMMMM
MMMMMMMMMMEND
Haupt-Thread-Ende
222222222222222222222222222222222222222222222222222222222222222222222222222222222222222222
2222222222END
111111111111111111111111111111111111111111111111111111111111111111111111111111111111111111
1111111111END
```

Beispiel 5.29

Erweitern Sie den Programmcode aus Beispiel 5.28 so, dass die Ausgabe „Haupt-Thread-Ende" erst dann erscheint, wenn sowohl Thread *th1* als auch Thread *th2* abgeschlossen sind.

Lösung:

Zwei Synchronisierungsbedingungen erweitern in diesem Fall das Hauptprogramm: Die beiden *join*-Anweisungen sorgen dafür, dass die Ausführung von *main()* an dieser Stelle solange pausiert, bis die beiden Threads *th1* und *th2* beendet worden sind.

```
int main() {
  thread th1(ausgabe, 100, '1');
  thread th2(ausgabe, 100, '2');
  // Aufruf von ausgabe aus dem main-Thread heraus
  ausgabe(100, 'M');
  th1.join(); // Reihenfolgebedingung: main wartet auf das Ende des Threads th1
  th2.join(); // Reihenfolgebedingung: main wartet auf das Ende des Threads th2
  cout << "Haupt-Thread-Ende" << endl;
  return 0;
}
```

Die Kombination von *mutex* in der Funktion *ausgabe(...)* mit den *join*-Anweisungen in *main()* führt zu nachfolgender Ausgabe:

```
MMMMMMMMMMMMMMMMMMMMMMMMMMMMMMMMMMMMMMMMMMMMMMMMMMMMMMMMMMMMMMMMMMMMMMMMMMMMMMMM
MMMMMMMMMMMMMMMMMMMMEND
222222222222222222222222222222222222222222222222222222222222222222222222222222222
2222222222222222222END
111111111111111111111111111111111111111111111111111111111111111111111111111111111
1111111111111111111END
Haupt-Thread-Ende
```

Man erkennt, dass keiner der Threads einen anderen unterbricht und dass sowohl *th1* als auch *th2* beendet wurden, bevor die Ausgabe „Haupt-Thread-Ende“ erfolgt.

■

Den vollständigen Programmcode für die Beispiele 5.27, 5.28 und 5.29 finden Sie als Projekt „ThreadKonsolenAnwendung“ unter

https://www.thm.de/ei/uwe-probst/lehrbuecher#vorlesung-softwareentwicklung

■

Die Lösung aus Beispiel 5.28 ist dann problematisch, wenn eine Funktion einen kritischen Abschnitt enthält, der einen Rückgabewert liefern muss. In diesem Fall ist der Aufruf von *mtx.unlock()* nach der *return*-Anweisung nicht möglich. Abhilfe schafft der komfortablere Weg über das Anlegen eines Lock-Objektes nach Listing 5.11.

Listing 5.11 Lösung zu Beispiel 5.28 mit Anwendung eines Lock-Objektes

```
int ausgabeMitLockObjekt(int n, char c) {
  static mutex mtx;  // lokales, statisches mutex
  std::lock_guard<std::mutex> safeMTX(mtx);
  // Kritscher Abschnitt, wird durch mtx gelocked
  for (int i = 0; i < n; ++i) {
    // Kritischer Abschnitt
    cout << c;
  }
  cout << "END" << endl;
  return 0;
}
```

Der Unterschied im Vergleich zur Lösung von Beispiel 5.28 liegt in der dritten Zeile: Hier wird das Lock-Objekt *safeMTX* als lokales Objekt angelegt. Dessen überladener Kontruktor erhält *mtx* als Parameter und aktiviert *mtx.lock()*. Am Funktionsende, *nach*(!) der Abarbeitung von *return*, wird der zugehörige Destruktor von *safeMTX* automatisch aufgerufen und führt *mtx.unlock()* aus [Bre09, Abschnitt 13].

5.4 Lösungen

Übung 5.1

Klasse *CMultipliziere*:

```
class CMultipliziere : public CGrundrechenArt {
public:
  CMultipliziere(void);
  ~CMultipliziere(void);
  double berechne(double a, double b);
};
double CMultipliziere::berechne(double a, double b) {
  return a*b;
}
```

Klasse *CDividiere*:

```
class CDividiere : public CGrundrechenArt {
public:
  CDividiere(void);
  ~CDividiere(void);
  double berechne(double a, double b);
};
double CDividiere::berechne(double a, double b) {
  return a/b;
}
```

Übung 5.2

```
CRechner rechner;
char operatorSymbol = '+';
double liOp, reOp;
// Anlegen aller Berechnungsarten
CGrundrechenArt  *pa = new CAddiere();
CGrundrechenArt  *ps = new CSubtrahiere();
CGrundrechenArt  *pm = new CMultipliziere();
CGrundrechenArt  *pd = new CDividiere();
```

```
cout <<"*** Taschenrechner mit Schleife" <<endl;
cin >> liOp;      // Einlesen des linken Operanden
do {
  cin >> operatorSymbol;                    // Einlesen des Operators
  if (operatorSymbol == '=') continue;      // Abbruch der Berechnung
  cin >> reOp;                              // Einlesen des rechten Operanden
  switch (operatorSymbol) {                 // Auswahl des Algorithmus
    case '-':
              rechner.setRechenart(ps);
              break;
    case '*':
            rechner.setBerechnungsart(pm);
             break;
    case '/':
             rechner.setBerechnungsart(pd);
             break;
    default: case'+':
             rechner.setRechenart(pa);
             break;
  } // endswitch
  rechner.rechnen(liOp,reOp);     // aktuellen Algorithmus aufrufen
  // für die nächste Berechnung das aktuelle Ergebnis als linken
  // Operanden verwenden
  liOp = rechner.getAnzeigeWert();
  cout <<" = " <<rechner.getAnzeigeWert() <<endl;  // Ausgabe
} while (operatorSymbol != '=');
```

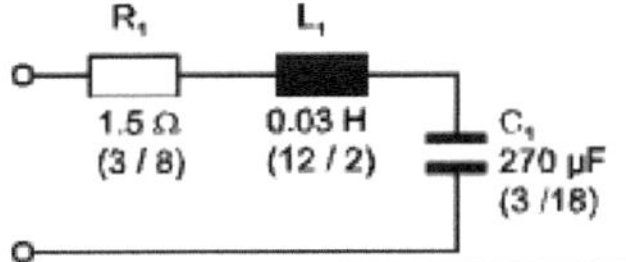

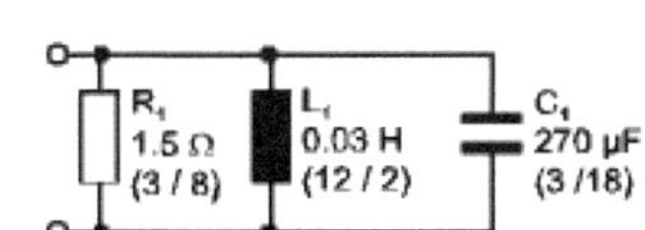

Bild 5.29 Schaltbild zur Lösung von Übung 5.3

Übung 5.3

Die Lösung wird anhand der Schaltung aus Bild 5.29 erläutert. Die Klasse *CListe* wird ergänzt um eine Strategie, die beschreibt, wie Impedanzen berechnet werden. Als konkrete Berechnungsstrategien werden einerseits Reihen- und andererseits Parallelschaltungen angelegt. Das Lösungskonzept wird in Bild 5.30 dargestellt: *CListe* wird um einen Zeiger auf ein Objekt der Klasse *CImpedanzAlgorithmus* erweitert.

```
class CListe {
protected:
  CBauelement *start;
  CImpedanzAlgorithmus *pImpedanzAlgorithmus;
public:
  CListe(void);
  ~CListe(void);
  ...
  void setImpedanzAlgorithmus(CImpedanzAlgorithmus * _pI);
  CImpedanzAlgorithmus * getImpedanz Algorithmus(void);
  ...
};
```

Die konkreten Algorithmen zur Berechnung der Reihen- und Parallelimpedanz sind in den jeweiligen Methoden *CComplex getImpedanz()* der Klassen *CSerienSchaltung* sowie *CParallelSchaltung* realisiert.

```
class CImpedanzAlgorithmus {
public:
  CImpedanzAlgorithmus(void);
  ~CImpedanzAlgorithmus(void);
  virtual CComplex getImpedanz(CListe _pl) = 0;
};
class CParallelSchaltung : public CImpedanzAlgorithmus {
public:
  CParallelSchaltung(void);
  ~CParallelSchaltung(void);
  CComplex getImpedanz(CListe _pl);
};
class CSerienSchaltung : public CImpedanzAlgorithmus {
public:
  CSerienSchaltung(void);
  ~CSerienSchaltung(void);
  CComplex getImpedanz(CListe _pl);
};
```

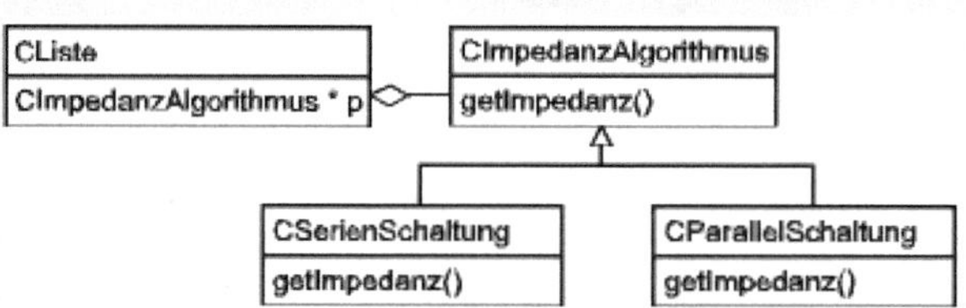

Bild 5.30 UML-Darstellung des Lösungskonzepts

Für eine einfachere Berechnung der Parallelimpedanz wird die Klasse *CComplex* um die Methode *CComplex CComplex::getKehrwert(void)* ergänzt.

```
CComplex CComplex::getKehrwert(void) {
  CComplex res;
  res.real = real / (real*real + imag*imag);
  res.imag = -imag /(real*real + imag*imag);
  return res;
}
```

Dann kann folgender Programmcode zur Berechnung der Impedanzen verwendet werden:

```
CComplex CParallelSchaltung::getImpedanz(Cliste _pl) {
  CComplex zParallel(0,0);
  CBauelement * ptr;
```

```
  for (ptr = _pl.getStart(); ptr != NULL; ptr = ptr->getNext()) {
    // Hier wird der überladene Additionsoperator der Klasse
    // CComplex verwendet, da gilt:
    // zParallel = 1 / (1/Z1 + 1/Z2 + ... + 1/Zn)
    zParallel = zParallel + CComplex(ptr->getRealteil(),
    ptr->getImaginaerteil()).getKehrwert();
  }
  return zParallel.getKehrwert();
}
CComplex CSerienSchaltung::getImpedanz(CListe _pl) {
  CComplex impedanz(0,0);
  CBauelement * ptr;
  for (ptr = _pl.getStart(); ptr != NULL; ptr = ptr->getNext()) {
    impedanz = impedanz + CComplex(ptr->getRealteil(),
    ptr->getImaginaerteil());
  }
  return impedanz;
}
```

Die so erweiterten Klassen können im Hauptprogramm genutzt werden. Mit der nachfolgenden *set*-Methode wird als konkreter Algorithmus zur Impedanzberechnung der ausgewählt, auf den *_pI* verweist.

```
void CListe::setImpedanzAlgorithmus(CImpedanzAlgorithmus * _pI)) {
  pImpedanzVerhalten = _pI;
}
void main(void) {
  CListe bListe;
  CBauelement * bEptr;
  // Anlegen der beiden konkreten Algorithmen
  CImpedanzAlgorithmus *ptrImpSeriell = new CSerienSchaltung();
  CImpedanzAlgorithmus *ptrImpParallel = new CParallelSchaltung();
  // Anlegen der Objekte aus Bild 5.29
  bEptr = new CWiderstand (1.5, 0.35, CPunkt(3,8), "R1");
  bListe.add(bEptr);
  bEptr = new CSpule (0.030, 2*PI*50, 0.81, CPunkt (12,2), "L1");
  bListe.add(bEptr);
  bEptr = new CKap (0.00027, 2*PI*50, 0.15, CPunkt (3,18), "C1");
  bListe.add(bEptr);
  // Umschalten auf: "Reihenimpedanz berechnen"
  bListe.setImpedanzAlgorithmus(ptrImpSeriell);
  // Berechnung und Ausgabe der Reihenimpedanz
  cout <<bListe.getImpedanzAlgorithmus()->getImpedanz(bListe);
  // Umschalten auf: "Parallelimpedanz berechnen"
  bListe.setImpedanzAlgorithmus(ptrImpParallel);
  // Berechnung und Ausgabe der Parallelimpedanz
  cout <<bListe.getImpedanzAlgorithmus()->getImpedanz(bListe);
}
```

■

Das vollständige Programm „ReihenParallelSchaltung" finden Sie unter *https://www.thm.de/ei/uwe-probst/lehrbuecher#vorlesung-softwareentwicklung*

■

Übung 5.4

Die Berechnung des Frequenzgangs, also die Ermittlung von Impedanzbetrag und Phasenwinkel im angegebenen Frequenzbereich, ist einfach:

```
CComplex res;
double impBetrag[10000];
double winkel[10000];
double frequenz[10000];
ofstream datei("frequenzgang.txt");
for (double freq = 1; freq < 10001; freq++) {
  bListe.setOmega(freq);
  res = bListe.getImpedanzAlgorithmus()->getImpedanz(bListe);
  impBetrag[(int) freq] = res.getBetrag();
  winkel[(int) freq] = res.getWinkel();
  frequenz[(int) freq] = freq;
  // Speichern in einer Datei
  datei <<frequenz[(int) freq] <<","
              <<((int)floor(100*impBetrag[(int) freq])) <<","
              <<((int)floor(100*winkel[(int) freq]) ) <<endl;
}
```

■

Übung 5.5

```
class CMinDisplay : public CAbstrakterBeobachter {
public:
  CMinDisplay(void);
  ~CMinDisplay(void);
  void update(void);
};
void CMinDisplay::update() {
  cout <<" Minimalwert" <<((CData *) modelPtr)->getMin() <<endl;
}

class CMaxDisplay : public CAbstrakterBeobachter {
public:
  CMaxDisplay(void);
  ~CMaxDisplay(void);
  void update(void);
};
void CMaxDisplay::update() {
  cout <<" Maximalwert" <<((CData *) modelPtr)->getMax() <<endl;
}
```

■

Übung 5.6

```
void CModel::addObserver(CAbstrakterBeobachter * _ptr) {
  // hier den Modell-Zeiger des Beobachters auf das
  // beobachtete Objekt setzen
  _ptr->setModelPtr(this);
  // neues dynamisches Feld anlegen, das den neuen und die
  // bisherigen Beobachter aufnehmen kann, daher: size + 1
  size++;
  CAbstrakterBeobachter** neu = new CAbstrakterBeobachter * [size];
```

```
    // den neuen Beobachter an die erste Stelle setzen
    *(neu) = _ptr;
    // den Inhalt des bestehenden dahinter kopieren
    for (int i = 1; i < size; i++) {
       *(neu + i) = *(listOfObservers + i-1);
    }
    // das alte Feld löschen
    delete[] listOfObservers;
    listOfObservers = neu;
  }
  bool CModel::removeObserver(CAbstrakterBeobachter * _ptr) {
    bool found = false;
    CAbstrakterBeobachter ** neu;
    int i;
    for (i = 0; i < size; i++) {
       if (*(listOfObservers + i) == _ptr) {
             found = true;
             break;
       }
    }
    if (found) {
       // den Zeiger, der im Beobachter auf dieses Modell zeigt,
       // wieder löschen
       _ptr->setModelPtr(NULL);
       // neues dynamisches Feld anlegen, das die bisherigen
       // Beobachter OHNE den zu löschenden aufnehmen kann
       neu = new CAbstrakterBeobachter *[size-1];
       // die verbleibenden Beobachter OHNE das zu löschende Element
       // kopieren
       int k = 0;
       int index = 0;
       for (k = 0; k < size; k++) {
             if (k == i)
                   continue;
             *(neu + index) = *(listOfObservers + k);
             index++;
       }
       // das alte Feld löschen
       delete[] listOfObservers;
       listOfObservers = neu;
       // neue Feldgröße setzen
       size--;
    }
    return found;
  }
  void CModel::notifyAll(void) {
    for (int i = 0; i < size; i++)
      (*(listOfObservers + i))->update();
  }
```

Das vollständige Programm „BeobachterMusterVererbung“ finden Sie unter *https://www.thm.de/ei/uwe-probst/lehrbuecher#vorlesung-softwareentwicklung*

Übung 5.7

Folgende Ausgabe wird erzeugt:

```
*** Beobachtermuster, wenn CData aus CModel ableitet wird

beobachteter Minimalwert:        -315
beobachteter Mittelwert:         10
beobachteter Mittelwert:         10
beobachteter Maximalwert:        1
beobachteter Mittelwert:         0
beobachteter Minimalwert:        4
beobachteter Maximalwert:        6
beobachteter Mittelwert:         5
```

■

6 Klassenbibliotheken

Kommunikation in einer bestimmten Sprache ist nur möglich, wenn alle Beteiligten Wortschatz, Syntax und Semantik der Sprache beherrschen. Sobald diese Kenntnisse vorhanden sind, können Briefwechsel und Telefongespräche erfolgen.

Viele Geschäftsbriefe (z. B. „Einladung zur Hauptversammlung") sind inhaltlich häufig identisch, unterscheiden sich aber im Adressaten. In diesen Fällen wird selbstverständlich nicht jeder einzelne Brief neu abgetippt. Stattdessen wird eine Vorlage erstellt, die den Text beinhaltet. Anschließend wird jedes Exemplar um Anschrift und Anrede des jeweiligen Adressaten ergänzt. Dieses Vorgehen ist sehr effizient: Das eigentliche Schreiben muss nur einmal aufgesetzt werden. Sind Textpassagen zu korrigieren, werden sie lediglich in der Vorlage abgeändert. Die Kombination aus der Vorlage und den Adressinformationen ergibt die fertigen Geschäftsbriefe.

Effiziente Softwareentwicklung macht sich vergleichbare Mechanismen zunutze. Das Erlernen einer Sprache wie C++ oder Java stellt zunächst eine unabdingbare Mindestanforderung dar, um Programme entwickeln zu können. Aus nachvollziehbaren Gründen wird ein Programm aber nie von der Pike auf neu programmiert; stattdessen werden Vorlagen und Bibliotheken benutzt.

Übung 6.1

Welche Vorteile bietet die Nutzung existierender Bibliotheken? ■

Jeder Programmieranfänger lernt frühzeitig den Umgang mit Funktionsbibliotheken: Mit *<math.h>* werden mathematische Funktionen wie *sin()*, *cos()* oder *sqrt()* nutzbar. Das Einbinden von *<string.h>* ermöglicht die komfortable Verarbeitung von Zeichenketten. Formatierte Ein- und Ausgaben werden durch Verwendung von *<stdio.h>* sehr einfach.

Bei objektorientierten Sprachen spielen neben den von den prozeduralen Sprachen bereits bekannten Funktionsbibliotheken insbesondere Klassenbibliotheken eine große Rolle: Sie enthalten Klassen, die häufig benötigt werden, und ermöglichen eine rasche Entwicklung von Lösungen durch Wiederverwendung zuverlässiger, dokumentierter und getesteter Komponenten.

Im Gegensatz zu Java sind viele Bibliotheken in C++ nicht genormt. Vor allem gilt dies für Klassen, die zur Gestaltung von grafischen Nutzeroberflächen (**G**raphical **U**ser **I**nterface; GUI) dienen. Mit der Nutzung einer bestimmten Bibliothek legt man sich daher meist auch auf einen Hersteller oder sogar ein Betriebssystem fest. Ein Wechsel der GUI-Bibliothek erfordert daher i. d. R. die Neuprogrammierung der Bedienoberfläche.

Dennoch kommt man um den Einsatz solcher Bibliotheken nicht herum, möchte man leistungsfähige Programme für komplexe Aufgabenstellungen in überschaubarer Zeit und mit kalkulierbarem Risiko entwickeln. Im Folgenden werden zwei solcher Bibliotheken näher vorgestellt.

6.1 Vorlagen, Schablonen, Templates

Lernziele

Der/die Lernende

- erläutert Vor- und Nachteile von Makros,
- versteht die Erweiterung von Makros auf Funktionstemplates,
- überträgt die Erkenntnisse von Funktionstemplates auf Klassentemplates.

In diesem Abschnitt wird ein grundlegendes Verständnis von Vorlagen (Schablonen, Templates) vermittelt. Dieses ist die Voraussetzung für eine sichere Verwendung der Standard-Template-Library (STL).

Werden solche Bibliotheken bei der Entwicklung herangezogen, spricht man gemeinhin von generischer Programmierung: Funktionen und Klassen werden möglichst allgemein entworfen. Der Compiler wird dazu herangezogen, um für unterschiedliche Datentypen konkrete Programmcodes aus den allgemeinen Vorlagen zu erstellen.

6.1.1 Makros

Bei Makros handelt es sich im Grunde um eine einfache Textersetzung, die der Präprozessor vor dem eigentlichen Kompiliervorgang durchführt. Makros ermöglichen es, Funktionen nur einmal zu definieren, aber für viele verschiedene Datentypen zu nutzen.

Beispiel 6.1 Definition eines Makros

Erstellen Sie eine Funktion *maximum*, die das Maximum zweier Zahlen ermittelt und die größere Zahl als Rückgabewert liefert. Die beiden Zahlen sollen als Parameter übergeben werden.

Lösung

Der eigentliche Algorithmus ist einfach. Für int-Zahlen lautet die Funktion

```
int maximum(int a, int b) {
        return ((a > b) ? a : b);
}
```

Soll eine vergleichbare Funktion auch für andere Datentypen verwendet werden können, so muss die Funktion *maximum* aus Beispiel 6.1 gemäß Listing 6.1 überladen werden.

■

Listing 6.1 Überladen der Funktion *maximum* für Gleitkommazahlen

```
float maximum(float a, float b) {
      return ((a > b) ? a : b);
}
double maximum(double a, double b) {
      return ((a > b) ? a : b);
}
```

Durch den Einsatz eines Makros wird das Überladen der Funktion *maximum* überflüssig. Listing 6.2 zeigt Einzelheiten [Endl12].

Listing 6.2 Definition und Einsatz des Makros *maximum*

```
#define maximum(x, y)    ((x > y) ? x : y)
void main(void) {
     unsigned int i = 13, j = 12;
     float f = 15.8, g = 3.2;
     double m = 345.23, n = 456.124;
     cout <<"Das Maximum ist " <<maximum(i, j) <<endl;
     cout <<"Das Maximum ist " <<maximum(f, g) <<endl;
     cout <<"Das Maximum ist " <<maximum(m, n) <<endl;
     ...
}
```

Die Makrodefinition wird durch den Bezeichner *#define* eingeleitet. Der nachfolgende Ausdruck *maximum(x, y)* ist der Makroname mit den beiden Parametern *x* und *y*. Der letzte Teilausdruck *((x > y) ? x : y)* ist die eigentliche Definition.

Vor dem Kompilieren ersetzt der Präprozessor im gesamten Programmcode jeden Makroaufruf durch die genannte Definition. Dabei werden die formalen Parameter *x* und *y* durch die aktuellen Parameter jedes Makroaufrufs ausgetauscht. Mit den gegebenen Variablenwerten aus Listing 6.2 bewirkt das Programmfragment folgende Ausgabe:

```
Das Maximum ist 13
Das Maximum ist 15.8
Das Maximum ist 456.124
```

Der Einsatz von Makros ist trotz der scheinbaren Eleganz mit Nachteilen verbunden:

- Es handelt sich um reinen Textersatz. Eine Typprüfung der Makroparameter *x* und *y* findet nicht statt.
- Der Makroname wird überall im Code ersetzt, also auch dort, wo es nicht sinnvoll ist.

Beispiel 6.2 Nachteile von Makros

Erläutern Sie die Nachteile von Makros anhand der folgenden Klassendeklaration:

```
#define maximum(x, y)    ((x > y) ? x : y)
class CMaximal {
public:
    float a;
    float maximum(float, float);
}
```

Lösung:

Mit der Makrodefinition aus Listing 6.2 ersetzt der Präprozessor auch die Deklaration der Methode *CMaximal::maximum* und macht aus der Klassendeklaration

```
class CMaximal {
public:
    float a;
    float ((float > float) ? float : float);
}
```

Das ist natürlich weder beabsichtigt noch sinnvoll und führt (glücklicherweise) zu Syntax-Fehlermeldungen. ■

6.1.2 Templates

In jedem Programm werden Lösungswege verwendet, die man mit geringen Unterschieden auch in anderen Programmen wiederfinden kann. Mit dem Einsatz von standardisierten Vorlagen lässt sich der Aufwand bei der Programmentwicklung reduzieren, da nicht alle Programmteile neu erfunden und selbst entwickelt werden müssen. Zu diesem Zweck werden generelle Algorithmen in passenden Vorlagen einmalig erstellt. Entsprechend modifiziert können sie in Programmen immer wieder verwendet werden. In C++ wird eine solche Vorlage auch *Schablone* oder *Template* genannt.

Templates besitzen einen oder mehrere Platzhalter für Daten**typen**. Eine Klasse oder eine Funktion ist demnach nicht an bestimmte Variablentypen gebunden. C++ kennt zwei Arten von Templates:

- Funktionstemplates für generische oder parametrisierte Funktionen,
- Klassentemplates für generische oder parametrisierte Klassen.

6.1.2.1 Funktionstemplates

Eine Menge von Funktionen, die sich lediglich im Typ ihrer Parameter unterscheiden, kann als Schablone erstellt werden.

Bei der Programmierung einer Schablone wird statt des konkreten Datentyps – der ja variabel gehalten werden soll – ein Platzhalter verwendet. Für jeden Funktionsaufruf mit einem konkreten Datentyp entsteht eine echte Funktionsimplementierung mit genauer Typprüfung. Bei C++ ist dieser Ablauf Bestandteil des Compilers.

Beispiel 6.3 Definition des Templates *maximum*

Erstellen Sie ein Funktionstemplate, welches das Maximum zweier Zahlen ermittelt.

Lösung:

Die eigentliche Template-Definition wird mit dem Schlüsselwort *template <typename T>* eingeleitet. Hierbei bezeichnet *T* den Platzhalter für den noch unbekannten Datentyp. Im Anschluss folgt die Template-Definition, die sich von einer gewöhnlichen Funktionsdefinition kaum unterscheidet.

```
template <typename T>
T maximum( T a, T b) {
  return ((a > b) ? a : b);
}
```

■

Das vorliegende Beispiel definiert die Schablone *maximum* mit den beiden Parametern *a* und *b*. Sowohl die Parameter als auch der Rückgabewert der Funktion haben den Datentyp *T*.

Beispiel 6.4 Anwendung des Templates maximum

Wenden Sie das Template *maximum* aus Beispiel 6.3 an.

Lösung:

Im nachfolgenden Programmfragment werden während des Kompilierens konkrete Funktionen für die Datentypen *int*, *float* und *char* aus dem Template erzeugt. Dies geschieht dadurch, dass das Template *maximum* aus Beispiel 6.3 im folgenden Programmfragment mit verschiedenen Datentypen aufgerufen wird.

```
void main(void) {
  unsigned int i = 13, j = 12;
  float f = 15.8f, g = 3.2f;
  char c = 'A', d = 'a';
  // A: neue Funktion für unsigned int erzeugt und benutzt
  cout <<"Das Maximum ist " <<maximum(3, 34) <<endl;
  // B: vorhandene Funktion für unsigned int benutzt
  cout <<"Das Maximum ist " <<maximum(i, j) <<endl;
  // C: neue Funktion für char erzeugt und benutzt
  cout <<"Das Maximum ist " <<maximum(c, d) <<endl;
  // D: neue Funktion für float erzeugt und benutzt
  cout <<"Das Maximum ist " <<maximum(f, g) <<endl;
  ...
}
```

■

Zur Programmierzeit existieren lediglich die Schablone und die Funktionsaufrufe an den Stellen A bis D, aber noch keine konkrete Funktion *maximum*. In der auf **A** folgenden Zeile erkennt der Compiler den Aufruf der Funktion *maximum* mit den *unsigned int*-Zahlen 3 und 34. Diese Funktion existiert noch nicht, kann aber aus der gegebenen Vorlage erstellt und dann beliebig oft - also auch beim zugehörigen Aufruf der Zeile **B** - verwendet werden. In den Zeilen **C** und **D** werden aus der Schablone während der Übersetzung erneut entsprechende *maximum*-Funktionen mit den Parametern *char* und *float* generiert.

Dieses Programmfragment erzeugt die folgende Ausgabe:

```
Das Maximum ist 34
Das Maximum ist 13
Das Maximum ist a
Das Maximum ist 15.8
```

Templates sind Baupläne, die bei Bedarf vom Compiler in verschiedene, zur Laufzeit verwendbare Funktionsdefinitionen umgesetzt werden. In dieser Hinsicht ähneln sie Klassen.

Überladungen einer Funktion, die vom Datentyp abhängen, können durch die Definition eines Funktionstemplates ersetzt werden. Benötigt der Compiler eine konkrete Funktion für einen bestimmten Datentyp, so erzeugt er diese selbstständig aus dem Template.

Übung 6.2

Wie viel Speicherplatz in der zugehörigen exe-Datei belegt ein Funktions-Template?

Übung 6.3

Welches Ergebnis liefert die nachfolgende Programmzeile, wenn sie im Programmfragment aus Beispiel 6.3 benutzt wird?

```
cout <<"Das Maximum ist " <<maximum(c, g) <<endl;
```

Übung 6.4

Erstellen Sie ein Template, welches das Maximum in einem Feld ermittelt, dessen Elemente beliebige numerische Grunddatentypen sind.

Übung 6.5

Schreiben Sie die Funktion *sort*, die ein Zahlenfeld aufsteigend nach der Größe sortiert, als *template* so, dass sie für Felder verschiedener Datentypen eingesetzt werden kann.

Es ist ohne weiteres möglich, ein Funktions-Template auch mit mehreren Typ-Parametern auszustatten.

Beispiel 6.5 Template mit mehreren Typ-Parametern

Modifizieren Sie das Template so, dass ausgehend vom Programmfragment aus Beispiel 6.4 folgender Aufruf möglich wird:

```
cout <<"Das Maximum ist " <<maximum (i, f) <<endl;
```

Lösung:

Die Typen der Parameter *i* und *f* in obigem Aufruf sind *unsigned int* und *float*. Die gesuchte Lösung muss demnach zwei unterschiedliche Typ-Parameter bieten. Folgende zwei Lösungen sind möglich, die sich lediglich im Datentyp des Rückgabewertes unterscheiden:

```
// Lösung 1
template <typename T1, typename T2>
T1 maximum(T1 a, T2 b) {
  return ((a > b) ? a : b);
}
// Lösung 2
template <typename T1, typename T2>
T2 maximum(T1 a, T2 b) {
  return ((a > b) ? a : b);
}
```

■

Grundsätzlich ist auch die gleichzeitige Verwendung von Templateparametern mit variablem und Funktionsparametern mit konstantem Datentyp zulässig. Nähere Informationen finden sich in [Endl12] und [Bre09].

6.1.2.2 Klassentemplates

Die grundlegende Idee der Funktionstemplates samt den zugehörigen Mechanismen kann auf Klassentemplates übertragen werden. Auch hier ist das Ziel, gleichartige Klassen für verschiedene Datentypen nur einmal – als Schablone – zu definieren.

Im Abschnitt 4.2 wurden Felder diskutiert, deren Länge nicht schon zum Zeitpunkt des Übersetzens festgelegt ist, sondern erst während des Programmlaufs angegeben wird. Dadurch stehen Felder zur Verfügung, deren Elementanzahl dynamisch angepasst werden kann. Eine Eigenheit von Feldern bleibt allerdings unveränderlich: *Alle* Elemente eines Feldes weisen immer *denselben* Datentyp auf.

Sind Containerklassen erforderlich, die verschiedene Elementtypen aufnehmen können, muss im Prinzip für jeden Elementtyp eine eigene Listenklasse entstehen. Für solche Zwecke bietet sich der Einsatz von Klassentemplates an.

Ausgangspunkt ist die Klasse *CDynamischesFeld* aus Beispiel 4.1, deren rudimentäre Deklaration hier erneut abgedruckt ist. Im vorliegenden Fall sind die Feldelemente auf den Datentyp *double* festgelegt. Diese Klasse soll so als Template formuliert werden, dass die Feldelemente beliebigen Typs sein können.

Die Definition von Klassentemplates wird - wie schon bei Funktionstemplates - mit dem Schlüsselwort *template <typename T>* eingeleitet. Wie im folgenden Beispiel ausgeführt, muss dieses Kürzel sowohl in der Klassendeklaration als auch bei der Definition der Methoden eingesetzt werden.

Beispiel 6.6 Vergleich zwischen normaler Klasse und Klassentemplate

Vergleichen Sie Deklaration und Definition der Klasse *CDynamischesFeld* aus Beispiel 4.1 mit dem daraus abgeleiteten Klassentemplate.

Lösung:

Klassendeklaration für Feldelemente vom Typ *double*:

```
class CDynamischesFeld {
protected:
  int size;
  double * first;              // Zeiger ist vom Datentyp double
public:
  CDynamischesFeld (void);
  ~ CDynamischesFeld (void);
  CDynamischesFeld (int _size);
  ...
};
```

Deklaration eines Klassentemplates für Feldelemente beliebigen Typs; die erforderlichen Änderungen der ursprünglichen Klassendeklaration sind zur besseren Übersichtlichkeit fett gedruckt.

```
template <typename T>
class CDynamischesFeld {
protected:
  int size;  T * first;         // Zeiger ist nun vom Datentyp T
public:
  CDynamischesFeld (void);
  ~CDynamischesFeld (void);
  CDynamischesFeld (int _size);
};
```

Überladener Konstruktor der bestehenden Klasse:

```
CDynamischesFeld :: CDynamischesFeld (int _size) {
  size = _size;
  first = new double[size];
  for (int i = 0; i < size; i++)
     first[i] = 0;
}
```

Überladener Konstruktor des Klassentemplates; auch hier sind Änderungen fett gedruckt:

```
template <typename T>
CDynamischesFeld<T>::CDynamischesFeld(int _size) {
  size = _size;
  first = new T[size];
  for (int i = 0; i < size; i++)
     first[i] = 0;
}
```

■

Jede Methodendefinition wird zu Beginn durch den Ausdruck *template <typename T>* eingeleitet. Auch bei normalen Klassen wird im Rahmen der Definition dem Methodennamen stets der Klassenname vorangestellt. Zur Definition von Methoden des Klassentemplates muss dieser Name um den Typparameter *<T>* erweitert werden. Innerhalb der Methode wird der bisherige Elementtyp *double* durch den Typparameter *T* ersetzt.

Beispiel 6.7 Erweiterung des Klassentemplates um zusätzliche Methoden

Erweitern Sie das Klassentemplate aus Beispiel 6.6 um folgende Methoden:

`void setLength (int _newSize);`	dynamisches Ändern der Feldlänge (vgl. Beispiel 4.2)
`void fill (int start = 0);`	das erste Feldelement soll mit *start* initialisiert werden. Der Initialisierungswert aller weiteren Feldelemente soll immer um 1 inkrementiert werden
`void ausgeben (void) const;`	jedes Feldelement soll in einer neuen Zeile auf dem Bildschirm ausgegeben werden

Lösung:

```
template <typename T>
void CDynamischesFeld<T>::setLength(int _newSize) {
  double *ptr;
  ptr = new T[_newSize];
  if (size <= _newSize) {
     // Feld wird vergrößert
     for (int i = 0; i < size; i++)
              ptr[i] = first[i];
     for (int k = size; k < _newSize; k++)
              ptr[k] = 0;
  }
  else {
     // Feld wird verkleinert
     for (int i = 0; i < _newSize; i++)
              ptr[i] = first[i];
  }
```

```
    // altes Feld löschen
    delete[] first;
    first = ptr;
    // neuen Wert für size setzen
    size = _newSize;
}
template <typename T>
void CDynamischesFeld<T>::fill(int start) {
    for(int i=0; i < size; i++)
        first[i] = (T) (start+i);
}
template <typename T>
void CDynamischesFeld<T>::ausgeben(void) const {
    for (int i = 0; i < size; i++)
        cout <<first[i] <<endl;
}
```

Der Compiler erzeugt in einem ersten Lauf aus dem Klassentemplate eine neue, auf einen bestimmten Datentyp zugeschnittene Klassendefinition. An den Stellen, an denen im Template der allgemeine Typname *T* verwendet wurde, wird der konkrete Datentyp eingesetzt. Im zweiten Lauf werden aus der so gewonnenen Klassendefinition die gewünschten Objekte instanziert.

Beispiel 6.8 Anwendung des Klassentemplates

Schreiben Sie ein Hauptprogramm, das mithilfe des obigen Klassentemplates zwei konkrete Klassen für die Datentypen *char* und *int* erzeugt. Instanzieren Sie aus jeder Klasse ein Objekt mit 5 bzw. 24 Elementen. Die Feldelemente des Textfeldes sollen mit den Buchstaben A bis E, die Feldelemente des Zahlenfeldes mit den Werten 101 bis 124 initialisiert werden. Wie lauten die Programmzeilen, um die jeweiligen Feldinhalte auf den Bildschirm auszugeben?

Lösung:

```
void main(void) {
    // Erzeugen der konkreten char-Klasse und gleichzeitiges
    // Instanzieren eines Textfeldes mit 5 Elementen
    CDynamischesFeld<char> textFeld(5);
    // Erzeugen der konkreten int-Klasse und gleichzeitiges
    // Instanzieren eines int-Feldes mit 24 Elementen
    CDynamischesFeld<int> zahlenFeld(24);
    textFeld.fill('A');          // Füllen der Feldelemente mit A bis E
    zahlenFeld.fill(101);        // Füllen der Feldelemente mit 101 bis 124
    textFeld.ausgeben();         // Ausgabe
    zahlenFeld.ausgeben();       // Ausgabe
}
```

6.1.2.3 Template-Metaprogrammierung

Der Compiler kann nicht nur zur Erzeugung von konkretem Code dienen, sondern auch zum Rechnen gebracht werden: Berechnungen, die bereits während des Übersetzungsvorgangs erfolgen, verringern die Laufzeit des übersetzten Programms teilweise drastisch. Dieser Einsatz von Templates wird Template-Metaprogrammierung genannt und basiert auf Rekursion.

Beispiel 6.9 Rekursives Template

Die Berechnung der Fakultät einer Zahl *n* kann mit einem rekursiven Funktionsaufruf erfolgen.

Listing 6.3 Berechnung der Fakultät mit rekursiver Funktion

```
double fakRekursiv(int f) {
  if (f <= 0) {
    return (1);
  }
  return (fakRekursiv(f - 1) * f);
}
```

Alternativ ist auch die Berechnung mit einer Funktion möglich, in der eine Schleife eingesetzt wird:

Listing 6.4 Berechnung der Fakultät durch eine Funktion mit Schleife

```
double fakSchleife(int n) {
  double res = 1;
  for (int i = 1; i <= n; i++) {
    res *= i;
  }
  return res;
}
```

Beide Berechnungen erfolgen durch den Prozessor zur Laufzeit des Programms. Die erforderliche Rechenzeit steigt mit der Größe der Zahl *n*, da bei größerem *n* mehr Schleifen durchlaufen werden müssen.

Alternativ kann eine solche Rechnung jedoch schon während der Übersetzung des Programmcodes durch den Compiler selbst erfolgen. Dazu dienen folgende zwei Template-Definitionen in Verbindung mit dem folgenden kleinen Hauptprogramm:

Listing 6.5 Berechnung der Fakultät mit einem Template zur Übersetzungszeit

```
template <int n>
class fak {
public: enum {zahl = n * fak<n-1>:: zahl};
};
template<>
class fak<0> {
public: enum { zahl = 1 };
};
```

```
void main(void {
  cout << fak<12>::zahl <<endl;
}
```

Die Klasse *fak* besitzt ein Attribut namens *zahl*, das zur Vereinfachung als *public* deklariert wird. Das Hauptprogramm besteht aus einer einzigen Zeile, welche die Fakultät von 12 auf den Bildschirm ausgeben soll. Hierbei stellt der Zahlenwert 12 den Parameter des Meta-Templates dar. Im Zuge der Übersetzung von *main()* versucht der Compiler, den Wert des Attributs *fak<12>::zahl* zu bestimmen, benötigt dafür jedoch *fak<n-1>*. Daher erstellt er auch die Klasse *fak<11>*, die wiederum *fak<n-2>* benötigt, was wiederum die Instanzierung der Klasse *fak<n-3>* notwendig macht. Das Template ist für den Wert $n = 0$ spezialisiert und weist für *zahl* den Wert 1 aus. Die rekursive Instanzierung bricht daher bei *fak<0>* ab.

Insgesamt erzeugt der Compiler 13 verschiedene Datentypen (0 bis 12). Konstante Ausdrücke sind zur Übersetzungszeit bereits bekannt. Daher wird für *fak<12>* direkt das Ergebnis 479001600 ausgegeben, ohne dass die Fakultät zur Laufzeit überhaupt berechnet werden muss.

Zur Illustration des Geschwindigkeitsvorteils dient das Projekt „Fakultaet“. Es berechnet die Fakultät auf drei verschiedene Weisen gem. Listing 6.3 bis Listing 6.5 und misst die Rechenzeit in ms, die für je 1 000 000 Ausführungen erforderlich ist. Bild 6.1 zeigt die Ergebnisse.

```
Fakultaet mit Template: 4.79002e+08    7 ms
Fakultaet mit Schleife: 4.79002e+08    158 ms
Fakultaet rekursiv:     4.79002e+08    684 ms
```

Bild 6.1 Erforderliche Rechenzeiten für je 1 000 000 Durchführungen der Fakultätsberechnung

Man erkennt, dass die Programmlaufzeit der Templatevariante aus Listing 6.5 deutlich kürzer ist, als bei der Schleife nach Listing 6.4 oder gar der Rekursion nach Listing 6.3.

■

Das vollständige Programm „Fakultät“ finden Sie unter *https://www.thm.de/ei/uwe-probst/lehrbuecher#vorlesung-softwareentwicklung*

■

Die Template-Methode zur Berechnung der Fakultät versagt für Zahlenwerte größer als 12, da deren Ergebnisse mit 32-Bit Integer-Werten nicht mehr dargestellt werden können. Allerdings kann das Vorgehen auf andere Aufgabenstellungen angewandt werden, wie sie bei der Berechnung schneller Fouriertransformationen oder bei Vektoroperationen auftreten. Weitere Beispiele finden sich unter [Ve95].

6.2 Wichtige Bestandteile der C++-Standardbibliothek

Lernziele

Der/die Lernende

- kennt die groben Inhalte der Standardbibliothek,
- nutzt die **S**tandard-**T**emplate-**L**ibrary (STL) zur Bearbeitung von Programmieraufgaben,
- erweitert den Begriff der Containerklasse aus Abschnitt 4.3 auf Standardcontainer der STL.

Die C++-Standardbibliothek ist ein fester Bestandteil des C++ Standards.

Ein Teil ist in Form von Templates realisiert und wird gewöhnlich als Standard-Template-Library (STL) bezeichnet. Sie umfasst eine ganze Reihe von Vorlagen für Klassen und Funktionen. Ein Großteil der Klassentemplates behandelt sogenannte Containerklassen (vgl. Abschnitt 4.3). Der Datentyp der zu verwaltenden Objekte ist Parameter des jeweiligen Templates. In der STL stehen eine Reihe verschiedenartiger Container bereits „fertig programmiert“ zur Verfügung. Sie müssen nur noch für den gewünschten Datentyp instanziert werden. Mithilfe der STL können somit u. a. Strings verarbeitet, verkettete Listen verwaltet und Ein- und Ausgabeströme gehandhabt werden.

Die drei wesentlichen Bestandteile der STL sind Containerklassen, Iteratoren und Algorithmen.

Containerklassen

Container haben die Aufgabe, Objekte aufzunehmen und zu verwalten. Ihr prinzipieller Aufbau ist aus Kapitel 4 bekannt. Im Unterschied zu den dort eingehend besprochenen einfach verketteten Listen sind die Listenklassen der STL jedoch grundsätzlich doppelt verkettet.

Übung 6.6

Worin besteht der Unterschied zwischen einfach und doppelt verketteten Listen?

Verkettete Listen werden den sequenziellen Containerklassen zugerechnet. Zu diesem Typ zählen auch *Vektoren* sowie *Deques* (**d**ouble **e**nded **que**ue). Anhand von Bild 6.2 werden die Unterschiede dieser Typen deutlich: Sowohl *Vektoren* als auch *Deques* gehören zu den dynamischen Feldern. Sie ordnen ihre Elemente hintereinander im Speicher an und belegen daher im Gegensatz zu Listen immer zusammenhängende Speicherbereiche. Während bei *Vektoren* zusätzliche Elemente lediglich am Ende hinzugefügt und gelöscht werden können, ist das bei *Deques* an beiden Seiten möglich.

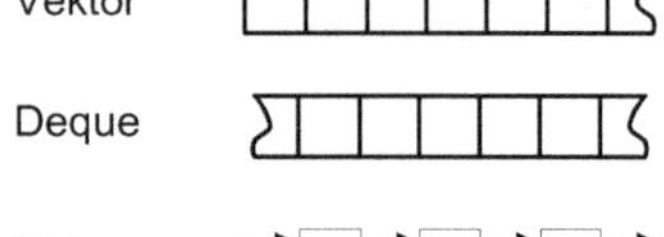

Bild 6.2 Schematische Darstellung der unterschiedlichen sequenziellen Containerklassen der STL

Neben den sequenziellen Containern enthält die STL auch assoziative Container. Weitergehende Informationen zu diesem Themengebiet finden sich in [Rieck02], [Bre05] und [Bre09].

Iteratoren

Die Fülle unterschiedlicher Containerklassen legt es nahe, standardisierte Zugriffsmöglichkeiten auf deren Elemente zu vereinbaren. Diese Rolle übernehmen Iteratoren.

Iteratoren sind letztlich Zeiger, die auf die Elemente eines Containers referenzieren können und den Zugriff auf die Containerobjekte ermöglichen. Mit ihrer Hilfe wird dieser Zugriff damit unabhängig vom jeweiligen Containertyp.

Damit das in einem Programm funktioniert, müssen Iteratoren zunächst erzeugt und anschließend auf bestimmte Containerelemente gesetzt werden. Dies leisten nach [Rieck02] z. B. die standardisierten Methoden der jeweiligen Containerklasse:

- *container::begin()*: liefert einen Iterator auf das erste Containerelement.
- *container::end()*: liefert einen Iterator, der auf die Stelle **hinter** dem letzten Containerelement verweist.

Der Zugriff auf Containerelemente erfolgt durch Methoden der jeweiligen Iteratoren. Grundlegende Operationen dieser Art sind:

- *iterator::operator*()*: liefert das Containerelement, an dem sich der Iterator gerade befindet.
- *iterator::opterator++()*: setzt den Iterator eine Position weiter auf das nachfolgende Containerelement.
- *iterator::operator==*: wirkt als Vergleichsoperator und signalisiert mit dem Rückgabewert *true*, dass zwei Iteratoren auf dasselbe Containerelement verweisen.

Die Verwendung demonstriert Beispiel 6.10.

Beispiel 6.10 Anwendung einer Containerklasse vom Typ Vektor

Erzeugen Sie ein dynamisches Feld, dessen Elemente vom Typ *CPunkt* sind und ausschließlich am Ende des Feldes hinzugefügt werden können. Nutzen Sie dazu die Möglichkeiten der STL.

Lösung:

Es bietet sich die Nutzung von Vektoren (Bild 6.2) an, die mit Objekten vom Typ *CPunkt* gefüllt werden. Der Zugriff auf die Vektorelemente erfolgt durch den Iterator *pos*.

```
#include <iostream>
using namespace std;
#include <vector>                    // Containerklassen vom Typ vector
#include <iterator>                  // Iteratoren einbinden
#include "Punkt.h"
void main(void) {
  // den Vektor liste fuer Objekte vom Typ CPunkt erzeugen
  vector<CPunkt> liste;
  // 5 Punkte der Liste hinzufuegen
  liste.push_back(CPunkt(3, 39));
  liste.push_back(CPunkt(-3, 4));
  liste.push_back(CPunkt(8, 12));
  liste.push_back(CPunkt(-6, 0));
  liste.push_back(CPunkt(4, 13));
  // Iterator anlegen
  vector<CPunkt>::iterator pos;
  // Iterator auf den Anfang von liste setzen
  pos = liste.begin();
  // alle Punkte der Liste ausgeben
  for (pos = liste.begin(); pos != liste.end(); pos++)
     cout <<"(" <<pos->getX() <<"," <<pos->getY() <<")" <<endl;
  system("pause");
}
```

■

Das vollständige Programm „SequentielleSTLContainer" finden Sie unter *https://www.thm.de/ei/uwe-probst/lehrbuecher#vorlesung-softwareentwicklung*

■

Algorithmen

In der Standardbibliothek sind Algorithmen nicht als Methoden der Containerklassen angelegt, sondern als freie Funktionen programmiert. Der Grund dafür ist verständlich: Bei der Realisierung als freie Funktion muss der Algorithmus nur einmal und nicht für jede Containerklasse neu erstellt werden. Dies spart beträchtlichen Implementierungsaufwand. Als Nachteil gilt, dass der Algorithmus so angelegt werden muss, dass er auf *jeden* Container angewandt werden kann. Dies bedingt eine teilweise aufwendigere Programmierung und geht gelegentlich zulasten der Effizienz.

Wichtige Algorithmen sind mit einer erläuternden Funktionsbeschreibung in Tabelle 6.1 dargestellt.

Tabelle 6.1 Auszug aus Algorithmen der STL

`find()`	sucht ein bestimmtes Element
`min_element(), max_element()`	liefert kleinstes bzw. größtes Element
`count()`	zählt Containerelemente
`replace()`	ersetzt einen Wert durch einen anderen
`remove()`	entfernt Elemente mit bestimmten Eigenschaften
`sort()`	sortiert Elemente

Die Algorithmen müssen häufig durch zusätzliche Angaben konkretisiert werden:

- Die Funktion *find()* muss wissen, wonach gesucht werden soll. In Beispiel 6.11 wird die Suche nach zwei vorgegebenen Punkten durchgeführt.
- Der Funktion *sort()* muss mitgeteilt werden, nach welchen Kriterien die Containerelemente zu sortieren sind. In Beispiel 6.11 gelingt dies durch die Definition der Struktur *AbstandVomUrsprung*.

Beispiel 6.11 Anwendung von Algorithmen der Standardbibliothek

Durchsuchen Sie die Containerklasse aus Beispiel 6.10 nach den Punkten (8,12) sowie (4,2). Sortieren Sie anschließend den Vektor *liste* aufsteigend nach dem Abstand der Punkte vom Ursprung und geben Sie die sortierte Liste samt den ermittelten Abständen auf den Bildschirm aus.

Lösung:

Die beiden ersten Parameter *liste.begin()* und *liste.end()* der Funktion *find()* sind Iteratoren und begrenzen den zu durchsuchenden Bereich des Containers. Zusätzlich werden mit den Punkten *p* bzw. *p1* die zu findenden Elemente charakterisiert. Ihren Rückgabewert weist *find(...)* dem Iterator *pos* zu. Ist *pos != liste.end()*, dann war die Suche erfolgreich und das übergebene Element *p* bzw. *p1* ist an der Stelle *pos* Bestandteil der Liste.

Die Sortierfunktion sortiert zwischen *liste.begin()* und *liste.end()* und benötigt zusätzlich die Angabe des Sortierkriteriums. Dieses Kriterium wird in Form eines Funktionszeigers [Bre05, S. 235 ff.] übergeben:

Für die Struktur *AbstandVomUrsprung* wird der Operator *()* überladen. Er vergleicht die beiden Objekte *_p1* und *_p2*. Ist der Abstand zum Ursprung von *_p1* kleiner als der von *_p2*, wird *true* zurückgeliefert. Der Vorteil dieser sogenannten Call-Back-Funktion liegt darin, dass der eigentliche Sortieralgorithmus *sort()* der STL unabhängig vom konkreten Sortierkriterium der Containerelemente wird. Da dieses Sortierkriterium losgelöst vom Container formuliert wird, kann es für jeden Objekttyp separat angepasst werden.

```
...
#include <algorithm>      // Algorithmen einbinden
struct AbstandVomUrsprung {
  bool operator() (CPunkt _p1, CPunkt _p2) {
     return sqrt(_p1.getX()*_p1.getX() +_p1.getY()*_p1.getY())
     < sqrt(_p2.getX()*_p2.getX() +_p2.getY()*_p2.getY());
  }
};
// Hauptprogramm
void main(void) {
  ... // Quellcode aus Beispiel 6.10
  // Anwendung von Algorithmen auf liste aus Beispiel 6.10
  // 2 Punkte ausserhalb der Liste anlegen
  CPunkt p(4,2);
  CPunkt p1(8,12);
  // weiteren Iterator auf das Listenende definieren
  vector<CPunkt>::iterator listEnde = liste.end();
  // Liste nach dem Punkt p durchsuchen
  pos = find(liste.begin(), liste.end(), p);
  if (pos != listEnde)
     cout <<"gefunden" <<endl;
  else
     cout <<"nicht gefunden" <<endl;
  // Liste nach dem Punkt p1 durchsuchen
  pos = find(liste.begin(), liste.end(), p1);
  if (pos != listEnde)
    cout <<"gefunden" <<endl;
   else
     cout <<"nicht gefunden" <<endl;
  // Liste nach Abstand vom Ursprung sortieren
  sort(liste.begin(), liste.end(), AbstandVomUrsprung());
  // sortierte Liste ausgeben
  cout <<"sortierte Liste" <<endl;
  for (pos = liste.begin(); pos != liste.end(); pos++)
     cout <<"Punkt: (" <<pos->getX() <<"," <<pos->getY() <<"),
     Abstand: " <<sqrt(pos->getX()*pos->getX() +
                       pos->getY() *pos->getY()) <<endl;
  }
}
```

Das vollständige Programm „SequentielleSTLContainer“ finden Sie unter *https://www.thm.de/ei/uwe-probst/lehrbuecher#vorlesung-softwareentwicklung*

Übung 6.7

Modifizieren Sie die Lösung aus Beispiel 6.11 so, dass die Listenelemente absteigend nach der x-Koordinate sortiert werden.

Kompakte, übersichtliche Informationen zu Aufbau und Anwendung der Standardbibliothek enthält [Rieck02]. Weiterführende Erläuterungen finden sich in [Bre05] und [Bre09].

6.3 Microsoft Foundation Classes (MFC)

Lernziele

Der/die Lernende

- kennt die grundlegenden Funktionen des Windows API,
- programmiert einfache Anwendungen mit grafischer Oberfläche.

6.3.1 Grafische Benutzeroberflächen

Die grundlegenden Ideen von objektorientierter Programmierung, Entwurfsmustern und Templates wurden anhand von Konsolenanwendungen verdeutlicht. Allerdings findet sich heutzutage kaum noch kommerzielle Software, die über die Konsole angesteuert und ausgelesen werden. Praktisch kein Programm kommt mehr ohne eine grafische Benutzeroberfläche (GUI: **G**raphical **U**ser **I**nterface) aus. Dies gilt nicht nur für Anwendungen auf dem PC; auch die komfortable Nutzung von sogenannten Apps auf Mobiltelefonen und Tablet-Computern wäre ohne eine grafische Bedienung nicht denkbar.

Die nachfolgenden Abschnitte widmen sich der Programmierung von sogenannten ereignisgesteuerten Systemen, mit deren Hilfe grafische Benutzeroberflächen realisiert werden. Die dafür verfügbaren Entwicklungsumgebungen sind ebenso wie die zugrundeliegenden Betriebssysteme vielfältig.

Die **M**icrosoft **F**oundation **C**lasses (MFC) sind eine von Microsoft herausgegebene Sammlung von Klassen, die eine Vielzahl von Funktionalitäten fuer GUIs bereitstellen. Sie stellen eine objektorientierte Schnittstelle zum Betriebssystem Windows dar und sollen die Erstellung von C++-Programmen für die Anwendung mit diesem Betriebssystem vereinfachen. In diesem Buch wird die grafische Programmierung mit C++ und den MFC erläutert. Um den Einarbeitungsaufwand für den Leser in überschaubaren Grenzen zu halten, wird mit *Visual Studio 2022* dieselbe Entwicklungsumgebung verwendet wie für die bisherigen Beispielprogramme.

Im Unterschied zu Programmiersprachen wie Java oder C# enthält C++ keine genormten GUI-Klassen. Die Erstellung von grafischen Bedienoberflächen im Rahmen von C++-Programmen erfordert daher immer die Festlegung auf einen Anbieter solcher GUI-Klassen. Bei einem Wechsel des Anbieters muss daher im Allgemeinen die Oberfläche neu erstellt werden.

6.3.2 Grundlegendes zu Windows-Programmen

Das **Win**dows **A**pplication **P**rogramming **I**nterface (WinAPI) ist eine Programmierschnittstelle und Laufzeitumgebung zur Erstellung von Anwendungen für Windows-Betriebssysteme. Es umfasst mehrere hundert Funktionen, viele Konstanten, Datenstrukturen und Makros. Obwohl das API vorwiegend in C und Assembler erstellt wurde, kann es auch in Verbindung mit Programmen genutzt werden, die in anderen Hochsprachen wie C++, Fortranoder Visual Basic geschrieben sind. Ein großer Teil des APIs ist in der Datei *windows.h* deklariert. Die zugehörigen Funktionen befinden sich in Bibliotheken, den sogenannten DLL-Dateien (kernel32.dll, user32.dll usw.). Ihre Nutzung setzt selbstverständlich eine genaue Kenntnis des API voraus.

Als Alternative zur direkten Nutzung des WinAPI kommen objektorientierte Bibliotheken in Betracht. Sie ermöglichen eine bequemere Handhabung der zur Verfügung stehenden WinAPI-Funktionalität. Eine dieser alternativen Bibliotheken sind die MFC.

Bild 6.3 zeigt schematisch den Zusammenhang: Das Anwendungsprogramm setzt auf die MFC auf und nutzt über deren Klassen das darunter liegende WinAPI. Dieses wiederum bindet die Funktionalität des Betriebssystems ein. Der Vorteil dieser Struktur liegt darin, dass der komplexe Aufbau des WinAPI durch die MFC gekapselt wird. Dies bedeutet, dass sich der Programmierer lediglich mit den MFC auseinandersetzen muss und eine detaillierte Kenntnis des WinAPI nicht unbedingt erforderlich ist.

Bild 6.3 Strukturdiagramm von Programm, MFC und darunter liegendem WinAPI

Konzept des WinAPI

Grundelemente grafischer Benutzeroberflächen sind Fenster, Schaltflächen, Eingabe- und Meldungsfelder, Symbole und Menüs. Multitasking und Multithreading gehören ebenso dazu wie die Unterstützung von Tastatur und Maus.

Die Funktionen des WinAPI realisieren dieses Konzept: Sie arbeiten mit Fenstern, die erstellt, verkleinert und verschoben werden können. In diese Fenster kann Text geschrieben oder eine Grafik gezeichnet werden. Mithilfe der Maus werden Einträge markiert, Menüeinträge ausgewählt oder Fenster geschlossen.

Ereignisse bewirken Nachrichten

Eingaben des Nutzers, wie z. B. das Betätigen einer Schaltfläche mit einer Maustaste oder das Drücken von Tasten der Tastatur, heißen Ereignisse.

Diese Ereignisse werden zunächst von der Rechnerhardware erkannt und in Form von Nachrichten („Messages"), ergänzt um Einzelheiten, an das Betriebssystem weitergeleitet:

- Wann ist das Ereignis eingetreten?
- Handelt es sich um einen Tastendruck, wenn ja, welcher Taste?
- Wurden ggf. weitere Tasten zusätzlich betätigt (Strg, Shift usw.)?

- Falls es sich um einen Mausklick handelt: Wo auf dem Bildschirm ist dieses Ereignis aufgetreten; an welchen Koordinaten, in welchem Fenster und ggf. in welcher der parallel ausgeführten Anwendungen?

Auslöser für Ereignisse können sein:

1. Die Eingabegeräte Maus (Drücken (einfach oder doppelt) einer der Maustasten, Drehen des Mausrades, Bewegen der Maus selbst oder Kombinationen daraus) und Tastatur (eine oder mehrere Tasten).
2. Grafische Objekte auf dem Bildschirm (Menüeinträge, Schaltflächen, Icons usw.).
3. Das Betriebssystem selbst, wenn z. B. ein Fenster, das bislang verdeckt war, durch Verschieben eines anderen Fensters erneut sichtbar wird usw.

Selbstverständlich werden die durch die grafischen Objekte verursachten Ereignisse letztlich auch durch Maus bzw. Tastatur bewirkt. Das Betriebssystem behandelt sie allerdings so, als ob sie von den Objekten selbst herbeigeführt wurden.

Die oben erwähnten Einzelheiten (z. B. Zeit und Ort des Ereignisses) sind Teil einer Datenstruktur, die das Betriebssystem als Anlage zur Nachricht an das Anwendungsprogramm verschickt, das zum Ereigniszeitpunkt aktiv ist.

Die Bedeutungen der einzelnen Botschaften sind bei Windows als symbolische Konstanten codiert, die zusammen mit entsprechenden Makros in der Datei *windows.h* oder einer der dort mit *#include* eingebundenen Dateien aufgeführt sind.

Nachrichten, die direkt von Windows erzeugt werden, beginnen mit den Buchstaben WM (**W**indow **M**essage). Dieses Präfix wird um einen erläuternden Text so ergänzt, dass sich kundigen Programmierern der Inhalt der Nachricht erschließt.

Beispiel 6.12 Windows Messages

Interpretieren Sie folgende Nachrichten, die von Windows erzeugt werden:

a) WM_RBUTTONDOWN

b) WM_MOUSEMOVE

c) WM_KEYDOWN

Lösung:

Aus dem Namen einer Nachricht kann auf das sie auslösende Ereignis geschlossen werden:

a) Die rechte Taste der Maus wurde gedrückt.

b) Die Maus wurde bewegt.

c) Eine Taste der Tastatur wurde betätigt.

Bei der Nachricht b) sind nützliche weitere Informationen natürlich die Koordinaten, an der sich der Mauszeiger befand, als das Ereignis eingetreten ist.

■

Bei einem Multitasking-Betriebssystem können gleichzeitig mehrere Anwendungen aktiv sein. Vor dem Zustellen der Nachricht muss daher zunächst das Programm ermittelt werden, für das die Nachricht bestimmt ist. Dieser Vorgang ist in Bild 6.4 schematisch dargestellt. Zur Identifikation des korrekten Adressaten nutzt Windows folgende Informationen:

- Welche Anwendung ist zurzeit aktiv?
- Welches Fenster der betreffenden Anwendung hat gerade „den Fokus"?
- An welcher Stelle befand sich der Cursor, als das Ereignis eingetreten ist? Diese Angabe identifiziert das Fenster bzw. das Steuerelement, dem der Klick galt.

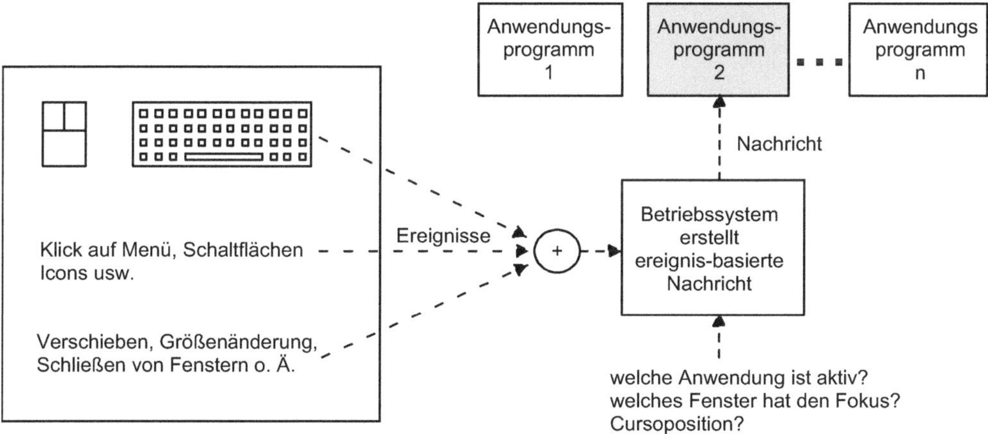

Bild 6.4 Schematische Darstellung der Ereignisverarbeitung und Nachrichtenerzeugung

Auswerten von Nachrichten durch die Anwendung

Nachdem der korrekte Empfänger vom Betriebssystem ermittelt worden ist, wird die von Windows versandte Nachricht der Warteschlange („Queue") des Adressaten hinzugefügt. Jedes Programm arbeitet die eingegangenen Nachrichten, die sich in der Warteschlange befinden, in einer eigenen Schleife ab (siehe Bild 6.5).

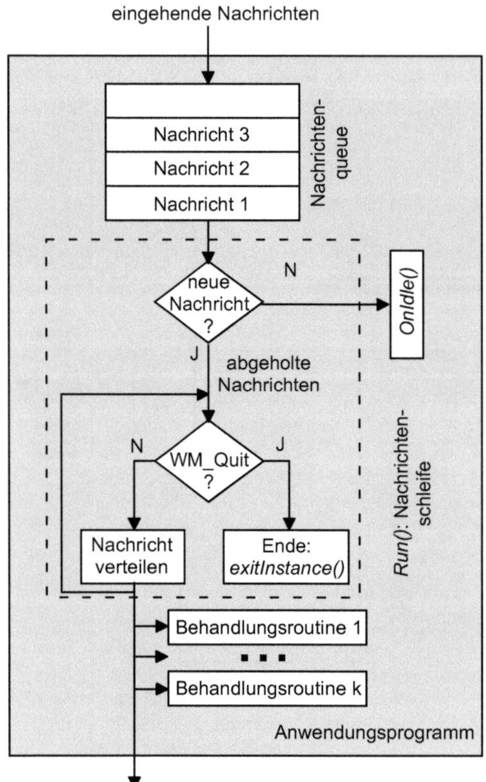

Bild 6.5 Behandlung der eingehenden Nachrichten durch das Anwendungsprogramm; ggf. Weiterleiten an WinAPI

Den ungefähren Ablauf der Nachrichtenschleife zeigt Listing 6.6 [Endl12]. Die Datenstruktur in der Anlage zu einer Nachricht wird hier *msg* genannt. Ihr Aufbau ist im WinAPI festgelegt.

Listing 6.6 Prinzipieller Aufbau der Nachrichtenschleife

```
while (GetMessage(&msg, NULL, 0, 0) > 0) {
  TranslateMessage(&msg);
  DispatchMessage(&msg);
}
```

Innerhalb der Nachrichtenschleife wird *msg* zunächst analysiert. Die Funktionen *GetMessage()*, *TranslateMessage()* und *DispatchMessage()* sind Bestandteil des WinAPI.

- *GetMessage()* stellt fest, ob in der Warteschlange eine Nachricht eingegangen ist. Ist die Warteschlange leer, wird auf den Eingang einer neuen Nachricht gewartet.
- *TranslateMessage()* konvertiert rohe Tastaturdaten in einfach auswertbare *char*-Zeichen und wertet Tasten aus, die zusätzlich gedrückt wurden (Strg, Shift, Alt).
- *DispatchMessage()* bestimmt, welchem Fenster der aktuellen Anwendung die Nachricht zugestellt wird.

Die eingegangene und dem Anwendungsfenster zugestellte Nachricht wird überprüft: Handelt es sich bei der empfangenen Nachricht um WM_QUIT, wird das Anwendungsprogramm beendet. Andernfalls erfolgt ihre Bearbeitung alternativ auf zwei Arten:

1. Der Programmierer erstellt eine Behandlungsroutine, also Quelltext. Dieser Quelltext legt fest, was als Reaktion auf diese Nachricht passiert.
2. Die Nachricht wird nicht durch eine programminterne Behandlungsroutine bearbeitet, sondern an das Betriebssystem weitergegeben und dort behandelt.

Der Aufbau der programminternen Behandlungsroutine hängt davon ab, was erreicht werden soll. Beispielsweise muss diejenige Routine, die der Nachricht WM_PAINT zugeordnet ist, den Fensterinhalt neu darstellen.

Die Nachricht WM_COMMAND dagegen enthält häufig die Information, dass der Nutzer des Programms eine Schaltfläche betätigt oder einen Menüeintrag ausgewählt hat. Dann muss die entsprechende Behandlungsroutine die zugeordnete Aktion ausführen. Solche Befehlsbehandlungsroutinen bilden das Kernstück grafischer Benutzeroberflächen.

Nachrichtenzuordnungstabellen

Nutzen C++-Programme die MFC, werden Nachrichtenzuordnungstabellen *(Message Maps)* verwendet. Diese Tabellen ordnen einer Nachricht eindeutig die jeweils auszuführende Behandlungsroutine zu. Jede Nachricht ist an eine Routine gebunden.

Fenster

Der typische Aufbau eines Windows-Fensters ist allgemein bekannt und in Bild 6.6 mit erläuternden Kommentaren dargestellt. Der Client-Bereich wird vom Fensterrahmen, der Titelleiste sowie den Bildlaufleisten umschlossen. Der Inhalt dieses Fensterteils wird vom Programm bestimmt. Alle anderen Fensterbestandteile fallen in den Verantwortungsbereich des Betriebssystems.

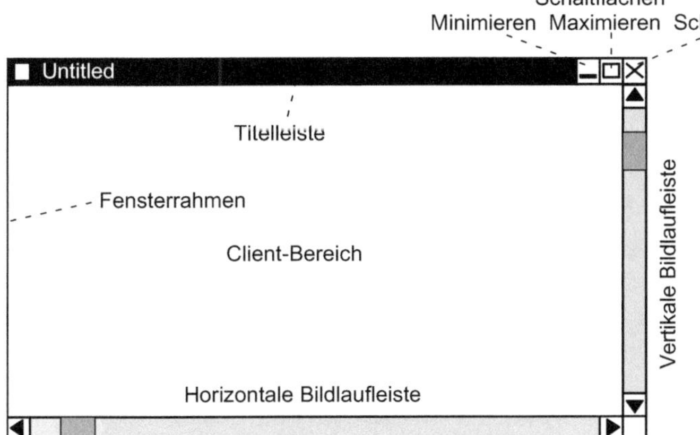

Bild 6.6 Schematischer Aufbau eines Windows-Fensters

Aus Sicht des Betriebssystems ist jedes Steuerelement ein Windows-Fenster. Ein Fenster kann daher andere Windows-Fenster enthalten. Dies ist oft der Fall, wenn es sich um einen Dialog handelt: Auf einem solchen Dialogfeld befinden sich normalerweise weitere Steuerelemente wie Schaltflächen, Eingabefelder oder andere Objekte. In diesem Zusammenhang spricht man auch von über- und untergeordneten Fenstern: Enthält ein Dialogfeld Steuerelemente, sind diese jenem untergeordnet.

Zeichnen von Fenstern und Fensterinhalten

Zu bestimmten Zeiten müssen Fenster einer Anwendung gezeichnet werden. Das erste Mal ist dies unmittelbar nach dem Programmstart der Fall. Ein wiederholtes Neuzeichnen ist dann erforderlich, wenn das Fenster in irgendeiner Art und Weise „beschädigt" oder einfach verschoben wurde. Diese Situation tritt beispielsweise auf, wenn ein anderes Dialogfeld (des eigenen oder eines anderen Anwendungsprogramms) dieses Fenster überdeckt und dann wieder ausgeblendet oder verschoben wird. Windows erzeugt in diesen Fällen die Nachricht WM_PAINT. Sie besagt, dass das betreffende Fenster neu gezeichnet werden muss. Das Neuzeichnen übernimmt nicht das Betriebssystem, sondern muss vom Anwendungsprogramm ausgeführt werden.

6.3.3 Aufbau der MFC

Die MFC-Bibliothek besteht aus ca. 200 Klassen und kann in vier Teilbereiche (Programmierschnittstelle (WinAPI), Anwendungsgerüst, Werkzeugklassen und neue Technologien) gegliedert werden.

- Der Aufbau der Programmierschnittstelle war Thema des vorangegangenen Abschnitts 6.3.2.
- Das Anwendungsgerüst *(Application Framework)* ist eine Sammlung von Klassen, die einen abstrakten Entwurf für eine Reihe gleichartiger Aufgaben bereitstellen. Zu deren Anwendung werden eigene Klassen von den Klassen des Anwendungsgerüstes abgeleitet und um eigene Komponenten ergänzt. Ausgewählte Methoden der Basisklassen werden überschrieben, um das anwendungsspezifische Verhalten festzulegen.
- In den Werkzeugklassen sind Strukturen modelliert, die nicht vom verwendeten Betriebssystem abhängen. Dabei handelt es sich z. B. um Containerklassen, Felder oder Dateien. Viele dieser Elemente ähneln denen der C++-Standardbibliothek.
- Im Rahmen der neuen Technologien werden Klassen bereitgestellt, die Datenbanken und Internetanwendungen unterstützen; das Thema wird an dieser Stelle nicht weiter vertieft.

Die MFC-Bibliothek ist in einer Vererbungshierarchie angeordnet. Ein Ausschnitt dieser Hierarchie ist in Bild 6.7 in Form eines Klassendiagramms abgebildet. Kern des Anwendungsgerüstes ist die Klasse *CWinApp* mit ihren Methoden *InitInstance(), Run(), OnIdle()* sowie *ExitInstance().* In der Methode *Run()* ist u. a. die Nachrichtenschleife aus Bild 6.5 implementiert. Sind keine Nachrichten zu bearbeiten, wird die Methode *OnIdle()* aktiv. Bei Eintreffen der Nachricht WM_QUIT wird die Methode *ExitInstance()* aufgerufen und beendet die Anwendung.

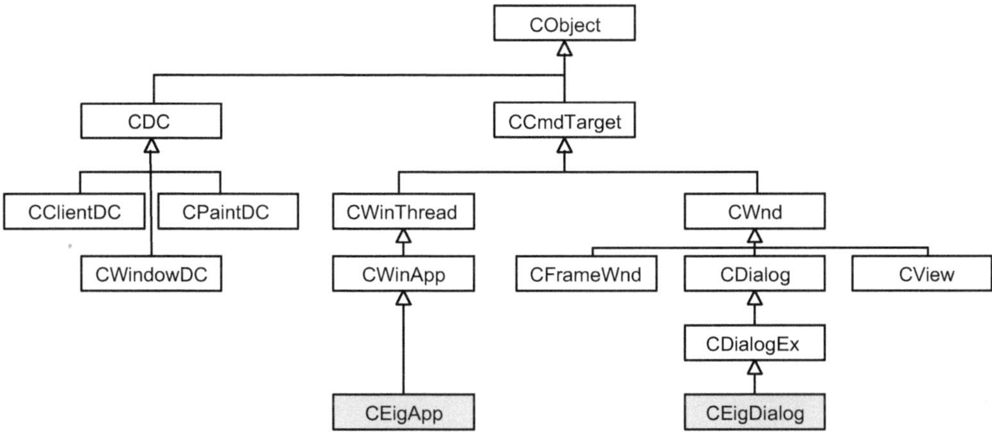

Bild 6.7 Ausschnitt aus der MFC-Klassenhierarchie

Damit Objekte Nachrichten verarbeiten können, müssen sie zunächst für deren Empfang eingerichtet werden. Man erreicht dies dadurch, dass solche Klassen aus der Klasse *CCmdTarget* abgeleitet werden. Anhand des Klassendiagramms aus Bild 6.7 erkennt man, dass sowohl die Klasse *CWinApp* als auch alle Fensterklassen, die von *CWnd* erben, für den Nachrichtenempfang gerüstet sind.

MDI, SDI und dialogfeldbasierte Anwendungen

Dem im Umgang mit dem PC erfahrenen Leser sind unterschiedliche Programmtypen bekannt. Anwendungen, bei denen mehrere Dokumente gleichzeitig geöffnet sein können, bauen auf dem **M**ultiple **D**ocument **I**nterface (MDI) auf. Dagegen basieren Programme, die sich auf maximal eine Datei beschränken, auf dem **S**ingle **D**ocument **I**nterface (SDI). Sind lediglich Dialoge, aber keine Dokumente vorhanden, so handelt es sich um dialogfeldbasierte Anwendungen.

- MDI: Programme aus der Office-Familie (Word, Excel usw.) erlauben es, mehrere Dokumente, also Dateien, gleichzeitig zu öffnen.
- SDI: Das einfache Malprogramm Paint oder der bekannte Texteditor Notepad dagegen können immer nur mit einer geöffneten Datei arbeiten.
- dialogfeldbasiert: Bestimmte Programme (z. B. die Einstellung der Bildschirmeigenschaften aus der Windows-Systemsteuerung) enthalten lediglich Dialoge, aber keine Dokumente im eigentlichen Sinn. Dateneingaben erfolgen hier nicht als Freitext, sondern durch Auswählen aus einer Reihe vorgegebener Möglichkeiten. Dennoch können die geänderten Einstellungen abgespeichert werden.

Die Entwicklungsumgebung unterstützt beim Anlegen eines MFC-Projekts. Es liegt auf der Hand, dass für die einzelnen Typen unterschiedliche Klassen der MFC verwendet werden.

Ein guter Einstieg in die MFC-Programmierung gelingt, wenn die Anzahl der verwendeten Klassen zunächst überschaubar bleibt. Bei dialogfeldbasierten Anwendungen werden im Wesentlichen die beiden grau unterlegten Klassen *CEigApp* sowie *CEigDialog* aus Bild 6.7

benutzt. Sie erben von den Basisklassen *CWinApp* und *CDialogEx*. Um dem Leser eine übersichtliche Einführung zu geben und das Vorgehen zu illustrieren, handelt es sich bei allen folgenden Beispielen um dialogfeldbasierte Anwendungen.

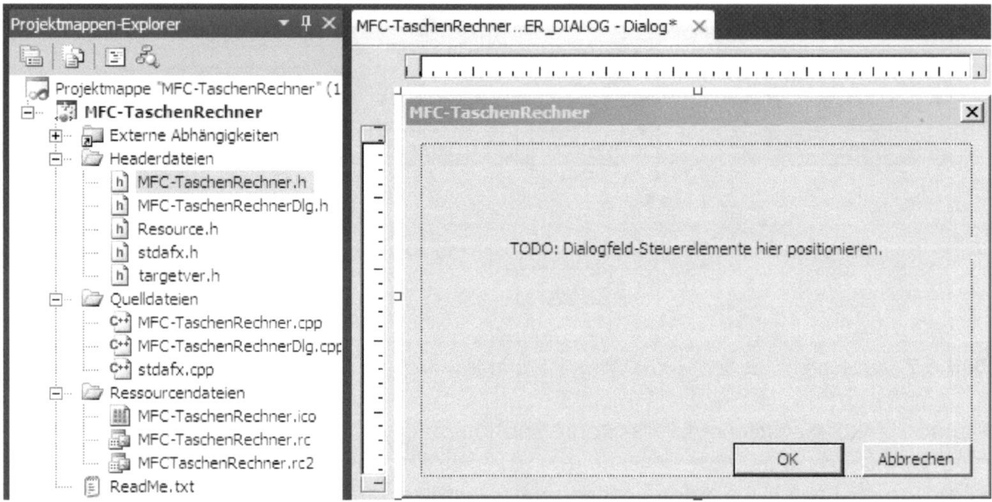

Bild 6.8 Ausschnitt aus der Projektansicht; links: Dateistruktur, rechts: Dialogfeld

Namensgebung und Bezeichnungen

Innerhalb von MFC-Programmen müssen Klassen und Konstanten, lokale Variablen und Klassenattribute, Methoden und Funktionen, Steuerelemente und Nachrichten sicher unterscheidbar sein. Daher sind Vereinbarungen über Aufbau und Struktur von Bezeichnungen sinnvoll:

- Für lange Namen wird der sogenannte CamelCase verwendet; d. h. zusammengesetzte Worte beginnen an jedem Wortanfang immer mit einem Großbuchstaben (*UpdateData()*) [Hayes07].
- Klassennamen (**c**lass) beginnen mit *'C'* (*CEigDialog*).
- Klassenattribute (**m**ember) werden von Variablen, die nicht an Klassen gebunden sind, durch ein vorgestelltes *'m'* unterschieden (*mLinkerOperand*).
- Funktions- und Methodennamen beginnen mit einem Großbuchstaben (*GetDlgItem()*).

Nachrichten, Steuerelemente, aber auch Dialoge sind in den MFC als ganzzahlige Konstanten codiert und tragen einen symbolischen Namen, der in Großbuchstaben angegeben wird. Er soll den Entwickler:innen die Orientierung erleichtern:

- Nachrichten (**W**indows **M**essage) beginnen mit WM (WM_LBUTTONDOWN)
- Methoden und Funktionen, die Nachrichten zugeordnet sind, beginnen mit dem Präfix *On* gefolgt vom Methodennamen, um anzudeuten, dass sie „auf Knopfdruck" gestartet werden. Die Methode *OnButton1()* wird demzufolge aufgerufen, wenn die Schaltfläche mit dem Namen „Button1" betätigt wird.

- Allgemein steht das Kürzel ID für die Bezeichnung **Id**entifier. Je nach Art des Elements, das durch diese ID benannt wird, sind unterschiedliche Erweiterungen gebräuchlich:

  Steuerelemente werden durch das Präfix IDC (**Id**entifier for **C**ontrol Element) gekennzeichnet. Es folgt eine weitere Ergänzung, die das betreffende Steuerelement charakterisiert. Da es eine ganze Reihe gleichartiger Steuerelemente geben kann, wird deren Bezeichnung mit einer fortlaufenden Nummer abgeschlossen:

  - IDC_EDIT1: symbolischer Name eines Edit-Feldes,
  - IDC_BUTTON1: Name einer Schaltfläche,
  - IDC_RADIO1: Name eines Optionsfeldes,
  - IDC_CHECK1: Name eines Auswahlfeldes etc.

- Der Name anderer grafischer Elemente wie **D**ialoge, **M**enüs oder **R**essourcen ergibt sich ganz analog, wobei C durch den entsprechenden Buchstaben ersetzt wird:

  - IDD_APPL_DIALOG: symbolischer Name eines Dialogs

Die Zuordnung der symbolischen Namen zu den ganzzahligen Konstanten wird mittels *#define*-Anweisungen vorgenommen und in Listing 6.9 in der Datei *resource.h* gespeichert.

Die individuellen Attribute jedes Fensters - und dadurch natürlich automatisch auch jedes Steuerelements - können während der Code-Entwicklung über den sogenannten Eigenschaftsdialog bearbeitet werden. Dazu wird das betreffende Element markiert. Der jeweilige Eigenschaftsdialog ist der unterste Eintrag des Kontextmenüs, das mit der rechten Maustaste erreicht wird und in Bild 6.9 dargestellt ist.

Mithilfe dieses Dialogs kann das Aussehen des Steuerelements den Anforderungen angepasst werden. Neben der ID der jeweiligen Komponente ist unter der Rubrik 'Caption' auch der Beschriftungstext zugänglich. Zusätzlich können den Nachrichten, die dieses Steuerelement erzeugt, Methoden zugeordnet werden.

Auch zur Laufzeit des Programms können Änderungen der Dialogfelder erfolgen. Dazu stehen passende Methoden bereit, mit denen Steuerelemente z.B. deaktiviert oder ganz unsichtbar gemacht werden können.

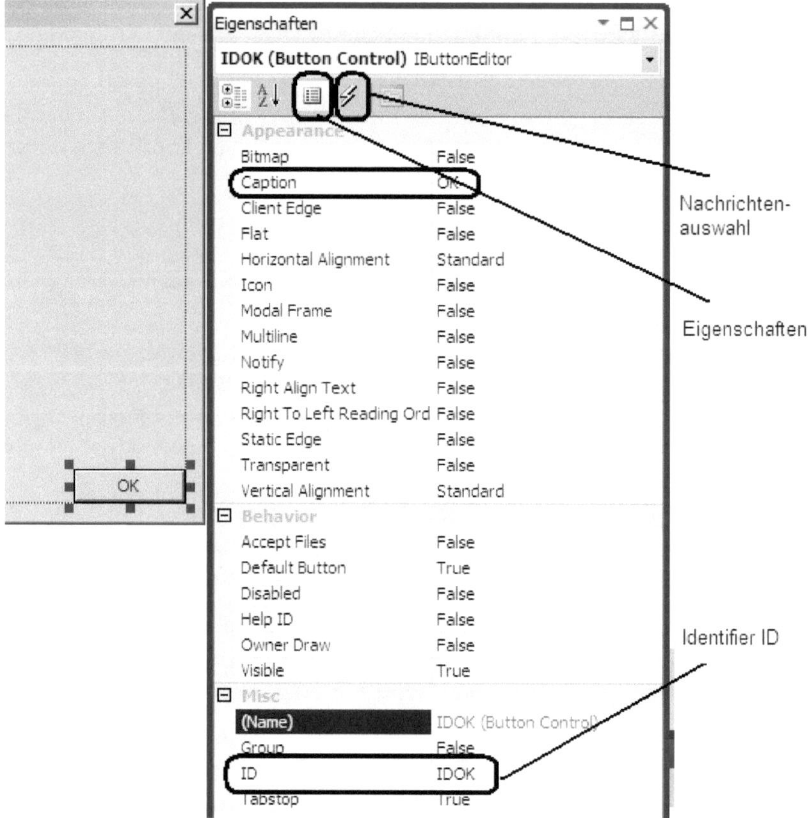

Bild 6.9 Eigenschaftsdialog für die Schaltfläche OK

6.3.4 Programmierung eines einfachen Taschenrechners

In diesem Abschnitt werden die grundlegenden Programmierschritte für eine MFC-Anwendung erläutert. Die konkreten Angaben beziehen sich auf das Entwicklungssystem Visual Studio 2022 (VS2022), sind aber auf andere Versionen sinngemäß übertragbar.

In diesen Entwicklungssystemen steht eine Fülle von programmgestützten „Assistenten" (Wizards) zur Verfügung, die den Entwickler beim Anlegen von Projekten und Klassen oder der Zuordnung von Ereignissen und Nachrichten unterstützen.

Anlegen des Projektes „MFC-TaschenRechner"

Legen Sie in VS2022 ein neues Projekt mit dem Namen *MFC-TaschenRechner* an. Wählen Sie als Projekttyp statt der bisherigen Win32-Konsolenanwendung nun die MFC-Anwendung aus. In einem weiteren Schritt werden die Anwendungstypen MDI, SDI oder dialogbasiert angeboten. Entscheiden Sie sich für den Anwendungstyp „auf Dialogfeldern basierend" und klicken Sie auf „Fertigstellen". Die zugehörige Projektansicht ist in Bild 6.8 dargestellt. Das Projekt besteht aus den beiden Klassen, die in Bild 6.7 grau unterlegt sind. Für die konkreten Klassennamen verwendet VS2022 den Projektnamen, ergänzt um die Zusätze *App* bzw. *Dlg*. Die Klassendeklarationen stehen in den beiden Dateien *MFC-TaschenRechner.h* sowie *MFC-TaschenRechnerDlg.h*, die auszugsweise in Listing 6.7 und Listing 6.8 wiedergegeben sind.

Listing 6.7 Klassendeklaration von CMFCTaschenRechnerApp

```
class CMFCTaschenRechnerApp : public CWinApp {
public:
  CMFCTaschenRechnerApp();
  virtual BOOL InitInstance();
  DECLARE_MESSAGE_MAP()
};
```

Listing 6.8 Klassendeklaration von CMFCTaschenRechnerDlg

```
class CMFCTaschenRechnerDlg : public CDialogEx {
public:
  CMFCTaschenRechnerDlg(CWnd* pParent = NULL);
  enum { IDD = IDD_MFCTASCHENRECHNER_DIALOG };
protected:
  virtual void DoDataExchange(CDataExchange* pDX);
  HICON m_hIcon;
  virtual BOOL OnInitDialog();
  afx_msg void OnSysCommand(UINT nID, LPARAM lParam);
  afx_msg void OnPaint();
  afx_msg HCURSOR OnQueryDragIcon();
  DECLARE_MESSAGE_MAP()
};
```

Wie allgemein üblich, werden die Klassendeklarationen in Dateien mit der Endung **.h* untergebracht. Die zugehörigen Methodendefinitionen finden sich in gleichnamigen Dateien des Typs **.cpp*.

Beispiel 6.13 Anwendung von OOP-Grundlagen

Was verbirgt sich hinter den Deklarationen *CMFCTaschenRechnerApp()* bzw. *CMFCTaschenRechnerDlg(CWnd* pParent = NULL)*?

Lösung:

Diese beiden Deklarationen beziehen sich auf die Konstruktoren der beiden Klassen.

■

Erweitern des Dialogfelds um die notwendigen Steuerelemente

Um die Funktionalität des Taschenrechners zu implementieren, wird zunächst ausschließlich die Dialogfeldklasse *CMFCTaschenRechnerDlg* erweitert. Die Anwendungsklasse *CMFCTaschenRechnerApp* wird nicht verändert.

Die für den Taschenrechner erforderlichen Steuerelemente können einem passenden Werkzeugkasten, der sogenannten Toolbox, entnommen werden. Diese Toolbox, von der ein Ausschnitt in Bild 6.10 wiedergegeben ist, wird über den Menüpunkt „Ansicht" oder mit der Tastenkombination *Strg+Alt+X* aufgerufen.

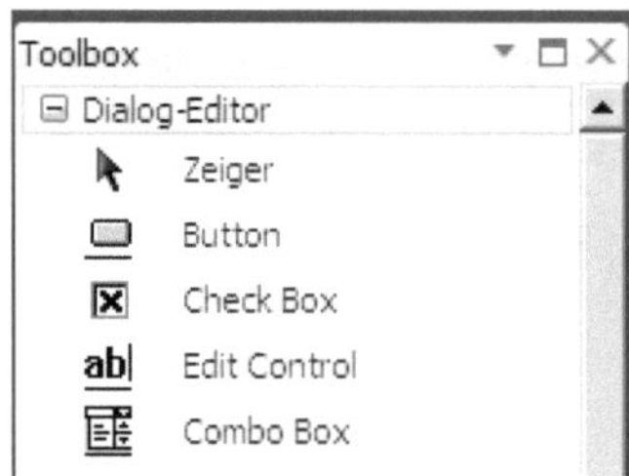

Bild 6.10 Ausschnitt aus der Toolbox, mit deren Hilfe weitere Steuerelemente verfügbar sind

Beispiel 6.14 Erweitern des Dialogfelds

Erweitern Sie das Dialogfeld des Taschenrechnerprojekts gemäß Bild 6.11.

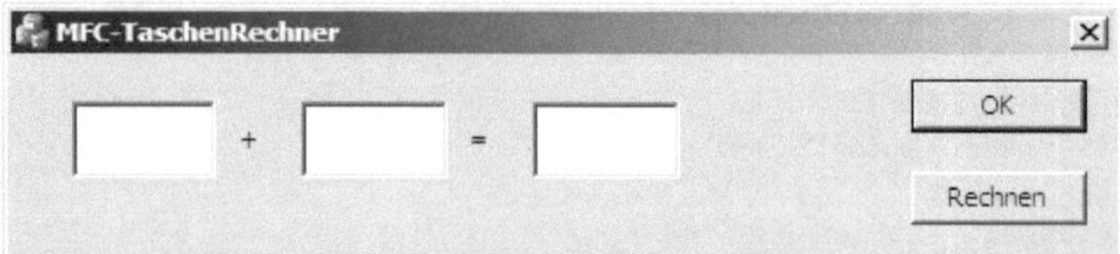

Bild 6.11 Dialogfeld des Taschenrechners mit durchgeführten Erweiterungen

Lösung:

Zunächst werden die Schaltfläche „Abbrechen" sowie der bestehende Text „TODO: Dialogfeld-Steuerelemente hier positionieren" in der Mitte des Dialogfeldes markiert und gelöscht. Ein Textfeld dieser Art wird *statisches Textfeld* genannt und zählt auch zur Gruppe der Steuerelemente.

Danach werden drei *Edit Control* Steuerelemente mit der Maus auf das Dialogfeld gezogen und an den gewünschten Stellen positioniert.

Legen Sie die Operatorsymbole „+" und „=" mithilfe der Toolbox als statische Textfelder an und platzieren Sie diese mit der Maus.

Verschieben Sie die verbliebene Schaltfläche „OK" mit der Maus und verkleinern der Dialog auf die gewünschte Größe.

Abschließend ziehen Sie eine neue Schaltfläche auf den Dialog. Ihr sind - wie jedem anderen Steuerelement auch - Eigenschaften (Attribute) zugeordnet, und in einem Eigenschaftsdialog zusammengefasst. Einen Ausschnitt dieses Dialogs zeigt Bild 6.12. Der Beschriftungstext der Schaltfläche kann über die Eigenschaft „Caption" verändert werden. An dieser Stelle ersetzt die neue Beschriftung „Rechnen" den bestehenden Titel „Button1".

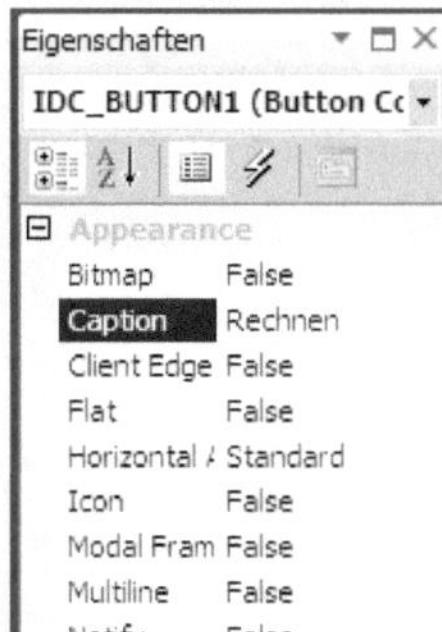

Bild 6.12 Ausschnitt aus dem Dialogfeld, über das Eigenschaften von Steuerelementen verändert werden können

Im Rahmen von Beispiel 6.14 wurde der Dialog um sechs Steuerelemente erweitert, von denen einzig die drei Edit-Control-Elemente eine numerische Benutzereingabe ermöglichen. Die beiden statischen Textfelder „+" und „=" dienen dem Anwender zur Orientierung. Eine neue Schaltfläche mit der Beschriftung „Rechnen" ist ebenfalls hinzugekommen, weist aber noch keine Funktionalität auf. Trotz der Verschiebung der Schaltfläche „OK" innerhalb des Dialogs bleibt deren Funktion unverändert.

Identifikation der Steuerelemente innerhalb eines Dialogs

Die Steuerelemente eines Dialogs werden – beginnend mit dem Startwert 1000 – automatisch mit einer fortlaufenden Nummer versehen, über die sie eindeutig identifiziert werden können. Die jeweilige Nummer wird dabei einer symbolischen Konstanten zugeordnet und in der Datei *resource.h* gespeichert (siehe Listing 6.9).

Listing 6.9 Ausschnitt aus der Datei *resource.h*

```
// Microsoft Visual C++ generated include file.
// Used by MFC-TaschenRechner.rc
#define IDM_ABOUTBOX                    0x0010
#define IDD_ABOUTBOX                    100
#define IDS_ABOUTBOX                    101
#define IDD_MFCTASCHENRECHNER_DIALOG    102
#define IDR_MAINFRAME                   128
#define IDC_EDIT1                       1000
#define IDC_EDIT2                       1001
#define IDC_EDIT3                       1002
#define IDC_BUTTON1                     1003
```

Man erkennt, dass dem ersten Edit-Feld mit dem symbolischen Namen IDC_EDIT1 die Konstante 1000 zugewiesen wird. Dieser symbolische Name taucht unter der Rubrik „ID" auch im Menü „Eigenschaften" des Steuerelements auf (vgl. Bild 6.12).

Verbinden von Steuerelementen und Variablen

Um Eingaben aus dem Dialog im Programm nutzbar zu machen, muss jedem Steuerelement, das Bedienereingaben entgegennehmen soll, ein Attribut mit passendem Datentyp in der zugehörigen Dialogklasse zugeordnet werden. Auch dieser Schritt wird durch einen entsprechenden Assistenten unterstützt.

Beispiel 6.15 Steuerelemente mit Variablen ausstatten

Erweitern Sie den Taschenrechner so, dass den drei Edit-Feldern Variablen vom Typ *double* zugeordnet werden, die private Attribute der Klasse *CMFCTaschenRechnerDlg* sind.

Lösung:

Als Variablennamen werden die Bezeichnungen aus Bild 6.14 verwendet: Das betreffende Steuerelement wird markiert. Mit der rechten Maustaste wird aus dem Kontextmenü der Eintrag „Variable hinzufügen" ausgewählt. Es erscheint das Fenster aus Bild 6.13, in dem die entsprechenden Einträge vorgenommen werden. Unter der Rubrik „Kategorie" muss der Eintrag Steuerelement ausgewählt sein, andernfalls wird die Variable nicht dem Steuerelement zugeordnet.

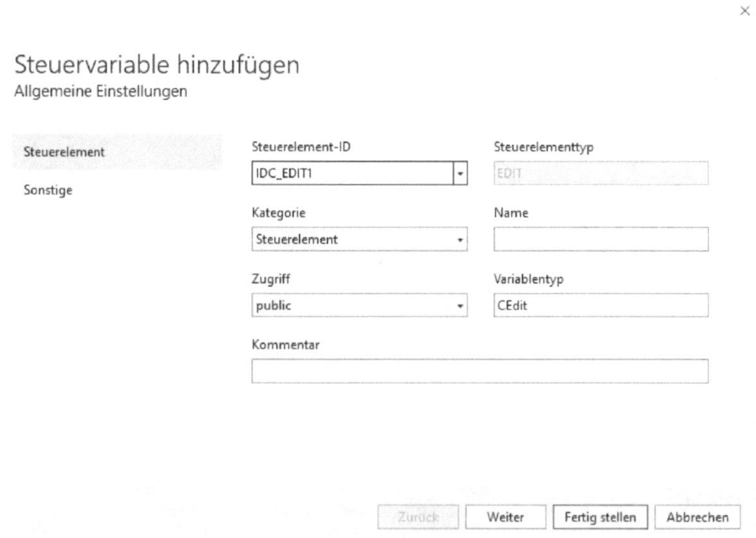

Bild 6.13 Assistentenmenü zur Zuordnung von Variablen zu Steuerelementen

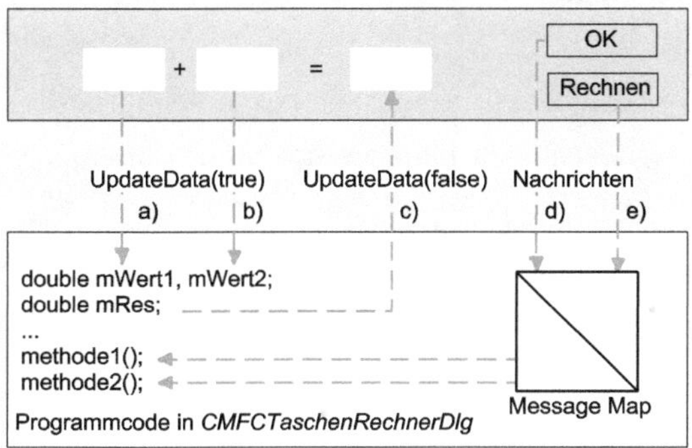

Bild 6.14 Schematische Darstellung der notwendigen Kommunikation zwischen Dialog (oben) und zugehörigem Programm (unten): a, b): Übertragen der eingegebenen Werte der beiden linken Edit-Felder in die Attribute *mWert1* und *mWert2*; c): Ausgabe des berechneten Ergebnisses *mRes* in das rechte Edit-Feld; d) Beenden des Programms; e): Start der Berechnung

Nachdem dieser Vorgang für alle drei Edit-Felder durchgeführt wurde, ist die Klassendeklaration in *MFCTaschenRechnerDlg.h* um folgende Einträge erweitert worden:

```
class CMFCTaschenRechnerDlg : public CDialogEx {
...
private:
  double mWert1;
  double mWert2;
  double mRes;
};
```

Die privaten Attribute der Klasse *CMFCTaschenRechnerDlg* müssen selbstverständlich initialisiert werden. Diese Initialisierung erfolgt in der Initialisierungsliste des Konstruktors automatisch mit dem Wert 0.

Ausstatten von Steuerelementen mit Funktionalität

Bei dieser Anwendung soll der Benutzer die Möglichkeit haben, Zahlen in die beiden linken Edit-Control-Felder einzugeben. Das Ergebnis der Addition soll im rechten Edit-Feld angezeigt werden. Die Berechnung wird beim Betätigen der Schaltfläche „Rechnen“ ausgeführt.

Die kurze Analyse zeigt, dass von den Steuerelementen unterschiedliches Verhalten verlangt wird: Die beiden linken Edit-Control-Felder sollen Eingaben aufnehmen und dem Berechnungsalgorithmus zur Verfügung stellen. Das rechte Edit-Feld dagegen soll den Ergebniswert vom Programm übernehmen und anzeigen. Zwischen dem Dialog und dem Programm sind also diverse Datenübertragungen erforderlich, die in Bild 6.14 schematisch dargestellt werden.

Mithilfe des Entwicklungssystems wurde jedem Edit-Control eine Variable zugewiesen. Der Funktionsaufruf *UpdateData(...)* sorgt für den Datenaustausch zwischen der Anzeige im Steuerelement und der ihm zugeordneten Variablen. Hierbei bestimmt der Parameter die Kommunikationsrichtung:

- *UpdateData(true)* überträgt die Werte aus dem Steuerelement in die Variable.
- *UpdateData(false)* sorgt für die Anzeige des Variablenwertes im Steuerelement.

Der Datenaustausch zwischen Dialog und Programm erfolgt mithilfe der Funktion *UpdateData()*, deren boolscher Parameter die Richtung der Datenübertragung festlegt. Mit dem Aufruf dieser Funktion werden immer die Daten **aller** Steuerelemente übertragen.

Der Klick auf eine Schaltfläche löst eine Nachricht aus, die über die Nachrichtenzuordnungstabelle (Message Map) die zugehörige Methode aufruft. In dieser Methode muss der Programmcode implementiert werden, der bei Eintreffen der Nachricht ausgeführt werden soll. Im Fall der Nachricht, die beim Betätigen der Schaltfläche „Rechnen“ gesendet wird, wäre das der Berechnungsalgorithmus des Taschenrechners.

Übung 6.8

Suchen Sie die Definition des Konstruktors in der entsprechenden *.cpp-Datei und geben Sie die Initialisierungsliste an.

Beispiel 6.16 Bearbeiten der Nachrichtenzuordnungstabelle

Erweitern Sie den Taschenrechner so, dass beim Klick auf die Schaltfläche „Rechnen“ die Methode *OnBnClickedButton1()* ausgeführt wird.

Lösung:

Zuerst wird der Eigenschaftsdialog des Steuerelements „Rechnen“ aufgerufen. In diesem Dialog (vgl. Bild 6.15) sind unter dem gelben Blitz alle Nachrichten aufgeführt, die von diesem Steuerelement gesendet werden können. Laut Aufgabenstellung soll die Berechnung erfolgen, sobald die Schaltfläche „Rechnen“ angeklickt wird. Daher wird hier die Nachricht BN_CLICKED ausgewählt und der Methode mit dem Namen *OnBnClickedButton1()* zugeordnet.

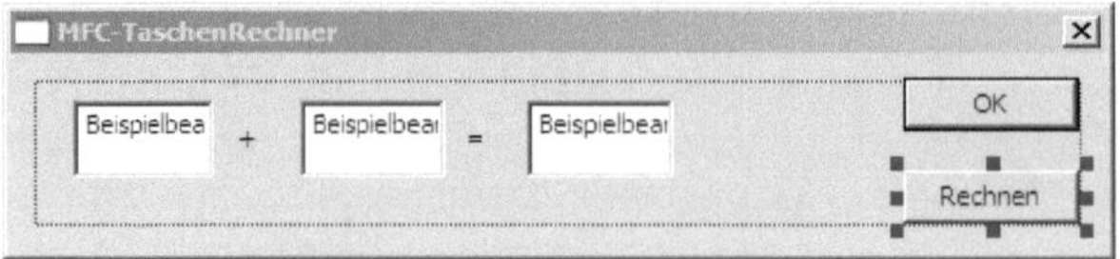

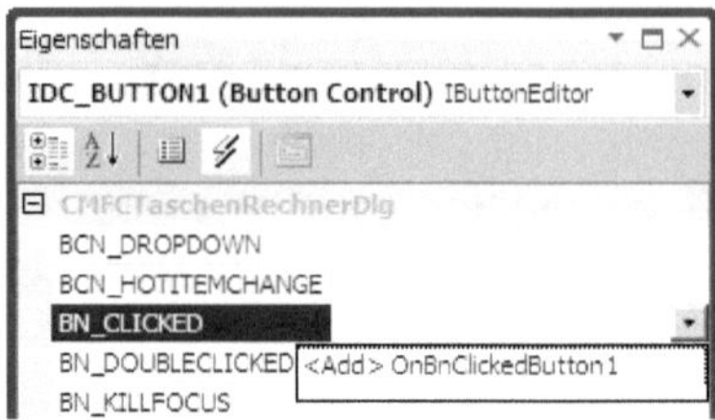

Bild 6.15 Erstellen und Bearbeiten der Nachrichtenzuordnungstabelle (Message Map)

Der Vorgang aus Beispiel 6.16 führt zur automatischen Ergänzung der Nachrichtenzuordnungstabelle, die sich in der Datei *MFC-TaschenRechnerDlg.cpp* befindet:

```
BEGIN_MESSAGE_MAP(CMFCTaschenRechnerDlg, CDialogEx)
  ON_WM_SYSCOMMAND()
  ON_WM_PAINT()
  ON_WM_QUERYDRAGICON()
  ON_BN_CLICKED(IDC_BUTTON1,&CMFCTaschenRechnerDlg::OnBnClickedButton1)
END_MESSAGE_MAP()
```

Aus dem letzten Eintrag geht hervor, dass beim Eintreffen der Nachricht ON_BN_CLICKED der Schaltfläche mit dem symbolischen Namen IDC_BUTTON1 die Methode *CMFCTaschen RechnerDlg::OnBnClickedButton1()* ausgeführt werden soll. Jede Nachricht, der eine Methode zugeordnet wird, ist in einer separaten Zeile aufgeführt.

Beispiel 6.17 Implementieren des Berechnungsalgorithmus

Vervollständigen Sie den Taschenrechner so, dass beim Klick auf die Schaltfläche „Rechnen" die Berechnung mit den aktuellen Werten ausgeführt und das Ergebnis im Dialog angezeigt wird.

Lösung:

In der Methode *CMFCTaschenRechnerDlg::OnBnClickedButton1()* müssen vor der Berechnung zunächst die aktuellen Eingabewerte in Schritt 1 aus den entsprechenden Edit-Feldern geladen werden. Im Anschluss daran wird im zweiten Schritt die Berechnung ausgeführt und abschließend das Ergebnis in das verbleibende Edit-Feld übertragen:

```
void CMFCTaschenRechnerDlg::OnBnClickedButton1() {
  // Schritt 1: Auslesen der Edit-Felder mit den Eingabewerten
  UpdateData(true);
  // Schritt 2: Durchführen der Berechnung
  mRes = mWert1 + mWert2;
  // Schritt 3: Übertragen des Ergebnisses in das dritte Edit-Feld
  UpdateData(false);
}
```

■

Übung 6.9

Erstellen Sie einen Taschenrechner gemäß Bild 6.16, der die vier Grundrechenarten beherrscht. Die Eingabe soll in der Reihenfolge linker Operand, Operator, rechter Operand erfolgen. Jede Operation wird mit „=" abgeschlossen. Das Ergebnis einer vorhergehenden Operation soll als erster Operand der nachfolgenden Operation verwendet werden können. Mit der Schaltfläche „CLR" sollen das Ergebnis und damit auch der erste Operand für die weiteren Berechnungen gelöscht werden.

■

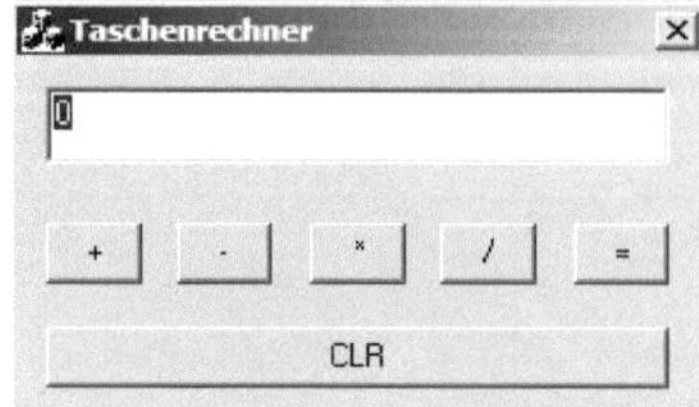

Bild 6.16 Dialogfeld des Taschenrechners für Übung 6.9

6.3.5 Grafische Ausgabe

Maus- und Tastaturereignisse

Sowohl Mausbewegungen als auch das Bedienen der Tastatur sind Ereignisse und daher Nachrichten zugeordnet. Die Nachrichten tragen das Präfix WM, da sie vom Betriebssystem versandt werden:

- WM_MOUSEMOVE Die Maus wurde bewegt.
- WM_LBUTTONDOWN Die linke Maustaste wurde gedrückt.
- WM_KEYDOWN Eine Taste der Tastatur wurde betätigt.

Die Auswertung dieser und vergleichbarer Nachrichten ist immer erforderlich, wenn eine grafische Ausgabe erfolgen bzw. mit der Maus gezeichnet werden soll.

Zeichnen von Text und Grafiken in Fenstern

Sowohl Texte als auch Bilder oder Grafiken, die in Fenstern dargestellt werden sollen, müssen gezeichnet werden. Das Zeichnen muss einerseits dann erfolgen, wenn sich am Fensterinhalt, also dem Text oder den Bildern, etwas ändert. Andererseits kommt es vor, dass ein Fenster vom Programmnutzer verschoben oder von einem anderen Fenster überdeckt wird. In diesen Fällen muss das Fenster samt Inhalt ebenfalls neu aufgebaut werden. Für diese Aufgaben ist eine Einführung in das Konzept des Gerätekontextes (**D**evice **C**ontext (DC)) hilfreich.

Neben den Nachkommen der Klasse *CCmdTarget* existiert in der MFC-Klassenhierarchie aus Bild 6.7 ein davon unabhängiger Zweig, dessen Basisklasse *CDC* genannt wird. Bei dieser und den daraus hervorgehenden Klassen handelt es sich um sogenannte Gerätekontexte, mit deren Hilfe die grafische Ausgabe realisiert wird.

Beispiel 6.18 Notwendige Utensilien für das Zeichnen

Welche Utensilien benötigt ein Künstler, um seine Bilder zu malen?

Lösung:

Unbedingt notwendig sind ein Untergrund, Farben und die dazu passenden Zeichengeräte. Als Untergrund können verschiedene Materialien dienen: Im Mittelalter verwendeten Buchmaler Papierbögen. Größeren Gemälden diente Holz- oder eine Stoffleinwand als Untergrund. Großformatigen Bildern waren Wände und Decken vorbehalten (Sixtinische Kapelle etc.).

Die einzusetzenden Farben richten sich nach dem Untergrund und der Bildart. Es kommen unter anderem Aquarell-, Acryl- oder Ölfarben infrage.

Pinsel, Stifte und Bürsten, mit deren Hilfe die Farben aufgetragen werden, stehen als Zeichengeräte ebenso zur Verfügung wie Spraydosen oder Farbspachteln. ■

Vergleichbare Bedingungen liegen auch bei der grafischen Ausgabe durch einen Rechner vor: Neben Farben und den jeweiligen Zeichengeräten muss auch ein Hintergrund spezifiziert sein, auf den das Programm seine grafische Ausgabe zeichnet. Ein solcher Hintergrund ist ein Fenster der jeweiligen Anwendung. Diese Angaben werden in einem sogenannten Gerätekontext gebündelt, der alle für das Zeichnen erforderlichen Informationen (Stifte, Farben und Leinwand) strukturiert zur Verfügung stellt.

Bei einem Gerätekontext handelt es sich – wie schon bei Nachrichten – um eine Windows-Datenstruktur. Sie fasst alle Informationen zusammen, mit deren Hilfe z. B. auf einen Bildschirm oder über einen Drucker gezeichnet werden kann. ■

Bestandteile dieser Informationen sind u. a. Angaben zu

- Zeichengerät (Stift oder Pinsel),
- der gewünschten Strichstärke,
- der Strichart (durchgezogen, gestrichelt, punktiert),
- dem zu zeichnenden Text (Schriftart, -größe, -farbe etc.),
- der für das Zeichnen verwendeten Farbe,
- der „Leinwand“, auf die gezeichnet werden soll. Hierunter fallen Angaben über das konkrete Fenster, in dem die Ausgabe der Texte, Zeichnungen und Bilder erfolgt.

Die Fenster eines Anwendungsprogramms können den Bildschirm vollständig ausfüllen, minimiert werden, teilweise überdeckt oder vollständig unsichtbar sein. Über den Gerätekontext kann das Betriebssystem ermitteln,

- wie groß der sichtbare Fensterbereich ist,
- wo sich der Zeichenbereich momentan auf dem Bildschirm befindet und
- welcher Teil der gezeichneten Grafiken für den Benutzer angezeigt werden muss.

Des Weiteren umfasst der Gerätekontext in Form von Methoden die Zeichenbefehle für die Ausgabe von Linien, geometrischen Formen und Text. Aus der Basisklasse *CDC* gehen durch Ableitung mehrere spezialisierte Gerätekontexte hervor, von denen drei in Bild 6.7 benannt sind. Objekte vom Typ *CClientDC* können lediglich in den Innenbereich eines Fensters zeichnen. Dagegen haben Instanzen von *CWindowDC* Zugriff auf das gesamte Fenster einschließlich des Rahmens.

Die meisten Zeichenoperationen werden mit Stift (*CPen*) oder Pinsel (*CBrush*) ausgeführt. Stifte dienen zum Zeichnen von Linien und Figuren, während mit Pinseln Flächen auf dem Bildschirm ausgefüllt werden. Bild 6.17 stellt die Zuordnung eines solchen Gerätekontextes zu einem Fenster schematisch als UML-Diagramm dar.

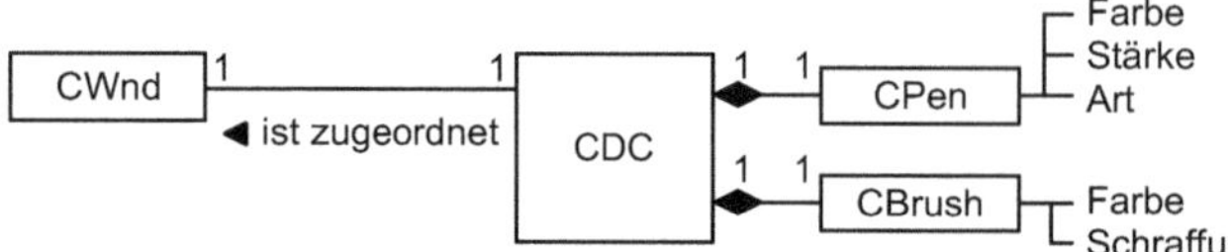

Bild 6.17 Zuordnung eines Gerätekontextes zu einem Fenster

Beispiel 6.19 Anwendung eines Gerätekontextes

Erläutern Sie die in Bild 6.17 dargestellte Zuordnung eines Gerätekontextes zu einem Fenster.

Lösung:

Jeder Gerätekontext enthält - neben anderen Attributen - **einen** Stift als Instanz der Klasse *CPen* sowie **einen** Pinsel als Instanz der Klasse *CBrush*. Sowohl der Stift als auch der Pinsel besitzen eine individuelle Farbe. Zusätzlich wird beim Stift neben der Strichstärke auch die Strichart festgelegt; für den Pinsel hingegen ist der Schraffurtyp anzugeben. Der Gerätekontext selbst wird **einem** Fenster der Anwendung zugeordnet und bekommt dadurch Lesezugriff auf die grafischen Randbedingungen (Höhe, Breite, aktuelle Position auf dem Bildschirm, ganz oder teilweise sichtbar usw.) *seines* Fensters. Mit diesen Informationen werden die Zeichenbefehle an den richtigen Stellen ausgeführt. ■

Bei der Instanzierung eines Gerätekontextes wird dessen Konstruktor ein Zeiger auf das betreffende Fenster übergeben. Dadurch wird die Zuordnung dieses Gerätekontextes zu *seinem* Fenster hergestellt. Näheres zeigt Listing 6.10.

Listing 6.10 Zuordnung eines Gerätekontextes zu einem Fenster

```
// Den Gerätekontext namens dc erzeugen und dem Konstruktor den
// this-Zeiger auf das aktuelle Fenster übergeben;
CDC dc(this);
```

In Bild 6.18 wird beispielhaft das Zeichnen des grau schraffierten Dreiecks mithilfe eines Gerätekontextes illustriert.

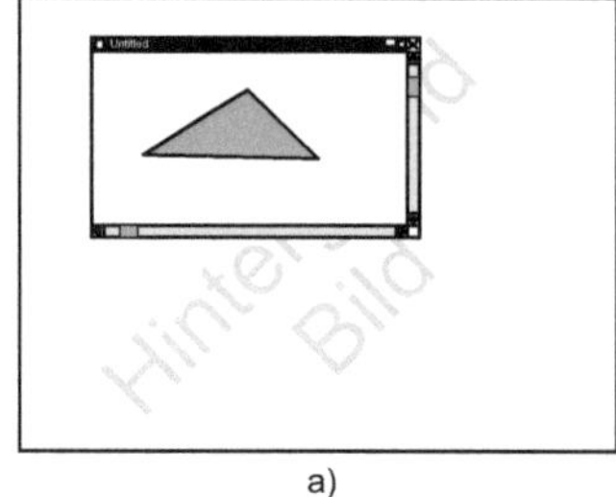

a)

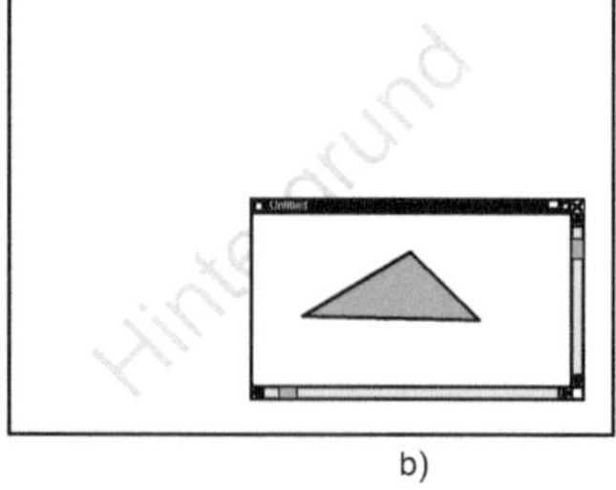

b)

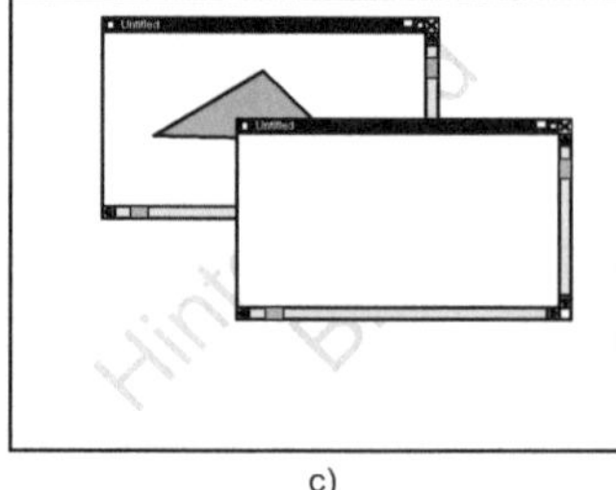

c)

Bild 6.18 Ausgabe eines Dreiecks bei verschiedenen Positionen des zu zeichnenden Fensters auf dem Bildschirm: a) Fenster ist oben links; b) Fenster befindet sich unten rechts; c) Fenster wird teilweise durch ein anderes Fenster überdeckt

Bei der Ausführung der Zeichenoperation mithilfe des Gerätekontextes wird die aktuelle Fensterposition automatisch berücksichtigt und das Dreieck an der korrekten Stelle innerhalb des Zielfensters gezeichnet. Dies gilt auch, wenn das zu zeichnende Objekt wie in Teilbild c) durch ein anderes Fenster ganz oder teilweise überdeckt wird: Auch hier sorgt der Gerätekontext selbstständig dafür, dass das Dreieck nur im momentan sichtbaren Teil des Fensters erscheint.

Methoden für die grafische Ausgabe

Einige wichtige Methoden zur grafischen Ausgabe sind hier zusammengestellt. Weiterführende Informationen sind in den Hilfedateien bzw. im Online-Handbuch der jeweiligen Version von Visual Studio zu finden.

Für das Fenster wird das Koordinatensystem nach Bild 6.19 verwendet: Der Nullpunkt befindet sich in der linken oberen Ecke; die y-Werte werden nach unten positiv gezählt. Tabelle 6.2 fasst wichtige Zeichenmethoden zusammen. Allen ist gemeinsam, dass sie das ausgewählte Zeichengerät - Stift oder Pinsel - an den Punkt des Fensters bewegen, der durch die übergebenen Parameter *x* und *y* spezifiziert wird. Die Bewegung kann aus- oder eingetaucht erfolgen: Bei ausgetauchter Bewegung hat das Zeichengerät im Gegensatz zum eingetauchten Modus keinen Kontakt zur Leinwand.

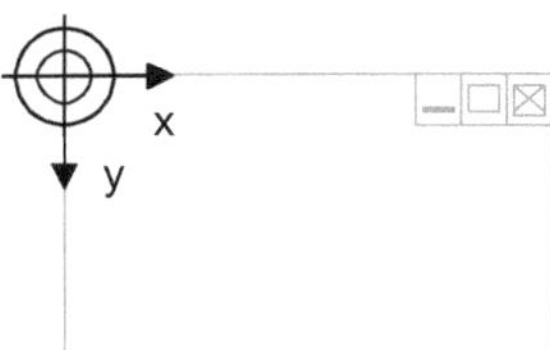

Bild 6.19 Koordinatensystem innerhalb eines Fensters

Tabelle 6.2 Wichtige Ausgabemethoden des Gerätekontextes

`CDC::MoveTo(x, y)`	bewegt das Zeichengerät **aus**getaucht an die Position (x, y).
`CDC::LineTo(x, y)`	zeichnet eine gerade Linie von der momentanen Fensterposition an die Position (x, y). Die Linienfarbe wird durch den Zeichenstift vorgegeben.
`CDC::Polyline(...)`	zeichnet einen Polygonzug zwischen den als Parameter übergebenen Punkten.
`CDC::Ellipse(xo, yo, xu, yu)`	zeichnet eine Ellipse, deren umschließendes Rechteck durch die Punkte (xo, yo) sowie (xu, yu) festgelegt ist.
`CDC::FillRect(...)`	zeichnet ein ausgefülltes Rechteck, dessen Koordinaten ebenso wie die Füllfarbe als Parameter übergeben werden.
`CDC::DrawText(...)`	zeichnet Text in ein Rechteck. Sowohl der Text als auch die Koordinaten des Rechtecks werden als Parameter übergeben.
`CDC::TextOut(x, y, Text)`	zeichnet den Text an der Stelle (x, y) in das Fenster.

Farben

Die Farbe setzt sich aus drei einzelnen Werten für die Helligkeit der roten, grünen und blauen Bildschirmpixel zusammen. Der Wertebereich für die Helligkeit liegt zwischen 0 und 255. Mit dem Makro RGB werden die drei Helligkeitswerte in einem Format zusammengefasst. Tabelle 6.3 zeigt einige Beispiele.

Tabelle 6.3 RGB-Kombinationen für einige Farben

Farbe	Rot	Grün	Blau
Schwarz	0	0	0
Blau	0	0	255
Rot	255	0	0
Grün	0	255	0
Gelb	255	255	0
Hellgrau	192	192	192
Weiß	255	255	255

Diese RGB-Werte umfassen insgesamt 24 Bit. Mit der Typdefinition COLORREF gemäß Listing 6.11 werden die RGB-Werte aber als 32-Bit-Wert gespeichert, wobei dessen obere 8 Bit nicht belegt sind.

Listing 6.11 Bedeutung von COLORREF

```
typedef DWORD COLORREF;     // Definition eines 32-Bit-Datentyps
COLORREF farbe;             // die unteren 24 Bit der Variablen farbe
                            // beinhalten die RGB-Werte in folgender
                            // Zuordnung: 0x00bbggrr
```

Tabelle 6.4 Linientypen und zugehörige symbolische Namen

PS_SOLID	durchgezogene Linie
PS_DASH	gestrichelte Linie
PS_DOT	gepunktete Linie
PS_DASHDOT	strich-punktierte Linie

Zeichengeräte

Zeichengeräte sind kein Bestandteil des Gerätekontextes, sondern stellen eigene Klassen innerhalb der MFC dar. Stift und Pinsel stehen für das Zeichnen von Linien und das Anlegen von Flächen zur Verfügung; Texte werden mithilfe von Fonts dargestellt. Vor dem eigentlichen Zeichnen muss das betreffende Zeichengerät erzeugt und parametriert werden.

Beispiel 6.20 Anlegen eines Stiftes zum Zeichnen von Linien

Legen Sie einen Stift an, mit dem schwarze durchgezogene Linien der Stärke 2 gezeichnet werden können.

Lösung:

Die zugehörige MFC-Klasse für Stifte lautet *CPen*. Aus dem Online-Handbuch entnimmt man die erforderlichen Konstruktorparameter:

```
CPen(int nPenStyle, int nWidth, COLORREF crColor);
```

Linienfarbe und -breite werden mit den Parametern *crColor* sowie *nWidth* eingestellt; der Parameter *nPenStyle* bestimmt den Linientyp. Auch hier werden Konstanten verwendet, deren symbolische Namen Aufschluss über den damit verbundenen Typ geben (vgl. Tabelle 6.4). Das Anlegen des geforderten Stiftes erfolgt daher durch:

```
CPen schwarzerStift(PS_SOLID, 2, RGB(0, 0, 0));
```

Übung 6.10

Legen Sie einen Pinsel an, der mit blauer Farbe arbeitet.

Übung 6.11

Welcher Linientyp verbirgt sich hinter PS_DASHDOTDOT?

Beispiel 6.21 Zeichnen einer Linie in ein Dialogfenster

Erstellen Sie die dialogfeldbasierte Anwendung „LinienZeichnen“, bei der Sie alle Steuerelemente mit Ausnahme der Schaltfläche „OK“ entfernen. Fügen Sie die Schaltfläche „Zeichnen“ hinzu. Ein Klick auf die Schaltfläche soll ausgehend vom Punkt (30, 30) das Zeichnen einer roten strich-punktierten waagerechten Linie der Stärke 1 und einer Länge von 220 Pixeln bewirken.

Lösung:

Der Nachricht BN_CLICKED der Schaltfläche „Zeichnen“ wird die Methode *OnBnClickedButton1()* zugeordnet und diese wie folgt ausprogrammiert:

```
void CLinienZeichnenDlg::OnBnClickedButton1() {
  // Gerätekontext für das Innere des Dialogfensters anlegen
  CClientDC dc(this);
  // roten Stift anlegen
  CPen roterStift(PS_DASHDOT, 1, RGB(255,0,0));
```

```
        // dem Gerätekontext eine Referenz auf den zu verwendenden roten
        // Stift übergeben
        dc.SelectObject(&roterStift);
        // Stift ausgetaucht an den Ausgangspunkt bewegen
        dc.MoveTo(30,30);
        // mit eingetauchtem Stift die waagerechte Linie zeichnen
        dc.LineTo(250,30);
    }
```

■

Für die einfache Zuordnung von Nachrichten zu Methoden benutzt man den sogenannten Klassenassistenten (Class Wizard) der Entwicklungsumgebung, der in Bild 6.20 abgebildet ist. In seinem oberen Teil können dem Projekt weitere Klassen hinzugefügt bzw. die vorhandenen Klassen bearbeitet werden. Im unteren Dialogteil finden sich fünf Karteireiter, mit deren Hilfe viele Änderungen der ausgewählten Klasse sehr einfach ausgeführt werden können:

- Der Reiter „Meldungen" ermöglicht die Zuordnung von Nachrichten zu Methoden (vgl. *OnLButtonUp()* in Beispiel 6.22).
- Mit der Schaltfläche „Benutzerdefiniert hinzufügen" auf dem Karteireiter „Membervariablen" kann die jeweilige Klasse um zusätzliche Attribute erweitert werden (siehe auch *mStartWert* in Beispiel 6.22).
- Die Methoden der Klasse werden mithilfe des letzten Reiters verwaltet. Das Erstellen neuer Methoden bewirkt sowohl die Erweiterung der Klassendeklaration in **.h* als auch das Anlegen des Methodenrumpfes in **.cpp*. Selbstverständlich können auch bestehende Methoden bearbeitet oder vollständig gelöscht werden.

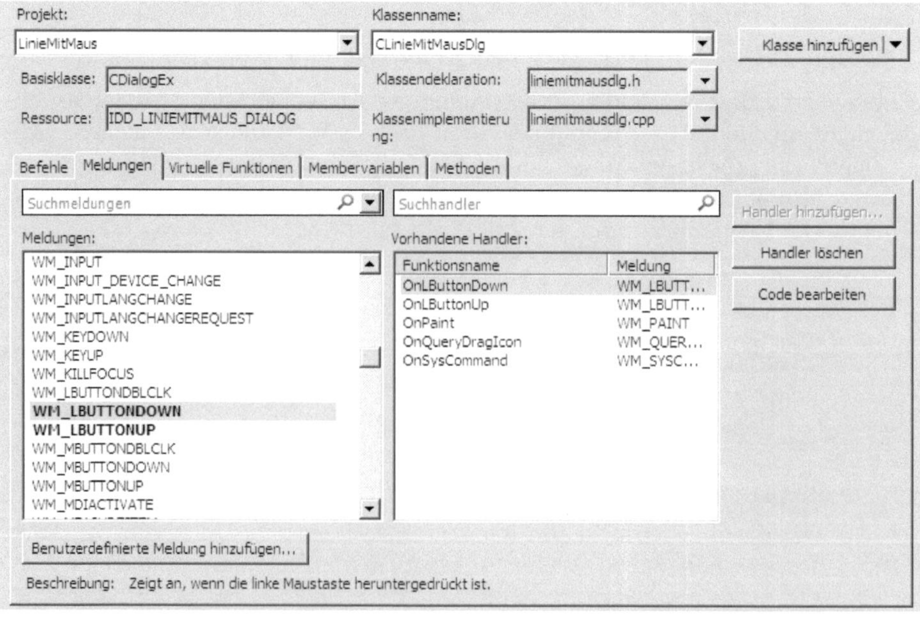

Bild 6.20 Klassenassistent von Visual Studio

Beispiel 6.22 Zeichnen einer Linie mit der Maus

Erstellen Sie die dialogfeldbasierte Anwendung „LinienMitMaus“, bei der rote gerade Linien mit der Maus gezeichnet werden können. Der Startpunkt der Linie soll durch Drücken der linken Maustaste festgelegt werden. Der Punkt, an dem die linke Maustaste losgelassen wird, soll den Endpunkt der Linie markieren.

Lösung:

Der Startpunkt der Linie ist der Punkt, an dem die linke Maustaste gedrückt wird. Dieser Punkt kann ermittelt werden, indem man die Nachricht WM_LBUTTONDOWN in *OnLButtonDown()* auswertet. Ebenso ergibt sich der Linienendpunkt beim Eintreffen der Nachricht WM_LBUTTONUP. Beiden Nachrichten sind jedoch unterschiedliche Methoden zugeordnet. Da die Linie laut Aufgabenstellung erst gezeichnet werden soll, wenn der Endpunkt feststeht, bedeutet dies, dass der Startpunkt gespeichert werden muss. Für diese Speicherung bietet sich ein Attribut in der Dialogklasse an, da beide Methoden auf dieses Attribut Zugriff haben.

```
void ClinienMitMausDlg::OnLButtonUp(UINT nFlags, CPoint point) {
  // Gerätekontext erzeugen
  CClientDC dc(this);
  // Stift erzeugen und Gerätekontext zuweisen
  CPen roterStift(PS_SOLID, 2, RGB(255, 0, 0));
  dc.SelectObject(&roterStift);
  // ausgetaucht auf den Startpunkt fahren
  dc.MoveTo(mStartPunkt.x,mStartPunkt.y);
  // eingetaucht die Linie zum Endpunkt ziehen
  dc.LineTo(point.x,point.y);
  CDialogEx::OnLButtonUp(nFlags, point);
}
```

■

Übung 6.12

Erstellen Sie die dialogfeldbasierte Anwendung „FreiesZeichnen“. Wie in Beispiel 6.22 sollen der Startpunkt der Linie durch Drücken und deren Endpunkt durch Loslassen der linken Maustaste festgelegt werden. Um die Bedienbarkeit zu verbessern, soll der Linienentwurf im Unterschied zu Beispiel 6.22 bereits während des Erstellens in Schwarz dargestellt werden. Erst nach Loslassen der linken Maustaste soll die endgültige Linie in roter Farbe erscheinen.

■

Beispiel 6.23 Auftretende Probleme beim Neuzeichnen von Dialogen

Die Lösung von Übung 6.12 funktioniert gut, solange das Dialogfenster immer im Vordergrund bleibt. Wird es von einem anderen Fenster zeitweise überdeckt und danach wieder in den Vordergrund gestellt, sind alle gezeichneten Linien verschwunden. Begründen Sie dieses Verhalten.

Lösung:

Die Daten der gezeichneten Linien, also deren Start- und Endpunkte, werden nirgendwo numerisch gespeichert. Sobald das Dialogfenster erneut gezeichnet werden muss, sind die Änderungen, die lediglich grafisch erfolgten, verloren.

Eine weitere Unzulänglichkeit der bestehenden Lösung von Übung 6.12 wird offenbar, wenn die neu zu zeichnende Linie eine vorhandene, rot gezeichnete Linie kreuzt: An den Überschneidungsstellen wird die vorläufige schwarze die rote Linie überschreiben. Wird die schwarze Linie in der Form eines Fächers hin- und herbewegt, gehen große Teile der bestehenden roten Linie verloren. ■

Die Analyse aus Beispiel 6.23 zeigt, dass grafische Informationen auch als Daten gespeichert werden müssen, wenn sie bei einem erforderlichen Neuzeichnen des Dialogs wiederhergestellt werden sollen. ■

Neuzeichnen von grafischen Darstellungen

Die in Beispiel 6.23 geschilderten Probleme werden vermieden, wenn die Liniendaten gespeichert werden und das Neuzeichnen der gespeicherten Linienzüge automatisch erfolgt.

Im vorliegenden Fall müssen lediglich Start- und Endpunkte jeder Linie gespeichert werden, da sowohl die Farbe (rot) als auch Linienart (PS_SOLID) und -stärke (2 pt) fest vorgegeben sind. Die Anzahl der zu zeichnenden Linien ist vorab nicht bekannt. Für die Speicherung bietet sich daher eine Containerklasse an, wie sie in Abschnitt 4.3 erläutert wurde. Die MFC-Bibliothek stellt für diesen Zweck bereits vollständig ausprogrammierte Containerklassen zur Verfügung, die in Beispiel 6.24 eingesetzt werden.

Beispiel 6.24 Speichern von Linien in Behälterklassen

Erstellen Sie unter Verwendung von Übung 6.12 das Projekt „FreiesZeichnenMitListe". Die gezeichneten roten Linien sollen nun in einer MFC-Behälterklasse vom Typ *CObList* gespeichert werden.

Lösung:

Die grundlegende Funktionalität des Projekts „FreiesZeichnen" wird von dort übernommen. Anschließend wird das Projekt um folgende Bestandteile ergänzt:

- Das Projekt wird um die Klasse *CLinie* erweitert, die allerdings aus der Klasse *CObject* abgeleitet wird. Sie nimmt alle Linienparameter (Anfangs- und Endpunkt, Stärke, Farbe, Linienart etc.) als private Attribute auf. Die erforderlichen set/get-Methoden sowie ein überladener Konstruktor ergänzen die Klasse (vgl. Listing 6.12).
- Sinnvollerweise wird das Vorgehen beim Zeichnen einer Linie als Methode *CLinie::draw(...)* in die Linienklasse integriert. Dafür muss der Zeiger auf den zugehörigen Gerätekontext als Parameter übergeben werden (vgl. Listing 6.12).
- Der Dialogklasse *CFreiesZeichnenMitListe* wird das Attribut *mLinienListe* vom Typ *CObList* hinzugefügt. Hierbei handelt es sich um eine Behälterklasse, die Daten vom Typ *CObject* aufnehmen kann. In dieser Liste werden die mit der Maus gezeichneten Linien gespeichert.
- Beim Aufruf der Methode *OnLButtonUp()* sind sowohl Start- als auch Endpunkt der neu gezeichneten Linie bekannt. Mit diesen Angaben wird ein neues Objekt

CLinie auf dem Heap erzeugt, dem Behälter *mLinienListe* mit der Methode *AddTail()* an dessen Ende hinzugefügt und mittels *CLinie::draw()* gezeichnet (vgl. Listing 6.13).

- Abschließend muss dafür gesorgt werden, dass alle Linien zusammen mit dem Dialogfenster bei Bedarf neu gezeichnet werden. Das Betriebssystem signalisiert dies durch die Nachricht WM_PAINT, der standardmäßig die Methode *OnPaint()* zugeordnet ist. In dieser Methode wird daher der Programmcode untergebracht, der alle Linien zeichnet. Für den Zugriff auf die im Behälter *mLinienListe* konkret gespeicherten Linienzüge werden entsprechende Methoden der MFC-Klassen *CObList* verwendet (vgl. Listing 6.14).

Die Methoden *OnLButtonDown()*, *OnMouseMove()* und *OnCtlColor()* bleiben gegenüber Übung 6.12 unverändert. ■

Das vollständige Programm „FreiesZeichnenMitListe" finden Sie unter *https://www.thm.de/ei/uwe-probst/lehrbuecher#vorlesung-softwareentwicklung* ■

Listing 6.12 Klassendeklaration von CLinie sowie Definition von void CLinie::draw(CDC *)

```
class CLinie : public CObject {
private:
  CPoint mStart;
  CPoint mEnd;
  COLORREF mLinienFarbe;
  int mLinienArt;
  int mLinienDicke;
public:
  CLinie(void);
  CLinie(CPoint _start, CPoint _end, COLORREF _color, int _dicke,int _art);
  virtual ~CLinie(void);
  CPoint getStart(void);
  CPoint getEnd(void);
  void setSart(CPoint _start);
  void setEnd(CPoint _end);
  void setFarbe(COLORREF _color);
  COLORREF getFarbe(void);
  int getLinienArt(void);
  void setLinieArt(int _linienArt);
  int getLinienDicke(void);
  void setLinienDicke(int _dicke);
  void draw(CDC * pDC);
};

void CLinie::draw(CDC * pDC) {
  // Stift mit individueller Linienart, -dicke und -farbe erzeugen
  CPen stift(mLinienArt, mLinienDicke, mLinienFarbe);
  // den Stift dem Gerätekontext zuweisen
  pDC->SelectObject(&stift);
  // ausgetaucht auf den Startpunkt fahren
  pDC->MoveTo(mStart.x,mStart.y);
  // eingetaucht die Linie zum Endpunkt ziehen
  pDC->LineTo(mEnd.x,mEnd.y);
}
```

Listing 6.13 Programmcode von CFreiesZeichnenMitListeDlg::OnLButtonUp()

```
void CFreiesZeichnenMitListeDlg::OnLButtonUp(UINT nFlags, CPoint point) {
  // Gerätekontext erzeugen
  CClientDC dc(this);
  // Anlegen eines neuen Objekts CLinie
  CLinie * ptr = new CLinie(mStartPunkt, point, RGB(255,0,0), 2, PS_SOLID);
  // Zeichnen der Linie
  ptr->draw(&dc);
  // Hinzufügen zur Behälterklasse
  mLinienListe.AddTail(ptr);
  CDialogEx::OnLButtonUp(nFlags, point);
}
```

Listing 6.14 Programmcode von CFreiesZeichnenMitListeDlg::OnPaint()

```
void CFreiesZeichnenMitListeDlg::OnPaint() {
  if (IsIconic()) {
     CPaintDC dc(this); // Gerätekontext zum Zeichnen
     ... }
  else {
     CClientDC dc(this);
     CLinie * ptr;
     POSITION pos;
     // Anzahl der Listenelemente auslesen
     int anzahl = mLinienListe.GetSize();
     int i = 0;
     while (i < anzahl) {
              // alle in der Liste gespeicherten Linien zeichnen
              pos = mLinienListe.FindIndex(i);
              ptr = (CLinie *) mLinienListe.GetAt(pos);
              ptr->draw(&dc);
              i++;
     }
     CDialogEx::OnPaint();
  } // endelse
} // end OnPaint()
```

Standarddialoge

Für Standardaufgaben wie Datei öffnen, Datei speichern, Farbauswahl usw. werden passende Dialoge von den MFC bereitgestellt. Diese fertigen Dialoge können leicht eingebunden und verwendet werden. Tabelle 6.5 bietet eine Übersicht.

Tabelle 6.5 Standarddialoge der MFC

Klasse	Nutzbar für
CFileDialog	Datei öffnen und speichern
CColorDialog	Farbauswahl
CFindReplaceDialog	Suchen und ersetzen
CPrintDialog	Vorbereiten des Druckens

Dialogfelder, die zwingend bearbeitet und beendet werden müssen, bevor weitere Programmaktionen ausgeführt werden können, sind *modale* Dialogfelder. Solange modale Dialoge geöffnet sind, bleibt die weitere Programmausführung blockiert. Dialoge, die das Programm nicht weiter behindern, werden *nichtmodale* Dialoge genannt.

Beispiel 6.25 Modale und nichtmodale Dialogfelder

Nennen Sie am Beispiel eines Textverarbeitungsprogramms Vertreter für modale und nichtmodale Dialogfelder.

Lösung:

Der Datei-Öffnen-Dialog verhält sich modal: Solange dieser Dialog nicht beendet wurde, sind keine weiteren Texteingaben in das Dokument möglich.

Für das Suchen von Zeichen oder Worten innerhalb eines geöffneten Dokuments wird der Suchen-Dialog verwendet. Auch wenn er nach dem Ende der Suche nicht geschlossen wird, sind dennoch weitere Eingaben in das Dokument möglich. Hierbei handelt es sich demnach um einen nichtmodalen Dialog. ■

Modale Dialoge werden mit der Methode *DoModal()* angezeigt. Rückgabewert dieser Methode ist die Information, ob der Dialog durch Klick auf „OK“ oder „Abbrechen“ beendet wurde. Jede Dialogklasse enthält eine Reihe von Attributen, die nach dem Schließen des Dialogs ausgelesen werden können. Anhand der dort enthaltenen Informationen wird ermittelt, welche Eingaben der Nutzer vorgenommen hat (siehe Beispiel 6.26).

Ein nichtmodales Fenster wird dagegen mit den Methoden *Create()* erzeugt, mit *ShowWindow()* angezeigt und mit *DestroyWindow()* wieder zerstört (siehe Übung 6.13). ■

Beispiel 6.26 Zeichnen von Linien mit einstellbarer Farbe

Erstellen Sie unter Verwendung von Beispiel 6.24 sowie Übung 6.13 das Projekt „FarbigeLinien“. Die Linienfarbe neu hinzugefügter Linien soll über den Standard-Farbdialog geändert werden können. Die Liniendicke wird standardmäßig auf 2 pt. gesetzt. Alle Linien werden als durchgehende Linien gezeichnet.

Lösung:

Die vorhandene Klasse *CLinie* aus Beispiel 6.24 wird ohne Einschränkung weiterverwendet. Ebenso werden alle Attribute der Dialogklasse aus Beispiel 6.24 sowie der Code der dort hinzugefügten Methoden in *CFarbigeLinienDlg* übernommen. Die Klasse wird um das Attribut *mDlgLinienCol* ergänzt. Dort wird die über den zusätzlichen Dialog ausgewählte Farbe abgelegt.

```
class CFarbigeLinienDlg : public CDialogEx {
private:
  CPoint mStartPunkt;
  CPoint mVorlaeufigerEndPunkt;
  COLORREF mBkColor;                // Dialoghintergrundfarbe
  CObList mLinienListe;             // Liste aller gezeichneten Linien
  COLORREF mDlgLinienCol;           // gewählte Farbe
public: ...
};
```

Selbstverständlich muss dieses Attribut im Konstruktor *CFarbigeLinienDlg::CFarbigeLinienDlg()* mit einer Standardfarbe, z.B. mit *RGB(255,255,0)*, initialisiert werden.

```
CFarbigeLinienDlg::CFarbigeLinienDlg(CWnd* pParent /*=NULL*/)
  : CDialogEx(CFarbigeLinienDlg::IDD, pParent)
  // Initialisieren der StandardLinienFarbe
  , mDlgLinienCol(RGB(255,255,0))
{  m_hIcon = AfxGetApp()->LoadIcon(IDR_MAINFRAME); }
```

Der Hauptdialog wird um die zusätzliche Schaltfläche „Farbe“ erweitert. Dieser Schaltfläche wird - wie gewohnt - eine Methode zugeordnet und darüber der Farbdialog in modaler Form aufgerufen. Nur wenn der Farbdialog mit OK verlassen wird, ist die neue Farbe gültig und das Attribut *mDlgLinienCol* wird neu gesetzt. Ansonsten bleibt der bestehende Farbwert erhalten.

```
void CFarbigeLinienDlg::OnBnClickedButton1() {
  // lokale Variable für Farbbdialog anlegen
  CColorDialog farbDlg;
  // Farbdialog aufrufen
  if (farbDlg.DoModal() == IDOK) {
     // neue Farbe übernehmen, wenn
     // Farbdialog mit OK beendet wurde
     mDlgLinienCol = farbDlg.GetColor();
  }
}
```

Die lokale Variable *farbDlg* für den Farbdialog reicht hier aus, da die dort ausgewählte Farbe anschließend im Attribut *mDlgLinienCol* abgelegt wird.

Gegenüber der Lösung aus Listing 6.13 muss im nachfolgenden Programmausschnitt *CFarbigeLinienDlg::OnLButtonUp()* lediglich die Programmzeile verändert werden, in der die neue Linie auf dem Heap angelegt wird. Die Farbe der Linie wird nun über das Attribut *mDlgLinienCol* bestimmt.

```
void CFarbigeLinienDlg::OnLButtonUp(UINT nFlags, CPoint point) {
  // Gerätekontext erzeugen
  CClientDC dc(this);
  // A: Neues Linienobjekt auf dem Heap anlegen
  CLinie * ptr = new CLinie(mStartPunkt, point, mDlgLinienCol,2, PS_SOLID);
```

```
    // Zeichnen der Linie
    ptr->draw(&dc);
    // Hinzufügen zur Behälterklasse
    mLinienListe.AddTail(ptr);
    CDialogEx::OnLButtonUp(nFlags, point);
}
```

Da die Zeichnen-Funktionalität in *CLinie::draw()* gekapselt ist, muss *CFarbigeLinienDlg::OnPaint()* nicht modifiziert werden.

■

Übung 6.13

Erstellen Sie das Projekt „FarbigeVariableLinien". In Erweiterung von Beispiel 6.26 soll nun auch die Liniendicke durch einen weiteren nichtmodalen Dialog verändert werden können.

■

Speichern in Dateien

Es gibt in C++ mehrere Möglichkeiten, um Daten in Dateien abzulegen [Rieck02]:

- In Abschnitt 2.5.3 wurden Dateioperationen bei Konsolenanwendungen erläutert, die mithilfe der überladenen Ein- und Ausgabeoperatoren erfolgen und auf der Klasse *fstream* basieren. Vorteil dieser Vorgehensweise ist die Unabhängigkeit vom verwendeten Betriebssystem. Nutzt man diese Möglichkeit jedoch in Verbindung mit den MFC, werden schnell eine ganze Reihe von Konvertierungen zwischen MFC und C++-Standardklassen erforderlich (siehe dazu Beispiel 6.27).
- Alternativ stellen die MFC die Klasse *CArchive* fuer das Laden und Speichern von Dateien bereit. Die zu speichernden Objekte müssen Instanzen von Klassen sein, die von der Klasse *CObject* abgeleitet werden. Diese Basisklasse enthält die Methode *serialize()*, die für das Speichern verantwortlich ist. Die Nachkommen von *CArchive* müssen diese Methode passend überschreiben.
- Als dritte Möglichkeit können auch die Dateiklassen *CFile* und *CStdioFile* verwendet werden, die ebenso Bestandteil der MFC-Klassenbibliothek sind. Dieses Verfahren erfordert von den Programmierer:innen mehr Detailarbeit, da viele Schritte, die über die Klasse *CArchive* automatisch vorgenommen werden, hier manuell programmiert werden müssen.

Beispiel 6.27 Unterschied zwischen char[ ], string und CString

Erläutern Sie den Unterschied zwischen folgenden Variablen:

```
char text[5];
string wort;
CString name;
```

Lösung:

Man bezeichnet *text* als sogenannte nullterminierte Zeichenkette: Das Feld besteht aus maximal fünf Elementen vom Typ *char*, deren letztes gültiges Zeichen das Nullzeichen '\0' ist. Letzten Endes ist *text* ein Zeiger, der auf eine Variable vom Typ *char* zeigt.

Im Unterschied dazu ist *wort* eine Instanz der C++-Standardklasse *string* (genauer: *std::string*). Sie repräsentiert zwar auch eine Zeichenkette, hat aber zusätzlich Methoden (z. B. zum Suchen oder um die Länge der Zeichenkette zu ermitteln), überladene Operatoren zum Elementzugriff ([]) und natürlich Konstruktoren und einen Destruktor wie jede andere Klasse auch.

Dagegen ist *name* eine Instanz der MFC-Klasse *CString*. Im Wesentlichen leistet sie dasselbe wie *std::string*, allerdings gibt es Detailunterschiede in der Schnittstelle. Aufgrund der Zugehörigkeit zur MFC-Klassenbibliothek sind Programme, die Objekte vom Typ *CString* enthalten, nicht portabel. Sie können nur auf Rechnern mit Windows-Betriebssystem verwendet werden, während *std::string* in jeder gängigen C++-Implementation vorhanden ist.

■

Beispiel 6.28 Speichern in Dateien

Erstellen Sie aufbauend auf Übung 6.13 das Projekt „LinienSpeichern". Erweitern Sie den Dialog um die beiden Schaltflächen „Laden" und „Speichern". Implementieren Sie das Speichern in sowie das Lesen aus Dateien mit der Endung „lns" unter Verwendung der Klassen *CFileDialog* sowie *CStdioFile*.

Lösung:

Die beiden Schaltflächen „Laden" und „Speichern" werden dem Dialog hinzugefügt und mit zugehörigen OnBnClicked-Methoden verknüpft. In diesen Methoden wird jeweils eine lokale Instanz des *CFileDialog* angelegt. Hierbei ist zu beachten, dass der boolsche Parameter im Konstruktor der Klasse entscheidet, ob der Dialog zum Öffnen oder Speichern von Dateien dienen soll:

- *CFileDialog load(true)*: Dialog für das Datei-Öffnen
- *CFileDialog save(false)* Dialog für das Datei-Speichern

Nur wenn der Dialog mit OK beendet wurde, sind sinnvolle Eingaben vorhanden. Daher wird nur in diesem Fall das Öffnen bzw. Speichern konkret bearbeitet. Im ersten Schritt wird eine ASCII-Datei mit der Endung *„.lns"* geöffnet, nachdem über den *CFileDialog* der Dateiname festgelegt worden ist.

Die eigentlichen Dateizugriffe sind in der Objektklasse *CLinie* definiert. Daher erfolgen Schreiben und Lesen über den Aufruf der zugeordneten Methoden *CLinie::speichern(...)* und *CLinie::lesen(...)*.

Jeder Datensatz, der aus der Datei gelesen wird, muss in einem Objekt vom Typ *CLinie* abgelegt werden. Dieses Objekt wird neu erzeugt und in die Behälterklasse aufgenommen.

■

Listing 6.15 Lesen aus einer Datei

```
void CFarbigeVariableLinienDlg::OnBnClickedButton4() {
  // Dateidialog für das ÖFFNEN erzeugen
  CFileDialog load(true);
  if (load.DoModal() == IDOK) {
     // ASCII-Datei mit dem über den Dialog ausgewählten Namen und
     // der im Code festgelegten Endung .lns zum Lesen öffnen
     CStdioFile file(load.GetFileTitle()+".lns", CFile::modeRead|CFile::typeText);
     int cnt = 0;
     do{
         // neues Objekt auf dem Heap anlegen
         CLinie * ptr = new CLinie();
         // Datensatz aus der Datei lesen und
         // im neu angelegten Objekt speichern
         cnt = ptr->lesen(file);
         // ***) wenn cnt != 0 ist, ...
         if (cnt) {
           // ... neues Objekt in die Behälterklasse aufnehmen
           mLinienListe.AddTail(ptr);
         }
         // wenn keine ungelesenen Datensätze mehr in der Datei
         // stehen, ist cnt = 0
     } while (cnt != 0);
     file.Close();
  } // endif DoModal()
}
```

Listing 6.16 Schreiben in eine Datei

```
void CFarbigeVariableLinienDlg::OnBnClickedButton3() {
  // Dateidialog für das SPEICHERN erzeugen
  CFileDialog save(false);
  if (save.DoModal() == IDOK) {
     // ASCII-Datei mit dem ausgewählten Namen und
     // der Endung .lns zum Schreiben öffnen
     CStdioFile file(save.GetFileTitle()+".lns",
     CFile::modeCreate|CFile::modeWrite|CFile::typeText);
     CLinie * ptr;
     POSITION pos;
     // Anzahl der Listenelemente auslesen
     int anzahl = mLinienListe.GetSize();
     int i = 0;
     while (i < anzahl) {
              // alle in der Liste gespeicherten Linien zeichnen
              pos = mLinienListe.FindIndex(i);
              ptr = (CLinie *) mLinienListe.GetAt(pos);
              // Linie speichern
              ptr->speichern(file);
              // nächste Linie holen
              i++;
     } // endwhile
     file.Close();
  }
}
```

Beispiel 6.29 Erweitern der Klasse *CLinie* für Lesen/Speichern

Erweitern Sie *CLinie* um die Methoden *CLinie::speichern(...)* und *CLinie::lesen(...)*. Die Daten sollen in einer Textdatei abgelegt werden.

Lösung:

Die Ablage als Textdatei erfordert es, dass jeder Wert einzeln in eine ASCII-Zeichenkette umgewandelt und als solche in der Datei abgelegt wird. Als Trennzeichen zwischen aufeinander folgenden Daten wird der Zeilenumbruch '\n' benutzt. Dadurch erscheint jeder Wert in einer separaten Zeile der Datei.

Für das Umwandeln von der binären in die Textdarstellung und zurück stehen Bibliotheksfunktionen zur Verfügung. Die für die Speicherung verwendeten Klassen der MFC arbeiten mit Objekten vom Typ *CString*; daher reicht es nicht aus, die binären Werte nur in ASCII-Zeichen zu konvertieren; es müssen Objekte vom Typ *CString* entstehen. Dies erfolgt mithilfe der Methode *CString::Format()*: Deren Parameter entsprechen in Schreibweise und Bedeutung exakt denen der Funktion *printf()*. Das so erzeugte Objekt wird mit der Methode *CStdioFile::WriteString()* in die Datei geschrieben.

```
void CLinie::speichern(CStdioFile & _file) {
  CString tmp;
  // alle Attributwerte in CString wandeln und als Text
  // in der mit _file bezeichneten Datei ablegen
  tmp.Format("%i\n",mStart.x);
  _file.WriteString(tmp);
  tmp.Format("%i\n",mStart.y);
  _file.WriteString(tmp);
  ...
}
```

Das Lesen der Dateieinträge erfolgt in der gleichen Reihenfolge wie das Schreiben. Dass die Daten als ASCII-Zeichen in der Datei vorliegen und die einzelnen Werte durch '\n' voneinander getrennt sind, erleichtert das Wandeln in das Binärformat: Es können die bekannten Bibliotheksfunktionen *atoi(), atof()* etc. verwendet werden.

```
int CLinie::lesen(CStdioFile & _file) {
  CString tmp;
  // lese Daten aus Datei und wandle in das passende Attributformat
  _file.ReadString(tmp);
  mStart.x = atoi(tmp);
  _file.ReadString(tmp);
  mStart.y = atoi(tmp);
  ...
  // Dateiende ist erreicht, wenn cnt == NULL
  // nach Ausführung von _file.ReadString(tmp)
  int cnt = _file.ReadString(tmp);
  mLinienArt = atoi(tmp);
  return cnt;
}
```

Die Methode *ReadString()* liefert den Rückgabewert NULL, wenn das Dateiende erreicht wurde. Der Rückgabewert wird in *CLinie::lesen()* beim Ermitteln der letzten Komponente (*mLinienArt*) eines Datensatzes ausgewertet: Ist der Wert von *cnt* dann *NULL*, ist keine weitere Linie in der Datei vorhanden.

In der Methode *OnBnClickedButton4()* wird ein neues Linienobjekt erzeugt, über seine Methode *lesen()* mit den in der Datei gespeicherten Werten initialisiert und schließlich zum Behälter hinzugefügt (Listing 6.15). ■

6.4 Model-View-Controller

Das Model-View-Controller Muster (MVC) ist ein zusammengesetztes Entwurfsmuster, das seine Stärke vor allem in interaktiven Anwendungen mit grafischer Nutzeroberfläche zeigt. Die grundlegende Erläuterung des Musters basiert auf dem Programm, dessen Bedienoberfläche in Bild 6.21 dargestellt ist.

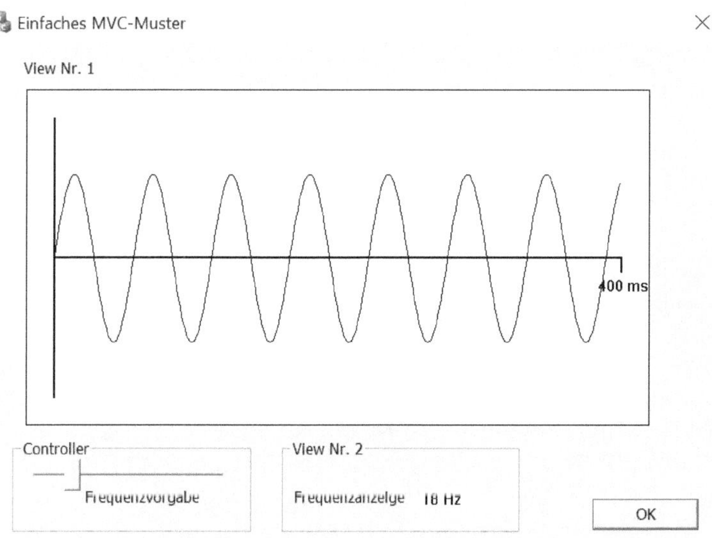

Bild 6.21 Programm mit grafischer Benutzeroberfläche zur Darstellung eines sinusförmigen Signals mit veränderlicher Frequenz

Aufgabe des Programms *Einfaches MVC-Muster* aus Bild 6.21 ist die Darstellung des Werteverlaufs eines sinusförmigen Signals im Zeitraum von 0 ms bis 400 ms. Zusätzlich wird die aktuell gewählte Signalfrequenz angezeigt. Die Änderung der Frequenz erfolgt über den Schieberegler „Frequenzvorgabe". Sowohl die Frequenzanzeige als auch der Zeitverlauf sollen sich automatisch aktualisieren, sobald der Schieberegler betätigt wird.

Obwohl das Programm aus Bild 6.21 letztlich nur einen kleinen Funktionsumfang bietet, weist es viele Merkmale eines höherwertigen Programms auf:

- Über seine Benutzeroberfläche können Sie die Frequenz des Signalverlaufs vorgeben und verändern.
- Das Programm enthält einen Speicherbereich, in dem der Werteverlauf sowie die dazugehörigen Attribute Name, Farbe usw. gespeichert werden können.
- Die Darstellung des aktuellen Werteverlaufs passt sich der geänderten Frequenz an und aktualisiert deren numerische Anzeige auf der Benutzeroberfläche automatisch.

Realisiert wird diese Funktionalität mit dem MVC-Muster nach Bild 6.22.

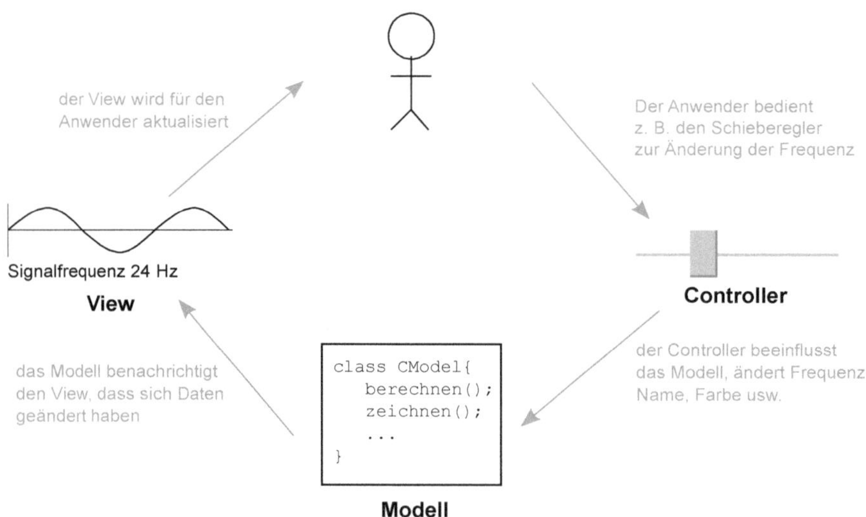

Bild 6.22 Prinzipielle Bestandteile eines Programms basierend auf dem MVC-Muster

Zentraler Baustein des MVC-Musters ist das *Modell*. Wie beim Beobachtermuster aus Abschnitt 5.2.5 enthält das Modell auch hier die Daten der Anwendung, in diesem Fall also den Werteverlauf ggf. ergänzt um zusätzliche Informationen wie Name und Farbe der Datenreihe. Dazu könnte im ersten Schritt die Klasse *CData* aus Beispiel 4.4 bzw. Bild 5.17 verwendet werden.

Beliebig viele Views können das Modell beobachten. Sie werden – wie beim Beobachtermuster – darüber informiert, wenn sich seine Daten geändert haben und aktualisieren daraufhin ihre Anzeigen.

Bild 6.23 Benutzereingaben führen auch zu einer aktualisierten Darstellung der Bedienelemente, die dem Controller zugeordnet sind; links: Schieberegler vor der Benutzereingabe; rechts: Schieberegler nach der Benutzereingabe

Bei Programmen mit grafischer Nutzeroberfläche (GUI) erfolgen die Eingaben über Elemente der Bedienoberfläche wie beispielsweise einen Schieberegler. Verwendet man ihn ausgehend von Bild 6.23, links, um die Frequenz von 24 Hz auf 57 Hz anzuheben, so entspricht seine Ansicht nach der erfolgten Eingabe der aus Bild 6.23, rechts. Der Controller visualisiert also die über ihn vorgenommenen Eingaben und ist Controller und View in einem: Generell nehmen die Controller Benutzereingaben entgegen, visualisieren diese und leiten sie an das Modell weiter.

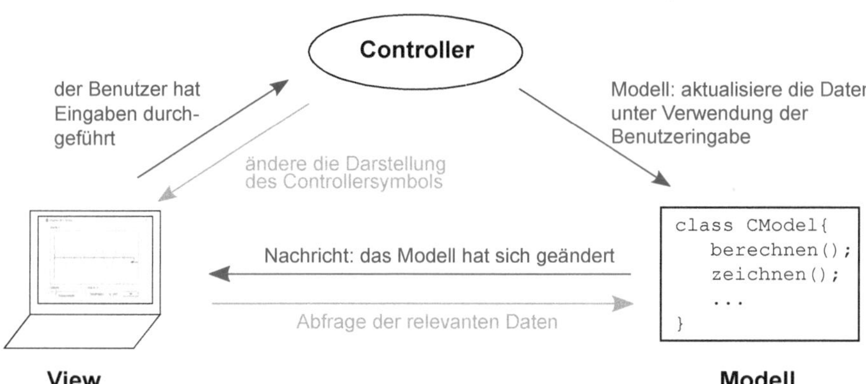

Bild 6.24 Interaktionen zwischen Controller, Modell und View beim MVC-Muster

Bild 6.24 zeigt eine detaillierte Beschreibung der Abläufe zwischen Modell, View und dem Controller, wenn Benutzereingaben stattfinden:

- Wenn der Benutzer die Frequenz ändern will, betätigt er den Schieberegler.
- Der Controller übernimmt die Benutzereingabe, also den neuen Frequenzwert. Er weiß, wie der neue Wert in das Modell übertragen wird, und führt diese Wertänderung durch.
- Anschließend informiert er das Modell darüber, dass sich ein Wert geändert hat und es demzufolge seine Daten neu berechnen muss.
- In diesem Zug erhält auch der View vom Controller die Information, dass die Darstellung des Controllersymbols der Benutzereingabe angepasst werden muss (vgl. Bild 6.23).
- Nach der Neuberechnung informiert das Modell seine Views darüber, dass neue Werte vorliegen.
- Die Views rufen die für sie relevanten Daten aus dem Modell ab.

Bild 6.25 illustriert schematisch den Aufbau des Programms aus Bild 6.21. Auf der rechten Seite beobachten zwei verschiedene Views, die grau hinterlegt sind, das Model:

- *CGraph* ist für das Zeichnen des Werteverlaufs zuständig und erhält daher Zugriff auf dessen Daten, die modelintern im Attribut *d* vom Typ *CData* vorgehalten werden.
- Die Frequenzanzeige wiederum zeigt die dem aktuellen Werteverlauf zugrundeliegende Frequenz als Zahlenwert. Sie muss auf das Attribut *frequenz* des Modells zugreifen können.

Auf der linken Seite ist der Controller abgebildet. Er verändert den Wert der Frequenz und veranlasst das Model, den Werteverlauf nach einer Benutzereingabe zu aktualisieren.

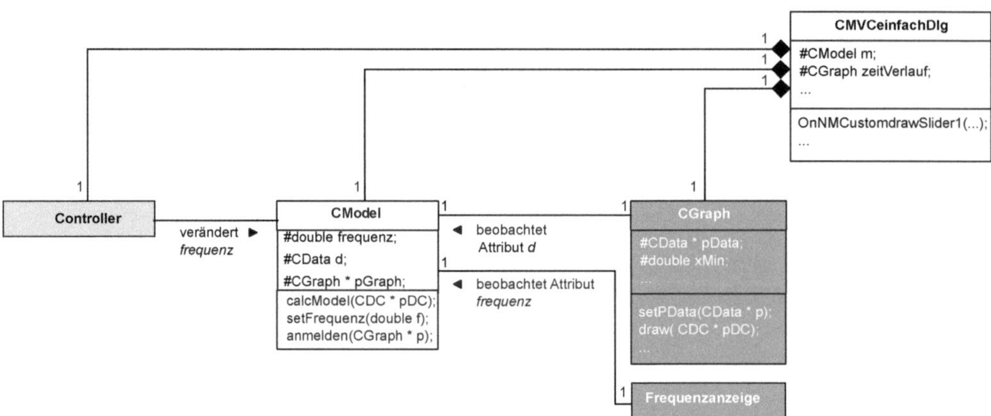

Bild 6.25 Schematischer Aufbau des Programms aus Bild 6.21 bestehend aus dem Dialogfeld *CMVCeinfachDlg*, das den Controller, das Modell *m* sowie den View *zeitVerlauf* enthält

Sowohl der Controller als auch die beiden Views sind Bestandteil des Dialogs aus Bild 6.21. Sie tauchen daher - ebenso wie das Modell - als Attribute in der Klassendeklaration der Dialogklasse in Listing 6.17, oben auf. Im mittleren Teil ist der Konstruktor des Dialogfelds wiedergegeben. Hier meldet sich der erste View als Beobachter beim Modell an. Der untere Teil des Listings zeigt den Programmcode des Controllers. Nachdem der neue Frequenzwert ausgelesen wurde, wird der entsprechende Parameter des Modells geändert. Es erfolgt eine neue Berechnung des Modells, an deren Ende der erste View automatisch über die Neuberechnung des Modells informiert wird. Abschließend werden auch der zweite View sowie die Dialogelemente aktualisiert.

Listing 6.17 Ausschnitte des Codes für das Programm aus Bild 6.21. Programmabschnitte, die für das MVC-Muster nicht wesentlich sind, wurden weggelassen.

```
class CMVCeinfachDlg: public CDialogEx {
  ...
private:
  // Controller
  int sliderFrequenz;
  // Model
  CModel m;
  // View
  CGraph zeitVerlauf;          // View 1: Zeitverlauf
                               // View 2 ist nicht als Attribut des Dialogs realisiert,
                               // sondern wird als Text in OnNMCustomdrawSlider1 aus dem
                               // Zahlenwert der sliderFrequenz erzeugt
};

CMVCeinfachDlg:: CMVCeinfachDlg (CWnd* pParent /*=NULL*/)
  : CDialogEx(CMVCeinfachDlg::IDD, pParent)
  , sliderFrequenz(10)
```

```
{
  ...
  m.anmelden(&zeitVerlauf);  // 1. View meldet sich als Beobachter beim Modell an
}

void CMVCeinfachDlg::OnNMCustomdrawSlider1(NMHDR *pNMHDR, LRESULT *pResult) {
  ...
  CClientDC dc(this);
  // Controller auslesen
  UpdateData(true);
  // Modelparameter ändern
  m.setsliderFrequenz(double(sliderFrequenz));
  // Modell neu berechnen und den View 1 "Zeitverlauf" aktualisieren
  m.calcModel(&dc);
  // jetzt noch den 2. View aktualisieren und dazu den Wert der sliderFrequenz in
  // einen CString umwandeln
  ostringstream freqText;              // stream für die Umwandlung in einen string
  freqText << this->sliderFrequenz;    // Wandeln der sliderFrequenz in einen string
  dc.TextOutA(470, 479, (freqText.str() + " Hz  ").c_str());
  ...
```

Die Modeldeklaration sowie ausgewählte Methoden sind Gegenstand von Listing 6.18. Die Attribute *d* und *frequenz* sind die eigentlichen Daten des Modells. Der Zeiger *pGraph* ist ein modelinterner Verweis auf den ersten View. Er ist erforderlich, damit das Modell den View, der als Beobachter fungiert, über geänderte Modeldaten unterrichten kann.

In *CModel::calcModel()* wird das Modell neu berechnet und mit dem Aufruf *pGraph->draw(pDC)* der erste View darüber informiert. Als Folge zeichnet er den Werteverlauf neu.

Listing 6.18 oben: Klassendeklaration von *CModel*; unten: ausgewählten Methodendefinitionen

```
class CModel {
private:
  // das sind die Modelldaten
  CData d;
  double frequenz;
  // das ist der Zeiger auf den 1. View, der als Beobachter implementiert wird
  CGraph * pGraph;
public:
  CModel();
  ~CModel();
  void calcModel(CDC * pDC);
  void setsliderFrequenz(double _sliderFrequenz);
  void anmelden(CGraph * _pGraph);
  CData* getData(void);
};

void CModel::calcModel(CDC *pDC) {
  double stepT = 0.4 / (d.getLength() - 1);
  double tZeit = 0;
  for (int i = 0; i< d.getLength(); i++) {
      d.setDataValueY(3 * sin(2 * PI * sliderFrequenz * tZeit), i);
      d.setDataValueX(tZeit, i);
      tZeit += stepT;
  }
  // Informieren des beobachtenden View 1 über Änderungen am Model
```

```
  pGraph->draw(pDC);
}

void CModel::setsliderFrequenz(double _frequenz) {
  sliderFrequenz = _frequenz;
}

void CModel::anmelden(CGraph * _pGraph) {
  pGraph = _pGraph;         // pGraph ist ein modelinternes Zeigerattribut auf
                            // den Beobachter,der sich anmelden will, und wird
                            // hier auf den sich anmeldenden Beobachter gesetzt
  pGraph->setMPtr(this);    // setMPtr(this) setzt umgekehrt den beobachter-
                            // internen Zeiger auf das Model, damit der
                            // Beobachter auf das Modell zugreifen kann
}
```

Der Aufbau der Klasse *CGraph* ist in Ausschnitten in Listing 6.19 gezeigt. Der Zeiger *pModel* ist ein Verweis auf das beobachtete Model, der beim Anmelden des Beobachters am Modell gesetzt wird (vgl. *CModel::anmelden(CGraph * _pGraph)* in Listing 6.18). Dieser Zeiger erlaubt beim Neuzeichnen des Werteverlaufs in *CGraph::draw(CDC * _pDC)* den Zugriff auf die Daten des Modells.

Listing 6.19 Aufbau der Klasse *CGraph*

```
class CGraph {
private:
  CModel* pModel;     // Verweis auf das beobachtete Modell
  double xMin;
  double xMax;
  ...
public:
  CGraph(void);
  void setMPtr(CModel* ptr);
  ...
};

void CGraph::setMPtr(CModel* _ptr) {
  pModel = _ptr;
}

void CGraph::draw(CDC * _pDC) {
  ...
  // Zeichnen des Kurvenzugs mit der ausgewählten Linienstärke und Farbe
  pDC->MoveTo(math2GrafikX(pModel->getData()->getXData()[i-1]),
              math2GrafikY(pModel->getData()->getYData()[i-1]));
  pDC->LineTo(math2GrafikX(pModel->getData()->getXData()[i]),
              math2GrafikY(pModel->getData()->getYData()[i]));
  ...
}
```

Das vollständige Programm „EinfachesMVC-Muster“ finden Sie unter *https://www.thm.de/ei/uwe-probst/lehrbuecher#vorlesung-softwareentwicklung*

Dieser erste Entwurf stellt zwar die grundsätzliche Funktionsweise des MVC-Musters dar, weist aber einige Schwächen auf:

- Der hier verwendete Schieberegler aus der MFC kombiniert die Funktion von Controller und View.
- Es ist nicht auf den ersten Blick ersichtlich, *welche* Größe der Schieberegler tatsächlich beeinflusst.

Zudem werden einige Zusammenhänge zwischen Controller und View aufgrund der Komplexität der verwendeten GUI-Klassen der MFC-Bibliothek nicht ausreichend deutlich. Im Beispiel 6.30 wird aus diesem Grund eine Lösung mit identischer Funktionalität entwickelt, die einerseits einen besseren Einblick in den Aufbau des Musters erlaubt. Zusätzlich aber vereinfachen die dort vorgestellten Controller die Bedienbarkeit des Programms, weil die Wirkung auf die von ihnen beeinflussten Modelparameter unmittelbar ersichtlich ist. Die Implementierung erfolgt unter behutsamer Nutzung der STL, deren Inhalte in Abschnitt 6.2 angerissen wurden.

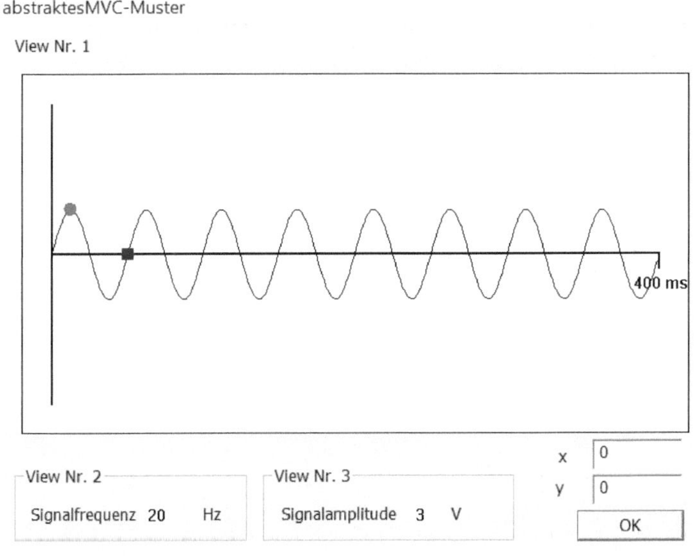

Bild 6.26 GUI-Programm mit zwei Controllern zur Veränderung von Frequenz und Scheitelwert des sinusförmigen Signals aus Beispiel 6.30

Beispiel 6.30 Objektorientierter Entwurf für das MVC-Muster

Bild 6.26 zeigt die Bedienoberfläche eines Programms, das Veränderungen sowohl der Frequenz als auch des Scheitelwerts des Signals zulässt. Die farbigen Markierungen (Kreis, Quadrat) innerhalb des Zeitverlaufs stellen die Controller für Periodendauer und Amplitude dar. Die Signalfrequenz ist der Kehrwert der Periodendauer. Ihre Vorgabe soll durch Verschieben des (blauen) Quadrats entlang der horizontalen Zeitachse mit gedrückter linker Maustaste erfolgen. Der Scheitelwert soll eingestellt werden, indem man den (roten) Kreis auf die gleiche Weise parallel zur Ordinate verschiebt. Neben der Signalfrequenz soll auch der Wert der Amplitude numerisch ausgegeben werden. Entwickeln Sie einen objektorientierten Entwurf für das Programm.

Lösung:

Aus der Aufgabenstellung ergibt sich unmittelbar, dass zwei Controller notwendig sind: einer für die Frequenz des Signals sowie ein weiterer für dessen Scheitelwert. Ebenso sind drei Views erforderlich, da nicht nur der Signalverlauf angezeigt, sondern auch die Werte der eingestellten Frequenz und des Scheitelwerts numerisch ausgegeben werden sollen. Den objektorientierten Entwurf in Form eines Klassendiagramms zeigt Bild 6.27.

■

In der obersten Ebene erkennt man die drei abstrakten Basisklassen *CAbstractView, CAbstractModel* sowie *CAbstractController*, in denen der Grundaufbau des MVC-Musters realisiert ist.

Zentrale Klasse ist *CAbstractModel* mit den Attributen *viewListe* und *controllerListe*, in denen Zeiger auf die registrierten Views bzw. Beobachter gespeichert werden. Beide Listen werden nach Listing 6.20 unter Verwendung von STL-Klassen realisiert.

Listing 6.20 Ausschnitt der Klassendeklaration von *CAbstractModel*

```
class CAbstractModel {
protected:
  vector <CAbstractView *> viewListe;
  vector <CAbstractController *> controllerListe;
public:
  CAbstractModel();
  void addView(CAbstractView * _pV);
  void removeView(CAbstractView* _vCtr);
  void notifyViews(CDC * pDC);
  virtual void calcModel(CDC* pDC);
  CAbstractController* getCtrPtr(CPoint _pos);
  // rein virtuelle Methode zum Zugriff auf die Daten des Modells
  virtual CData* getData(void) = 0;
  ...
};
```

CAbstractModel bildet die Basisklasse für alle daraus abgeleiteten Modelle und stellt die Infrastruktur für die Verwaltung von Views und Controllern zur Verfügung. Konkrete Modelldaten enthält diese Klasse nicht, daher ist *CData* getData(void)* hier rein virtuell.

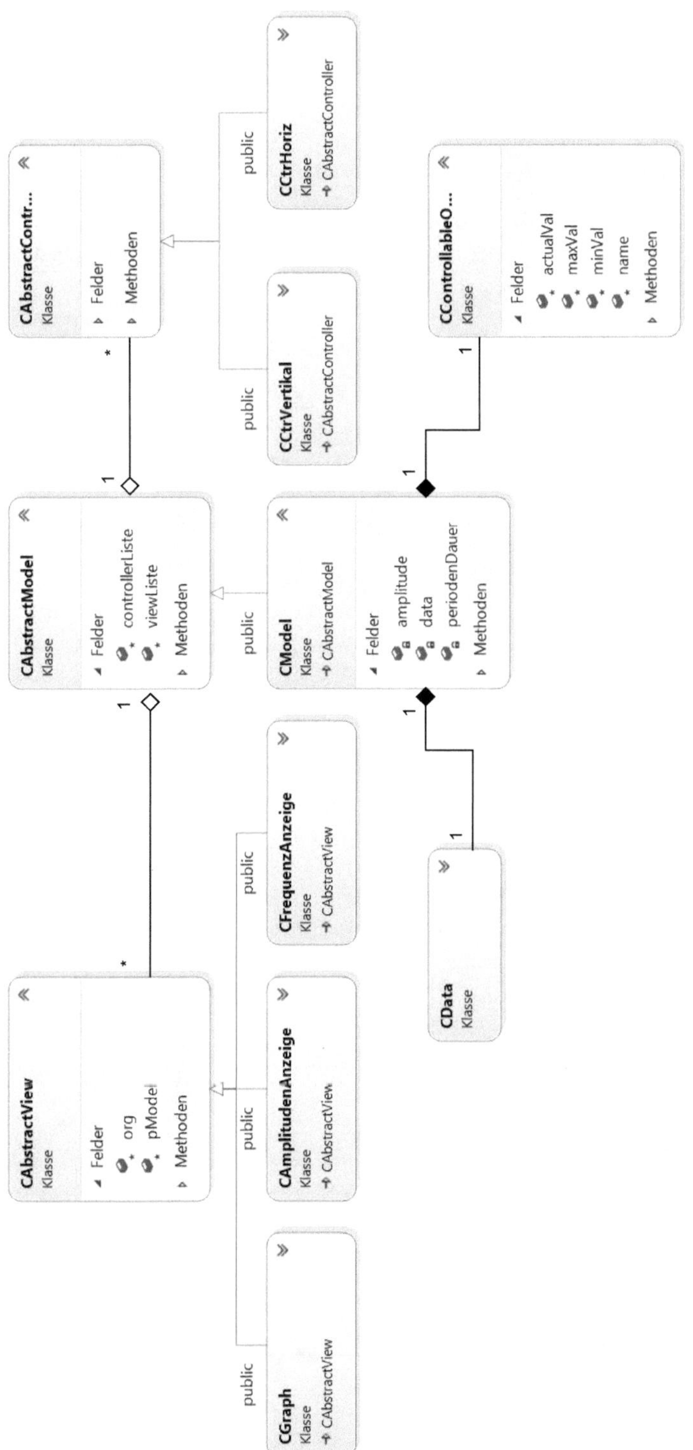

Bild 6.27 Objektorientierter Entwurf für das Programm aus Bild 6.26

Die Behandlung von Controllern und Views hinsichtlich An- und Abmelden beim und Informieren durch das Modell ist identisch. Daher wird das Verfahren lediglich für die Views illustriert. *CAbstractModel::addView(CAbstractView * _pV)* entspricht sinngemäß der Methode *addObserver* aus Übung 5.6, ist jedoch in Listing 6.21 wegen Nutzung der STL-Funktionalität deutlich einfacher implementiert. Als Parameter erhält sie den Zeiger *_pV* auf den View, der in die *viewListe* des Modells eingetragen wird.

Nach einer Neuberechnung des Modells durch *void CModel::calcModel(CDC *pDC)* werden alle registrierten Views und Controller mittels der jeweiligen *notify*-Methoden gem. Listing 6.21 informiert und zu einem Update veranlasst.

Listing 6.21 Mechanismus zum Anmelden und Informieren von Views und Controllern

```
void CAbstractModel::addView(CAbstractView * _pV) {
  viewListe.push_back(_pV);
}
void CAbstractModel::calcModel(CDC * pDC) {
  // Informieren aller beobachtenden Views und Cotrollern über Modeländerungen
  this->notifyViews(pDC);
  this->notifyCtr(pDC);
}
// Informieren aller angemeldeten Views über Modeländerungen
void CAbstractModel::notifyViews(CDC * pDC) {
  for (vector<CAbstractView *>::iterator it = viewListe.begin();
             it != viewListe.end(); it++)
  {
      (*it)->update(pDC);
  }
}
```

Basisklasse für alle Views ist *CAbstractView* mit den Attributen *CAbstractModel* pModel* sowie *CPoint org*. Nutzt man für die Instanzierung eines Views den überladenen Konstruktor *CAbstractView(CAbstractModel * _pM, CPoint _org)*, wird nach Listing 6.22 mittels des vorgenannten Zeigers *pModel* die Anmeldung beim Modell durchgeführt. Das Attribut *org* bestimmt die Position des Views auf dem Dialog.

Listing 6.22 Ausschnitt der Klassendeklaration von *CAbstractView* und überladener Konstruktor

```
class CAbstractView {
protected:
  CAbstractModel* pModel;
  CPoint org;
public:
  CAbstractView(CAbstractModel * _pM, CPoint _org);
  virtual void update(CDC * pDC) = 0;
  ...
};
// überladener Konstruktor
CAbstractView::CAbstractView(CAbstractModel* _pM, CPoint _org)
  : pModel(_pM)
  , org(_org)
{
  pModel->addView(this);    // Beim Modell anmelden
}
```

Das gleiche Vorgehen gilt sinngemäß für die Klasse *CAbstractController*, deren Deklaration in Listing 6.23 abgedruckt ist. Ihr Aufbau gleicht dem von *CAbstractView*, umfasst aber mehr Attribute. Diejenigen, die den geometrischen Aufbau des Controllers beschreiben, werden hier noch nicht betrachtet. Zusätzlich zu *CAbstractModel* pModel*, der dieselbe Funktion wie der gleichnamige Zeiger bei *CAbstractView* übernimmt, gibt es mit *CControllableObject *pCO* einen weiteren Zeiger. Er verweist auf den Parameter, der durch den Controller modifiziert werden soll.

Listing 6.23 Ausschnitt der Klassendeklaration von *CAbstractController* mit überladenem Konstruktor

```
class CAbstractController {
protected:
  // Attribute für die Darstellung des Controllers
  ...
  CAbstractModel* pModel;        // Zeiger auf das Model, bei dem sich der Controller
                                 // registriert
  CControllableObject *pCO;      // Zeiger auf das Objekt, das der Controller
                                 // beeinflusst
public:
  CAbstractController(CPoint _org, CPoint _act, CAbstractModel *_pM,
                      CControllableObject * _pCO);
  // eine konkrete Controllerklasse muss jede rein virtuelle Methode realisieren
  virtual void calcActualValue(CPoint _pos, CDC *pDC) = 0;
  virtual void draw(CDC * pDC) = 0;
  ...
};
// überladener Konstruktor
CAbstractController::CAbstractController(CPoint _org, CPoint _act, CAbstractModel*_pM,
                                          CControllableObject * _pCO)
  : ...
  , pModel(_pM)
  , pCO(_pCO)
{
  pModel->addCtr(this);         // Beim Modell anmelden
}
```

Bedienereingaben werden mithilfe von Controllern durchgeführt und verändern u.a. Werte des Modells. Alle Eingaben unterliegen einer unteren und oberen Schranke. Zudem muss ein Anfangswert eingestellt und ein Parametername vergeben werden können. Aus diesen Gründen wird für Steuergrößen, die von einem Controller beeinflusst werden können, die Klasse *CControllableObject* nach Listing 6.24 entworfen. Ihre Methode *void setActualValue(double _actVal)* dient dem zugeordneten Controller als Schnittstelle für die Variation des Parameterwertes. Der Zeiger *pCO* aus Listing 6.23 verweist auf diejenige Instanz von *CControllableObject*, die dem betreffenden Controller zugeordnet ist.

Listing 6.24 Ausschnitt der Klassendeklaration von *CControllableObject* und überladener Konstruktor

```
class CControllableObject {
protected:
  double minVal;          // untere Schranke
  double maxVal;          // obere Schranke
  string name;            // Name des Parameters
```

```
  double actualVal;      // aktueller Parameterwert
public:
  CControllableObject(double _minVal, double _actVal, double _maxVal,
                      string _name, CAbstractController * _pCtr);
  void setActualValue(double _actVal);
  ...
};
```

Aus den drei Basisklassen werden konkrete Klassen abgeleitet. Zum einen natürlich die Klasse *CModel*, die den in diesem Beispiel geforderten sinusförmigen Zeitverlauf berechnet, dessen Wertepaare wiederum im Objekt *data* aufgenommen werden. Für die Parameter Periodendauer und Amplitude sind zwei Attribute vom Typ *CControllableObject* vorgesehen. Listing 6.25 zeigt die Klassendeklaration sowie die prinzipielle Implementierung von *calcModel()*. Im Anschluss an die Berechnung des Modells wird mit *CAbstractModel::calcModel(pDC)* die Methode der Basisklasse aufgerufen, die die Benachrichtigung aller registrierten Beobachter übernimmt.

Listing 6.25 Ausschnitt aus der Klassendeklaration von *CModel*

```
class CModel: public CAbstractModel {
private:
  CData data;
  CControllableObject periodenDauer;    // Periodendauer des Signalverlaufs
  CControllableObject amplitude;        // Scheitelwert des Signalverlaufs
public:
  void calcModel(CDC * pDC);
  ...
};
void CModel::calcModel(CDC *pDC) {
  // Neuberechnen des Modells
  ...
  // Informieren aller Beobachter, DASS sich das Modell geändert hat:
  // der Aufruf von notifyViews() erfolgt in CAbstractModel::calcModel(pDC)
  CAbstractModel::calcModel(pDC);
}
```

Aus der Basisklasse *CAbstractView* werden in der Lösung aus Bild 6.27 drei konkrete View-Klassen abgeleitet. Sie alle müssen zwingend die rein virtuelle Methode *CAbstractView::update()* der Basisklasse implementieren. *CGraph* entspricht im Wesentlichen dem Code aus Listing 6.19 und ist für das Zeichnen des Werteverlaufs verantwortlich. Die beiden Klassen für die Anzeige von Frequenz und Scheitelwert sind weitgehend identisch, daher ist es ausreichend, die *CAmplitudenanzeige* zu betrachten. Die betreffenden *update()*-Implementierungen in Listing 6.26 bringen die vom jeweiligen View beobachteten Werte des Modells auf den neusten Stand: Der Werteverlauf wird neu gezeichnet und beide numerischen Anzeigen werden aktualisiert.

Zeile ** in Listing 6.26 sieht komplizierter aus, als sie in Wirklichkeit ist: In der Basisklasse *CAbstractView* ist *pModel* ein Zeiger auf die Klasse *CAbstractModel*, der jedoch die speziellen Attribute und Methoden der daraus abgeleiteten Klasse *CModel* nicht kennen kann. Daher muss der Typ des Zeigers *pModel* durch die static-cast-Operation *((CModel*) (pModel))* temporär zu einem Zeiger auf *CModel* erweitert werden.

Listing 6.26 *update()*-Methoden von *CAmplitudenAnzeige* und *CGraph*

```
void CAmplitudenAnzeige::update(CDC* pDC) {
  // Auslesen des geänderten Wertes aus CModel
  amplitude = ((CModel*)(pModel))->getAmplitude()->getActualVal(); // **
  this->varAusgabe(pDC, amplitude);
}
void CGraph::update(CDC * pDC) {
  draw(pDC);
}
```

Die konkreten Controller *CCtrVertikal* für die vertikale sowie *CCtrHoriz* für die horizontale Achse entstehen aus der Basisklasse *CAbstractController* ebenfalls durch Vererbung. Sie müssen die beiden rein virtuellen Methoden der Basisklasse aus Listing 6.23 implementieren. Da Aufbau und Funktionsweise beider Klassen prinzipiell identisch sind, erfolgt die Erläuterung nur für den Controller *CCtrHoriz*, der horizontale Mausbewegungen auswertet.

Die beiden angesprochenen Methoden sind für das Spezialverhalten der jeweiligen Controller zuständig: Die Methdode *draw()* visualisiert den Controller während und nach den durchgeführten Benutzeraktionen. Die Umrechnung der relevanten Mausbewegungen in eine Wertänderung des dem Controller zugeordneten *CControllableObject* übernimmt dagegen *calcActualValue()*.

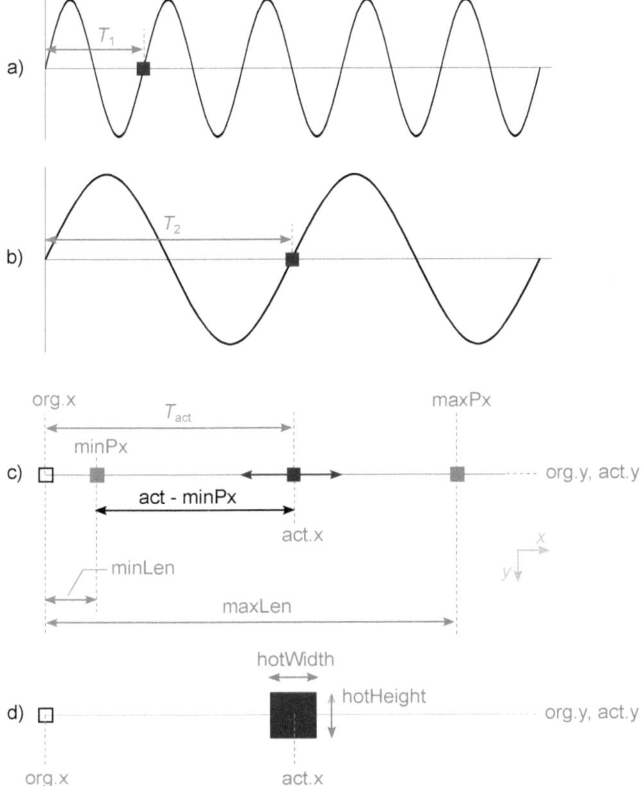

Bild 6.28 Umrechnung von horizontaler Controllerposition in Wertänderungen: a) Controller in Stellung 1; b) Controller in Stellung 2; c) Visualisierung der Controllerattribute *org*, *act*, *minPx*, und *maxPix*; d) vergrößerte Darstellung des Controllersymbols zur Erläuterung von *hotWidth* sowie *hotHeight*

Bild 6.28 a) und b) zeigen zwei sinusförmige Signale mit unterschiedlichen Frequenzen. Das (blaue) quadratische Controllersymbol bestimmt die eingestellte Periodendauer und kann mit gedrückter linker Maustaste horizontal innerhalb der Grenzen von *minPx* und *maxPix* bewegt werden. Dies erlaubt die Festlegung der Periodendauer und damit der Signalfrequenz. Teilbild c) veranschaulicht die Bezugsachsen *x* und *y* sowie die geometrischen Abmessungen, innerhalb derer das Symbol bewegt werden darf. Je nach aktueller Position *act* des Symbols ergibt sich die Periodendauer T_{act}. Bezugsgröße für die Bestimmung von T_{act} ist immer *org*, wobei die horizontale Position *act.x* des Controllersymbols den Wert *minPx* nie unterschreiten kann, um eine minimale Periodendauer sicherzustellen. Dies ist sinnvoll, da ein Signal mit einer Periodendauer von Null eine unendlich hohe Frequenz aufweisen würde. In Teilbild d) werden die Attribute *hotWidth* und *hotHeight* gezeigt. Sie legen ausgehend vom Punkt (*act.x*, *act.y*) den Bereich fest, innerhalb dessen das Controllersymbol auf einen Mausklick reagiert.

Die Umrechnung der Controllerposition *act.x* in den aktuellen Parameterwert *actValue* hängt ab vom Wertebereich des Parameters und der Minimal- bzw. Maximalposition, die der Controller annehmen kann. Ebenso muss man berücksichtigen, dass der Ursprungspunkt *org* des Controllers nicht mit dem Koordinatenursprung zusammenfällt. Die Parameter *minPx* und *maxPx* ergeben sich aus *org* und der maximalen Ausdehnung *maxLength* des Controllers in Richtung der Bewegungsachse. Es gilt bei horizontaler Bewegungsrichtung nach rechts:

$$\begin{aligned} minPx &= org.x + minLen \\ maxPx &= org.x + maxLen \end{aligned} \tag{6.1}$$

Für vertikale Bewegungsrichtung nach oben erhält man:

$$\begin{aligned} minPx &= org.y - minLen \\ maxPx &= org.x - maxLen \end{aligned} \tag{6.2}$$

Sie erfolgt linear mit der Beziehung nach Gl. 6.3.

$$actValue = \frac{maxVal - minVal}{maxPx - minPx} \cdot \left(act.x - minPx\right) + minVal \tag{6.3}$$

Hierbei bezeichnen *minVal* und *maxVal* den zulässigen Minimal- bzw. Maximalwert des zu verändernden Parameters. Sie werden im zugeordneten *CControllableObject* vorgehalten. Dagegen sind *minPx* und *maxPx* Attribute des Controllers und limitieren dessen Bewegungsbereich.

Der zugehörige Programmcode von *calcActualValue* ist in Listing 6.27 abgedruckt. Ihr erster Parameter *_pos* enthält die aktuelle Mausposition, die dem neuen Positionssollwert für den Controller entspricht. Bei einem horizontal orientierten Controller ist das die x-Position, die dem Attribut *act.x* zugewiesen wird. Nach der Überprüfung, ob *act.x* innerhalb der zulässigen Grenzen liegt, wird *actValue* berechnet und über den Zeiger *pCO* in das zugehörige *CControllableObject* geschrieben. Da sich dadurch ein Parameter des Modells geändert hat, werden das Modell neu berechnet und die registrierten Beobachter automatisch mit dem Mechanismus aus Listing 6.25 darüber informiert.

Listing 6.27 Implementierung von *calcActualValue()* und *draw()*

```
void CCtrHoriz::calcActualValue(CPoint _pos, CDC* pDC) {
  act.x = _pos.x;
  act.y = org.y;
  if (act.x < minPx)
      act.x = minPx;
  if (act.x > maxPx)
      act.x = maxPx;
  double actValue = pCO->getMinVal()+((double)act.x-(minPx)))*(pCO->getMaxVal() -
                    pCO->getMinVal())/((double)(maxPx-minPx));
  // setzen des aktuellen Wertes im zugehörigen ControllableObject
  pCO->setActualValue(actValue);
  // Modell neu berechnen
  pModel->calcModel(pDC);
}

void CCtrHoriz::draw(CDC * pDC) {
  CPen bluePen(1, 7, RGB(0, 0, 255));
  pDC->SelectObject(&bluePen);
  pDC->Rectangle(act.x - hotWidth/2, act.y - hotHeight/2, act.x + hotWidth/2,
                act.y + hotHeight/2);
}
```

Jeder Controller muss sich selber zeichnen können und daher die *draw()*-Methode seiner abstrakten Basisklasse überschreiben. Den zugehörigen Programmcode zeigt Listing 6.27. Für den horizontal orientierten Controller wird als Symbol ein blaues Quadrat benutzt. Es wird an der Position *act* mit den Seitenlängen *hotHeight* bzw. *hotWidth* gezeichnet. Der Aufruf der controllerinternen *draw()*-Methode erfolgt in Anlehnung an *CAbstractModel::notifyViews()* aus Listing 6.21.

Prinzipieller Ablauf:

- Die Bedienoberfläche (GUI) wertet Mausbewegungen und Maustasten aus. Sobald der Benutzer die linke Maustaste betätigt, wird ein Mausereignis ausgelöst, das über die GUI die Methode *OnLButtonDown()* aus Listing 6.28 aktiviert.
- Zwei der übergebenen Parameter sind diejenigen Mauskoordinaten, an denen der Benutzer die linke Maustaste gedrückt hat. Stimmen sie mit der aktuellen Position eines der beim Modell registrierten Controller überein, so wird *cPtr* auf diesen Controller gesetzt.
- *CMVCabstraktDlg::OnMouseMove()* rechnet mit *cPtr->calcActualValue(mousePos, &dc)* in Listing 6.29 die nachfolgenden Mausbewegungen in eine Wertänderung des durch *cPtr* referenzierten *CControllableObjects* um. Das Loslassen der linken Maustaste deaktiviert den aktiven Controller über *CMVCabstraktDlg::OnLButtonUp(...)* aus Listing 6.30.

Listing 6.28 CMVCabstraktDlg::OnLButtonDown(UINT nFlags, CPoint mousePos)

```
void CMVCabstraktDlg::OnLButtonDown(UINT nFlags, CPoint mousePos) {
  if (nFlags & MK_LBUTTON) {
  // Überprüfen, welcher Controller ausgelöst hat.
  cPtr = m.getCtrPtr(mousePos);  // Zeiger auf Controller speichern
                                 // NULL, wenn kein Controller ausgelöst hat
```

```
  }
  CDialogEx::OnLButtonDown(nFlags, mousePos);
}
```

Listing 6.29 Ausschnitt aus CMVCabstraktDlg::OnMouseMove(UINT nFlags, CPoint mousePos)

```
void CMVCabstraktDlg::OnMouseMove(UINT nFlags, CPoint mousePos) {
  if (nFlags & MK_LBUTTON) {
      CClientDC dc(this);
      if (cPtr) {
      cPtr->calcActualValue(mousePos, &dc);
      m.calcModel(&dc);
      cPtr->draw(&dc);
      }
  }
  ...
  CDialogEx::OnMouseMove(nFlags, mousePos);
}
```

Listing 6.30 CMVCabstraktDlg::OnLButtonUp(UINT nFlags, CPoint mousePos)

```
void CMVCabstraktDlg::OnLButtonUp(UINT nFlags, CPoint mousePos) {
  if (cPtr) {
      cPtr = NULL; // bisher aktiven Conroller deaktivieren
  }
  CDialogEx::OnLButtonUp(nFlags, mousePos);
}
```

Das vollständige Programm „MVCmitAbstraktenKlassen" finden Sie unter *https://www.thm.de/ei/uwe-probst/lehrbuecher#vorlesung-softwareentwicklung* ■

Übung 6.14

Warum benötigt *CGraph* aus Bild 6.27 die Methode *CGraph::setMPtr(CModel *)* aus Listing 6.19 nicht mehr? ■

Strukturelle Verbesserung des Controllerentwurfs

Der Entwurf nach Bild 6.27 bietet weiteres Verbesserungspotenzial. Die bestehende Lösung aus Bild 6.29 verwendet die beiden Controller *CCtrVertikal* und *CCtrHoriz*, die aus derselben abstrakten Basisklasse erzeugt werden. Beide müssen die rein virtuellen Methoden *draw()* sowie *calcActualValue()* ihrer Basisklasse implementieren.

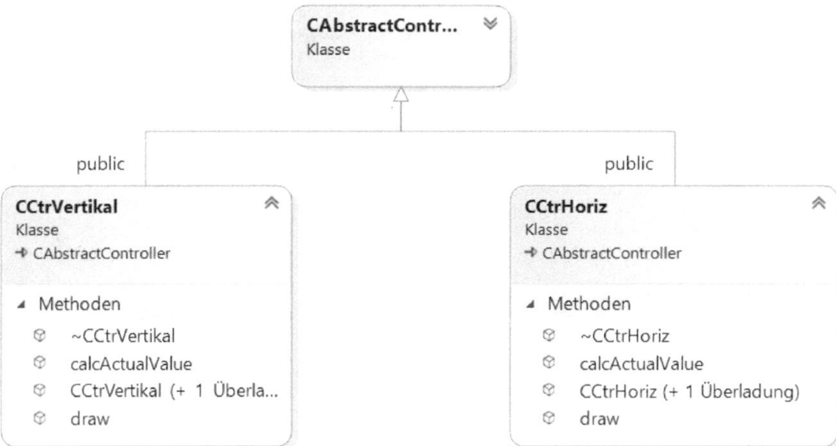

Bild 6.29 Ausschnitt des Klassendiagramms des Entwurfes aus Bild 6.27

Listing 6.31 zeigt beide Implementierungen der bestehenden Lösung. Man erkennt, dass die Programmcodes der *draw()*-Methoden beider Controller weitgehend identisch sind: *CCtrHoriz* verwendet ein blaues Quadrat als Controllersymbol, *CCtrVertikal* dagegen einen roten Kreis. Auch die Realisierungen von *calcActualValue()* unterscheiden sich nur geringfügig, da der horizontale Controller die x-Positionen, der vertikale Controller hingegen die y-Positionen auswertet. Schlussendlich werden von den beiden Controller verschiedene Algorithmen zum Zeichnen des Controllersymbols (*draw()*) sowie zur Berechnung des jeweiligen Wertes (*calActualValue()*) benutzt.

Listing 6.31 Vergleich von *draw()* und *calcActualValue()* für *CCtrHoriz* und *CCtrVertikal*

```
void CCtrHoriz::draw(CDC * _pDC) {
  CPen bluePen(1, 5, RGB(0, 0, 255))
  _pDC->SelectObject(&bluePen);
  _pDC->Rectangle(...);
}
void CCtrVertikal::draw(CDC * _pDC) {
  CPen red(1,5,RGB(255, 0, 0));
  _pDC->SelectObject(&blue);
  _pDC->ArcTo(...);
}
void CCtrHoriz::calcActualValue(CPoint _pos, CDC* pDC) {
  act.x = _pos.x;
  if (act.x < minPx)
      act.x = minPx;
  if (act.x > maxPx)
      act.x = maxPx;
  double val = pCO->getMinVal()+(act.x-minPx))*(pCO->getMaxVal()-pCO->getMinVal()) /
                              (maxPx - minPx));
  // setzen des "beeinflussten" Wertes im zugehörigen ControllableObject
  pCO->setActualValue(val);
  // Modell neu berechnen
  pModel->calcModel(pDC);
}
```

```
void CCtrVertikal::calcActualValue(CPoint _pos, CDC * pDC) {
  act.y = _pos.y;
  if (act.y < maxPx)
      act.y = maxPx;
  if (act.y > minPx)
      act.y = minPx;
  double val = pCO->getMinVal()+(act.y-minPx))*(pCO->getMaxVal()-pCO->getMinVal()) /
                                (maxPx - minPx);
  // setzen des "beeinflussten" Wertes im zugehörigen ControllableObject
  pCO->setActualValue(val);
  // Modell neu berechnen
  pModel->calcModel(pDC);
}
```

Der Entwurf der Controllerklasse kann daher durch konsequente Nutzung des Strategiemusters für das Zeichnen und Berechnen vereinfacht werden. Die unterschiedlichen Algorithmen für das Design bzw. die richtungsabhängige Auswertung werden in die Nachkommen der abstrakten Klassen *CCtrTyp* sowie *CCtrDesign* ausgelagert.

Die Klasse *CController* ersetzt die bisherige abstrakte Basisklasse *CAbstractController* und bekommt als zusätzliche Attribute die beiden Zeiger *pDesignOfCtr* und *pTypeOfCtr*, mit denen ein konfigurierbarer Zugriff auf die verschiedenen Design- und Auswertealgorithmen gelingt. Bild 6.30 visualisiert das zugehörige Klassendiagramm.

Übung 6.15

CSquareDesign und *CDotDesign* stellen zwei verschiedene *draw*-Methoden für das Zeichnen der Controllersymbole dar. *CCtrTypVert* und *CCtrTypHor* realisieren zwei Varianten eines Controllers, die in vertikaler bzw. horizontaler Richtung ausgewertet werden. Erstellen Sie die Klassen aus Bild 6.30. Erweitern Sie das Projekt MVCmitAbstraktenKlassen so, dass ein funktionierendes Gesamtsystem entsteht.

■

Die konsequente Umsetzung des Entwurfs aus Bild 6.30 erlaubt es, neue Controllersymbole zu kreieren und einzusetzen, ohne den bestehenden Quellcode von *CController* und den damit verbundenen Klassenänderungen durchzuführen.

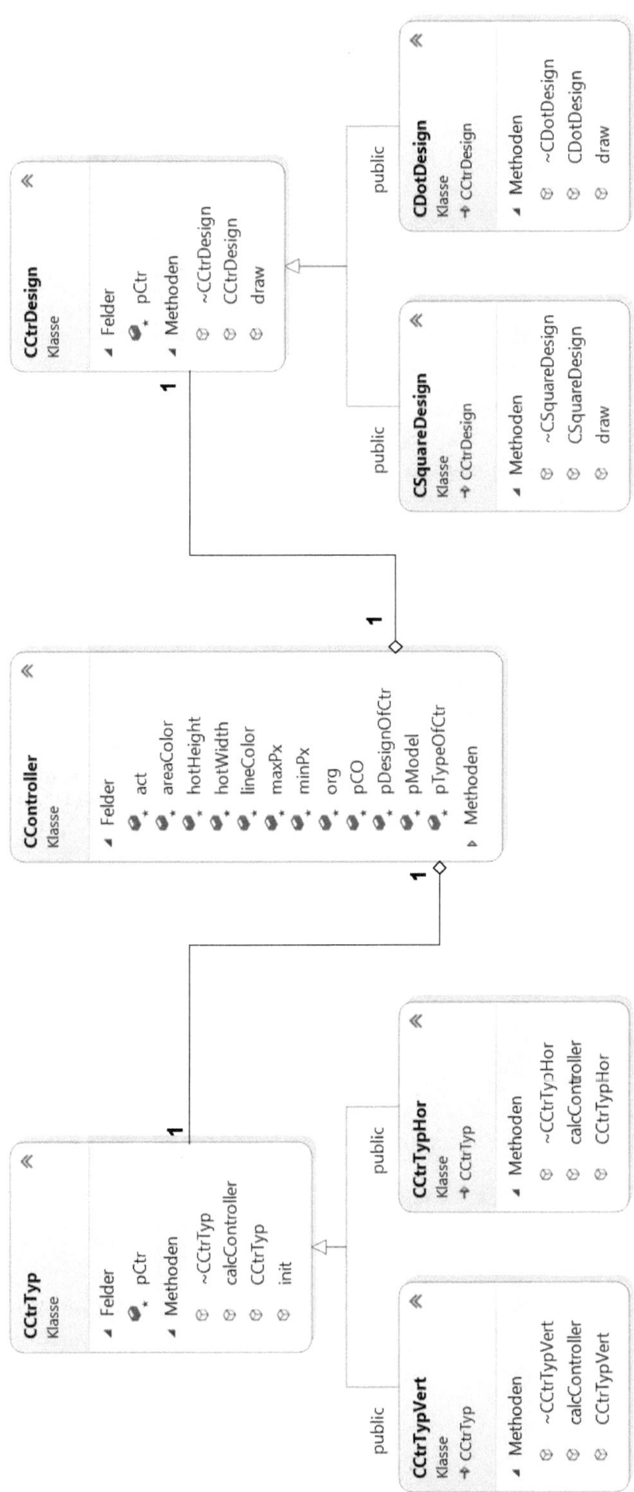

Bild 6.30 Klassendiagramm der Klasse *CController*, die die Klasse *CAbstractController* mit ihren Ableitungen aus Bild 6.27 ersetzt

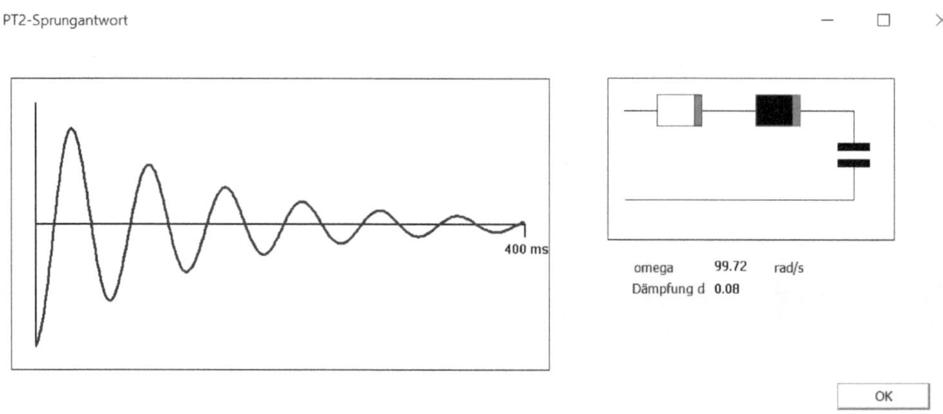

Bild 6.31 Programm zur Berechnung der Sprungantwort eines Serienresonanzkreises

Beispiel 6.30

Entwerfen Sie ein Programm mit einer Bedienoberfläche ähnlich der in Bild 6.31. Ziel ist die Berechnung des zeitlichen Verlaufs der Kondensatorspannung, wenn sich die Eingangsspannung der Schaltung sprungförmig von 0 V auf 10 V ändert. Die Werte von Widerstand und Induktivität sollen mit der Maus im Bereich von 1 bis 10 Ω bzw. 50 mH bis 400 mH veränderbar sein. Der Kondensator ist zu Beginn ungeladen; seine Kapazität beträgt 500 µF. Neben der Ermittlung von $u_C(t)$ sollen die Resonanzfrequenz ω_0 und die Systemdämpfung d berechnet und ausgegeben werden. Das Projekt „SprungsantwortPT2-Vorlage" unter *https://www.thm.de/ei/uwe-probst/lehrbuecher#vorlesung-softwareentwicklung* enthält bereits wesentliche Dateien der vorangehenden Übungen. Nutzen Sie diese Vorlage für die Bearbeitung des Beispiels. Erweitern Sie die vorhandenen Dateien und ergänzen Sie das Projekt um die noch fehlenden.

Lösung:

Analyse: Die hier gestellten Anforderungen sind denen an das Programms aus Bild 6.26 sehr ähnlich. Neben zwei numerischen Werten soll ein Zeitverlauf berechnet und dargestellt werden, sodass sich insgesamt drei Views ergeben. Zwei Controller verändern den Wert des Widerstands und der Induktivität und müssen in horizontaler Richtung beweglich sein. Die Unterschiede zu denen aus Bild 6.26 liegen hauptsächlich im Aussehen der Controller: Die roten Balken zur Modifikation von Widerstand und Induktivität sind rechteckig und deutlich größer als die Symbole der beiden Controller für Scheitelwert und Periodendauer.

Dies bedeutet, dass lediglich zwei neue Controllerdesigns für veränderlichen Widerstand und Induktivität entstehen müssen. Das Modell wird an die geänderte Aufgabenstellung angepasst, um die Sprungantwort eines Serienresonanzkreises zu berechnen.

Entwurf: Aufbauend auf der Analyse und den Überlegungen in Bild 6.27 entsteht das Klassendiagramm aus Bild 6.32. Es ist lediglich ein horizontal arbeitender Controller erforderlich, daher kann die Klasse *CCtrTypVert* entfallen. Die beiden neuen Klassen *CWiderstandDesign* bzw. *CInduktorDesign* beinhalten die Zeichenroutinen für die beiden neuen Controllerdesigns. Die Ausgabe der numerischen Werte von Dämpfung d und Resonanzfrequenz ω_0 erfolgt mittels *CDaempfungsAnzeige* bzw. *COmegaAnzeige*. Diese Klassen lassen sich auf Basis von *CAmplitudenanzeige* sehr einfach realisieren.

Implementierung: Die Implementierung wird unter größtmöglicher Verwendung vorhandener Klassen in folgenden Schritten durchgeführt:

- Öffnen Sie das MFC-Projekt „SprungsantwortPT2-Vorlage". Die Nutzung des vorkompilierten Headers ist deaktiviert; allerdings werden alle erforderlichen Bibliotheken in der Datei *pch.h* aufgeführt, die in jede *.cpp Datei eingebunden werden soll. In den Projekteigenschaften ist die Verwendung des Multibyte-Zeichensatzes eingestellt, um Probleme mit Unicode zu vermeiden.
- Kopieren Sie die Klassen *CControllableObject, CData, CAbstractModel, CController, CAbstractView, CGraph, CCtrTyp, CCtrDesign, CCtrTypHor* aus dem bestehenden Projekt MVCmitAbstraktenKlassen in das neue Projektverzeichnis.
- Im Projektverzeichnis ist die neue Klasse *CModel : public CAbstractModel* bereits eingestellt. Ergänzen Sie die Klasse um zwei Objekte vom Typ *CControllableObject* sowie ein Objekt vom Typ *CData*, das später die Modeldaten der Kondensatorspannung $u_C(t)$ aufnehmen soll. Fügen Sie für jedes der Attribute eine get-Methode mit der passenden Implementierung hinzu.

```
private:
  CControllableObject induktivitaet;
  CControllableObject widerstand;
  CData uC;            // Spannung am Kondensator
public:
  CControllableObject* getL();
  CControllableObject* getR();
  CData* getData(void);
```

- Das Zeichnen des Schaltplans durch Aufruf passender Zeichenmethoden der MFC (*LineTo(), Rectangle()* usw.) gelingt einfacher, wenn man sich an bestimmten Punkten orientiert. In diesem Projekt werden zwei Fixpunkte benutzt: Der linke obere Startpunkt des Schaltplans *org*, sowie der obere Punkt des Kondensatorsymbols *orgC*. Diese beiden Attribute sind in der Dialogklasse bereits deklariert und werden im Konstruktor initialisiert. Der Schaltplan wird in *drawSchaltplan(...)* mit Zeichenmethoden der MFC auf dem Dialogfeld dargestellt. Auch diese Methode ist in der Dialogklasse bereits implementiert.

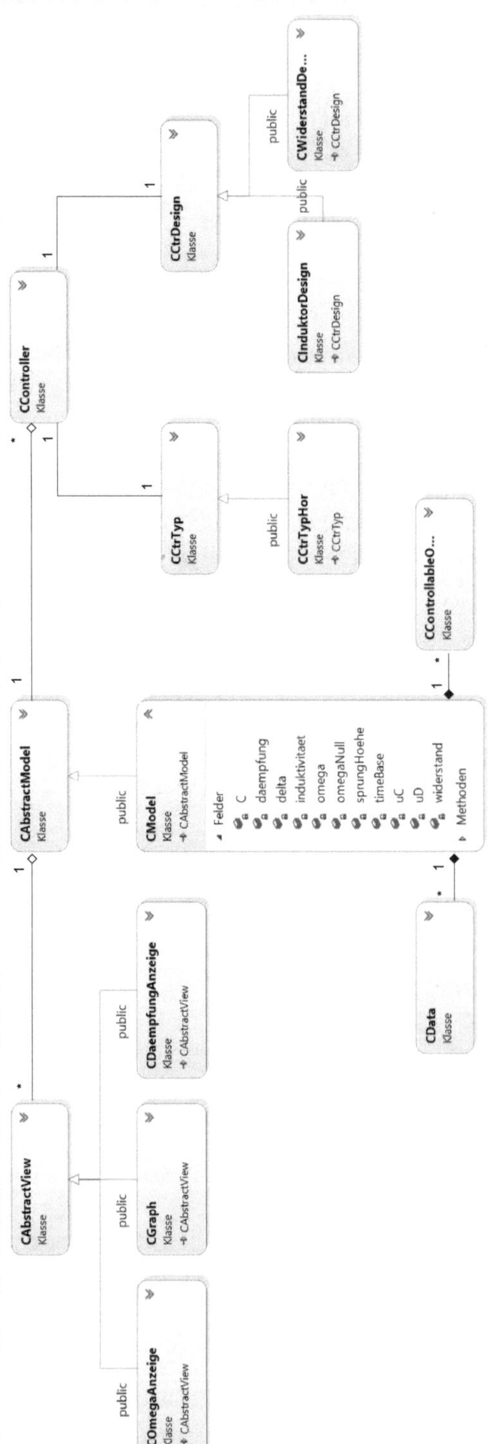

Bild 6.32 Klassendiagramm zur Realisierung der Anforderungen aus Bild 6.31.

- Fügen Sie der Dialogklasse ebenso Attribute für das Model, die Darstellung des Werteverlaufs sowie die beiden Controller hinzu.

```
CModel m;              // Model
CController ctrL;      // Controller für Induktivität
CController ctrR;      // Controller für Widerstand
CGraph zeitVerlauf;    // Visualisierung des Zeitverlaufs
```

- Ergänzen Sie die Initialisierungsliste des Konstruktors der Dialogklasse so, dass die beiden Controller sowie die Instanz von *CGraph* nach den beiden Fixpunkten initialisiert werden, da sie die Werte der Fixpunkte für ihre Konstruktoren benötigen.

```
, org(CPoint(800, 89))
, orgC(CPoint(org.x+280, org.y+40))
, ctrR(CPoint(org.x + 40, org.y), CPoint(org.x + 90, org.y), &m,
     m.getR(), new CCtrTypHor(&ctrR), new CInduktorDesign(&ctrR),
     RGB(0, 0, 255), RGB(0, 0, 255))
, ctrL(CPoint(org.x + 160, org.y), CPoint(org.x + 210, org.y), &m,
      m.getL(), new CCtrTypHor(&ctrL), new CInduktorDesign(&ctrL),
      RGB(255, 0, 0), RGB(255, 0, 0))
, zeitVerlauf(&m)
```

- Erstellen Sie die Klasse *CInduktorDesign* basierend auf Bild 6.32.

```
#include "CtrDesign.h"
class CInduktorDesign : public CCtrDesign {
public:
  CInduktorDesign(CController* _pCtr);
  ~CInduktorDesign();
  void draw(CDC* _pDC);
};
```

- Implementieren Sie *CInduktorDesign::draw(...)*. Positionieren Sie das Controller-Design an einer passenden Stelle im bereits gezeichneten Schaltplan. Wiederholen Sie den Vorgang für den zweiten Controller.

```
void CInduktorDesign::draw(CDC* _pDC) {
  CPen pen(PS_SOLID, 1, pCtr->getLineCol());
  _pDC->SelectObject(&pen);
  CPoint act = pCtr->getAct();   // Lesen des Induktivitätswerts
  int hotWidth = pCtr->getHotWidth();
  int hotHeight = pCtr->getHotHeight();
 CBrush black(RGB(0, 0, 0));   // Zeichnen der Induktivität
  _pDC->SelectObject(black);
  _pDC->Rectangle(pCtr->getOrg().x, pCtr->getOrg().y-hotHeight/2,
                  act.x, pCtr->getOrg().y + hotHeight / 2);
  CBrush red(RGB(255, 0, 0));   // Zeichnen des roten CtrBereichs
  _pDC->SelectObject(red);
  _pDC->Rectangle(act.x - hotWidth / 2, act.y - hotHeight / 2,
                  act.x + hotWidth / 2, act.y + hotHeight / 2);
}
```

Das Programm ist nun prinzipiell kompilierbar. Zudem werden nach dem Programmstart der noch leere Graph sowie das Schaltbild mit den beiden Controllern angezeigt. Im nächsten Schritt muss die Anwendung die Fähigkeit erhalten, Mausereignisse zu erkennen und diese den richtigen Controllern zuzuordnen. Das funktioniert prinzipiell genauso wie im vorigen Projekt „MVCmitAbstraktenKlassen".

Zusätzlich benötigt *CModel::calcModel(...)* die Fähigkeit, die Sprungantwort eines Serienresonanzkreises bestehend aus den Elementen *R*, *L* und *C* zu berechnen. Ein Lösungsansatz ist es, die gesuchte Spannung u_C im Bildbereich mit dem Ansatz des Spannungsteilers zu bestimmen. Man erhält:

$$u_C = \frac{u_D}{s} \cdot \frac{1}{1 + s \cdot RC + s^2 \cdot LC} \tag{6.4}$$

Der gesuchte Zeitverlauf $u_C(t)$ ergibt sich durch Rücktransformation von Gl. (6.4) in den Zeitbereich mithilfe einer Korrespondenztabelle. In Abhängigkeit der Systemdämpfung *d* erhält man verschiedene Lösungen [Probst22, Abschnitt 7.2]. ■

Das vollständige Programm „PT2-Glied-Sprungantwort" finden Sie unter *https://www.thm.de/ei/uwe-probst/lehrbuecher#vorlesung-softwareentwicklung* ■

■ 6.5 Lösungen

Übung 6.1

Die Verwendung bereits vorhandener Bibliotheken bietet eine Reihe von Vorteilen:

1. Oft verbergen Bibliotheksfunktionen Einzelheiten vor dem Anwender, die dieser gar nicht unbedingt wissen muss. Dies ist z. B. bei der Standardeingabe der Fall: Bei der Verwendung der Bibliotheksfunktion *scanf(...)* ist es nicht erforderlich, die Größe des Eingabepuffers zu kennen. Es reicht aus, dass *scanf(...)* diesen Wert kennt und korrekt berücksichtigt.
2. Bibliotheken enthalten im Allgemeinen Funktionen, deren Verhalten ausführlich und systematisch getestet wurde und gut dokumentiert ist. Dies vereinfacht deren Verwendung, beschleunigt die Programmentwicklung und kann das Risiko von Programmierfehlern deutlich mindern. ■

Übung 6.2

Ein Funktionstemplate stellt den Bauplan einer konkreten Funktion dar, bei der lediglich die Parameter- und Rückgabetypen noch offen sind. Ein solches Template belegt daher zunächst **keinen** Speicherplatz in der zugehörigen exe-Datei. Erst dann, wenn aus dem Template konkrete Funktionen erstellt werden, fällt Speicherplatz an. Der benötigte Speicherplatz nimmt zu, je mehr Funktionen mit unterschiedlichen Datentypen erzeugt werden. ■

Übung 6.3

Bei diesem Aufruf macht sich die Typprüfung bemerkbar, die bei C++-Templates erfolgt. Der Compiler liefert eine Fehlermeldung. Er kann nicht entscheiden, ob der Rückgabewert vom Typ *float* oder *char* ist. ■

Übung 6.4

```
template <class T>
T maxFinden(T feld[], int laenge) {
  T max = feld[0];
  for (int i = 0; i < laenge; i++) {
     if (feld[i] > max)
              max = feld[i];
  }
  return max;
}
```

■

Übung 6.5

```
// Template Prototyp
template<class T> void sort(T[], int);
// Definition des Funktionstemplates
template<class T> void sort(T a[], int laenge) {
   for (int i = 0; i < laenge-1; ++i) {
     // suche das Minimum im unsortierten Feld
     int iMin = i;
     // Prüfe, ob es im Rest des Feldes ein Element gibt, das klei-
     // ner ist als das bisher Kleinste; Speichern seines Indexwertes
     for (int j = i+1; j < laenge; ++j)
              if(a[j] < a[iMin])
                       iMin = j;
     // vertausche das "neue" Kleinste mit dem bisher Kleinsten
     T tmp = a[iMin];
     a[iMin] = a[i];
     a[i] = tmp;
  }
}
// Anwendung im Hauptprogramm
void main(void) {
  int zahlenfeld[10] ={1,6,2,9,-12,5,23,45,-45,14};
  double werte [10] ={3.1,-6.3,5.7,12.4,45.78,-4.6,2.79,1.2,-3.56};
```

```
  unsigned int uiZahlenfeld[10] = {12,34,1,234,2,7,3,9,4,78};
  // Sortieren
  sort(zahlenfeld, 10);          // 1.Instanz sort(int[], int)
  sort(uiZahlenfeld, 10);        // 2.Instanz sort(unsigned int[], int)
  sort(werte, 10);               // 3.Instanz sort(double[], int)
}
```

Das vollständige Programm „MakrosUndTemplates" finden Sie unter *https://www.thm.de/ei/uwe-probst/lehrbuecher#vorlesung-softwareentwicklung*

Übung 6.6

Bei doppelt verketteten Listen kennt jedes Element sowohl seinen Nachfolger als auch seinen Vorgänger, d. h. es enthält je einen Zeiger auf das vorherige und das nächste Element.

Übung 6.7

```
struct AbsteigendX {
  bool operator() (CPunkt _p1, CPunkt _p2) {
     return _p1.getX() > _p2.getX();
  }
};
void main(void {
...
  // Liste absteigend nach Grösse der x-Koordinaten sortieren
  sort(liste.begin(), liste.end(), AbsteigendX());
  // sortierte Liste ausgeben
  cout <<"sortierte Liste" <<endl;
  for (pos = liste.begin(); pos != liste.end(); pos++)
     cout <<" (" <<pos->getX() <<"," <<pos->getY() <<")" <<endl;
  ...
}
```

Das vollständige Programm „SequentielleSTLContainer" finden Sie unter *https://www.thm.de/ei/uwe-probst/lehrbuecher#vorlesung-softwareentwicklung*

Übung 6.8

Die Datei *MFC-TaschenRechnerDlg.cpp* enthält die Definition des Konstruktors:

```
CMFCTaschenRechnerDlg::CMFCTaschenRechnerDlg(CWnd* pParent)
  : CDialogEx(CMFCTaschenRechnerDlg::IDD, pParent)
  , mWert1(0)
  , mWert2(0)
  , mRes(0)
{ ... }
```

Übung 6.9

Dem Edit-Feld wird die Variable *mWert* zugeordnet. Zusätzlich gibt es die beiden weiteren Attribute *mLiOp* und *mReOp*, die den linken bzw. rechten Operandenwert aufnehmen. Im Attribut *mOperator* wird der gewählte Operator in der folgenden Codierung gespeichert:

- addieren: *mOperator* = 1;
- subtrahieren: *mOperator* = 2;
- multiplizieren: *mOperator* = 3;
- dividieren: *mOperator* = 4.

Vor dem Drücken einer Operator-Schaltfläche muss der linke Operand bereits im Edit-Feld eingegeben worden sein. Daher wird in den Methoden, die den Operator-Schaltflächen zugeordnet sind, der Wert des Edit-Feldes dem linken Operanden zugewiesen und das Attribut *mOperator* auf den jeweiligen Wert gesetzt.

In der Methode, die beim Klick auf den Operator „=“ aufgerufen wird, wird der rechte Operand eingelesen, die Berechnung durchgeführt und die Anzeige aktualisiert.

```
void CTaschenrechnerDlg::OnButton1() {
  UpdateData(true);
  mLiOp = mWert;
  mOperator = PLUS;
}
void CTaschenrechnerDlg::OnButton2() {
  UpdateData(true);
  mLiOp = mWert;
  mOperator = MINUS;
}
void CTaschenrechnerDlg::OnButton3() {
  UpdateData(true);
  mLiOp = mWert;
  mOperator = MAL;
}
void CTaschenrechnerDlg::OnButton4() {
  UpdateData(true);
  mLiOp = mWert;
  mOperator = GETEILT;
}
void CTaschenrechnerDlg::OnButton5() {
  mLiOp = 0;
  mOperator = 0;
  mWert = 0;
  UpdateData(false);
}
```

```
void CTaschenrechnerDlg::OnButton6() {
  UpdateData(true);
  mReOp = mWert;
  switch(mOperator){
  case PLUS:
     mWert = mLiOp + mReOp;
     break;
  case MINUS:
     mWert = mLiOp - mReOp;
     break;
  case MAL:
     mWert = mLiOp * mReOp;
     break;
  case GETEILT:
     mWert = mLiOp / mReOp;
     break;
  default:
     MessageBox("Kein Operator");
     break;
  } // endswitch
  // Rechenergebnis als linken Operator speichern
  mLiOp = mWert;
  UpdateData(false);
  mOperator = 0;
}
```

Bei dieser Lösung ist es notwendig, jedes Mal nach dem Drücken einer Operator-Schaltfläche das Edit-Feld anzuklicken, bevor der rechte Operand eingegeben werden kann. Dies wird umgangen, wenn alle Methoden so abgeändert werden, wie nachfolgend am Beispiel von *CTaschenrechnerDlg::OnButton1()* gezeigt:

```
void CTaschenrechnerDlg::OnButton1() {
  UpdateData(true);
  mLiOp = mWert;
  mOperator = PLUS;
  // Fokus wieder auf das Eingabefeld setzen
  CEdit * ptr;                    // Zeiger auf Edit-Feld anlegen
  // Zeiger auf das Edit-Feld IDC_EDIT1 zeigen lassen
  ptr = (CEdit *) GetDlgItem(IDC_EDIT1);
  // Dem Objekt, auf das der Zeiger verweist, den Fokus geben
  ptr->SetFocus();
  // bestehenden Inhalt des Edit-Feldes markieren
  ptr->SetSel(0,-1);
  // markierten Inhalt des Edit-Feldes löschen
  ptr->Clear();
}
```

■

Das vollständige Programm „Taschenrechner“ finden Sie unter

https://www.thm.de/ei/uwe-probst/lehrbuecher#vorlesung-softwareentwicklung

■

Übung 6.10

Aus dem Online-Handbuch entnimmt man eine Deklaration des Konstruktors:

```
CBrush( COLORREF crColor );
```

Ein konkreter Pinsel wird durch folgende Zeile angelegt:

```
CBrush blauerPinsel(RGB(0, 0, 255));
```

■

Übung 6.11

Hinter PS_DASHDOTDOT verbirgt sich eine Linie, bei der nach einem Strich zwei aufeinanderfolgende Punkte gezeichnet werden.

■

Übung 6.12

Zur besseren Verständlichkeit der folgenden Erläuterungen wird der Punkt, an dem sich die Maus innerhalb des Dialogs befindet, „vorläufiger Endpunkt" genannt. Um die in der Aufgabenstellung geforderte vorläufige Linie vom Startpunkt zum „vorläufigen Endpunkt" zu zeichnen, wird die Nachricht WM_MOUSEMOVE zusätzlich ausgewertet. Parameter dieser Nachricht sind einerseits die aktuelle Mausposition, andererseits die Angabe, ob und welche der Maustasten betätigt sind. Das Zeichnen der „vorläufigen Linie" erfolgt in der Methode *OnMouseMove()*, allerdings nur dann, wenn die linke Maustaste gedrückt ist (da ja nur dann überhaupt ein Startpunkt festgelegt worden ist). Vor dem Zeichnen der neuen vorläufigen Line muss die vorherige Linie gelöscht werden, die beim letzten Aufruf von *OnMouseMove()* gezeichnet wurde. Das Löschen erfolgt einfach durch Übermalen dieser Linie mit der Hintergrundfarbe des Dialogfeldes. Somit ergeben sich folgende Schritte auf dem Weg zur Lösung:

- Erweitern der Klasse *CFreiesZeichnenDlg* um die beiden privaten Attribute
  - *CPoint mVorlaeufigerEndPunkt* // Endpunkt der vorläufigen Linie
  - *COLORREF mBkColor* // Hintergrundfarbe des Dialogs
- Hinzufügen der Methode *OnMouseMove()*. Wenn die linke Maustaste gedrückt ist, wird die alte vorläufige Linie gelöscht und die neue vorläufige Linie gezeichnet. Zur Abfrage der linken Maustaste wird die Konstante MK_LBUTTON benutzt.
- Um zu gewährleisten, dass das Übermalen der alten vorläufigen Linien mit der Hintergrundfarbe des Dialogs erfolgt, wird als Farbe des Dialoghintergrunds *mBkColor* verwendet. Diese Festlegung wird in *OnCtlColor()* vorgenommen, die als Reaktion auf die Nachricht WM_CTLCOLOR jedes Mal aufgerufen wird, wenn ein Fenster neu gezeichnet werden muss.

Insgesamt erhält man folgenden Programmcode, wobei die Methode *OnLButton Up()* gegenüber Beispiel 6.22 unverändert bleibt.

```
void CFreiesZeichnenDlg::OnLButtonDown(UINT nFlags, CPoint point) {
  // Startpunkt merken
  mStartPunkt = point;
  mVorlaeufigerEndPunkt = point;
  CDialogEx::OnLButtonDown(nFlags, point);
}
void CFreiesZeichnenDlg::OnMouseMove(UINT nFlags, CPoint point) {
  if (nFlags & MK_LBUTTON) {
     // Gerätekontext erzeugen
     CClientDC dc(this);
     CPen loeschen(PS_SOLID, 1, mBkColor);
     // letzte vorläufige Linie durch Überzeichnen löschen
     dc.SelectObject(&loeschen);
     dc.MoveTo(mStartPunkt.x,mStartPunkt.y);
     dc.LineTo(mVorlaeufigerEndPunkt.x,mVorlaeufigerEndPunkt.y);
     // neue vorläufige Linie zeichnen
     // aktuelle Mausposition auslesen
     mVorlaeufigerEndPunkt = point;
     // Stift erzeugen und dem Gerätekontext zuweisen
     CPen schwarzerStift(PS_SOLID, 1, RGB(0, 0, 0));
     dc.SelectObject(&schwarzerStift);
     // ausgetaucht auf den Startpunkt fahren
     dc.MoveTo(mStartPunkt.x,mStartPunkt.y);
     // eingetaucht die Linie zum vorläufigen Endpunkt ziehen
     dc.LineTo(point.x,point.y);
  }
  CDialogEx::OnMouseMove(nFlags, point);
}
HBRUSH CFreiesZeichnenDlg::OnCtlColor(CDC* pDC, CWnd* pWnd,UINT nCtlColor) {
  mBkColor = RGB(228, 228, 228);
  HBRUSH hbr = CreateSolidBrush(mBkColor);
  return hbr;
}
```

Das vollständige Programm „FreiesZeichnen" finden Sie unter *https://www.thm.de/ei/uwe-probst/lehrbuecher#vorlesung-softwareentwicklung*

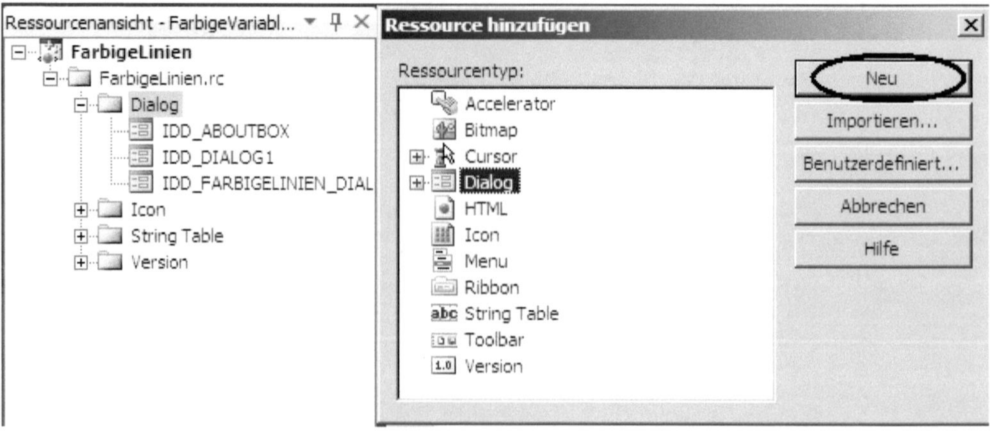

Bild 6.33 Anlegen eines weiteren Dialogs zur Vorgabe der Linienstärke

Übung 6.13

Die Lösung von Beispiel 6.26 wird vollständig übernommen und erweitert. Zunächst wird in der Ressourcenansicht des Projekts gemäß Bild 6.33 ein neuer Dialog angelegt und grafisch so bearbeitet, dass ein Fenster wie in Bild 6.34 entsteht.

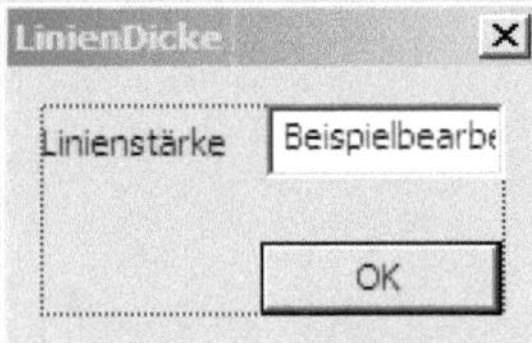

Bild 6.34 Dialogfenster zur Vorgabe der Linienstärke

Der neu angelegte Dialog wird markiert. Über die rechte Maustaste wird ihm mit den Angaben aus Bild 6.35 die Klasse *CDlgDicke* zugeordnet, mit deren Hilfe die Liniendicke eingestellt werden soll. Dem Edit-Feld wird das private Attribut *mDlgStaerke* zugewiesen. Die öffentliche Methode *int CDlgDicke::GetLinienStaerke()* sorgt dafür, dass das private Attribut gelesen werden kann. Mit der bekannten Vorgehensweise aus Beispiel 6.17 können über das Edit-Feld Eingaben gemacht und mit *UpdateData(true)* im Attribut *mDlgStaerke* abgelegt werden.

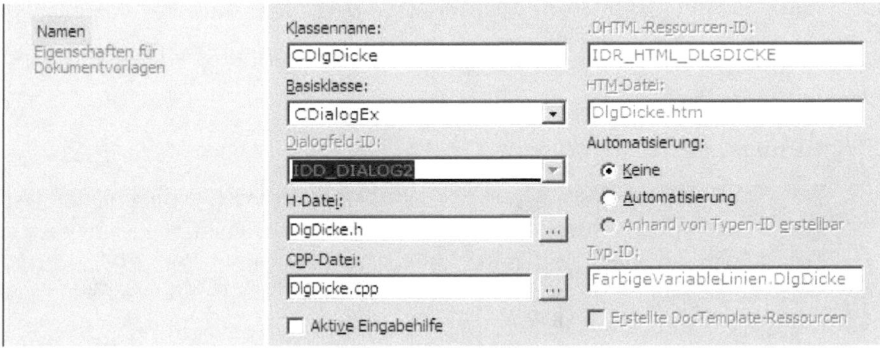

Bild 6.35 Zuordnung des neu angelegten Dialogfeldes aus Bild 6.34 zur Klasse *CDlgDicke*

Das Zeichnen neuer Linien erfolgt im Fenster des Hauptdialogs. Im nächsten Lösungsschritt muss nun dafür gesorgt werden, dass aus dem Hauptdialog heraus der aktuell eingestellte Wert für die Linienstärke aus dem Attribut *mDlgStaerke* des Unterdialogs abgerufen werden kann, sobald ein neues Objekt vom Tp *CLinie* erstellt wird.

Eine einfache Möglichkeit besteht darin, *CFarbigeVariableLinienDlg* um das Attribut *CDlgDicke mDlgDicke* zu erweitern. Darüber erhält der Hauptdialog Zugriff auf den neuen Dialog und kann über *mDlgDicke->GetLinienStaerke()* die aktuell eingestellte Liniendicke auslesen.

Im Konstruktor des Hauptdialogs wird der neue Dialog mit *Create()* erzeugt, aber noch nicht angezeigt.

```
CFarbigeVariableLinienDlg::CFarbigeVariableLinienDlg(CWnd* pParent)
  : CDialogEx(CFarbigeVariableLinienDlg::IDD, pParent)
  // Initialisieren der StandardLinienFarbe
  , mDlgLinienFarbe(RGB(255,255,0))
  , mDlgLinienStaerke(0)
{
  m_hIcon = AfxGetApp()->LoadIcon(IDR_MAINFRAME);
  // nichtmodalen Dialog zur Wahl der Liniendicke erstellen,
  // aber noch nicht anzeigen
  mDlgDicke.Create(IDD_DIALOG1, this);
}
```

Zum Öffnen des Unterdialogs wird der Hauptdialog um die Schaltfläche „Linienstärke“ ergänzt. Ihr wird die Methode *CFarbigeVariableLinienDlg::OnBnClicked Button2()* zugeordnet, welche den Unterdialog durch den Aufruf von *Show Window()* sichtbar macht.

```
void CFarbigeVariableLinienDlg::OnBnClickedButton2() {
  // Dialog zur Auswahl der Liniendicke anzeigen
  mDlgDicke.ShowWindow(SW_SHOW);
}
```

■

Das vollständige Programm „FarbigeVariableLinien“ finden Sie unter *https://www.thm.de/ei/uwe-probst/lehrbuecher#vorlesung-softwareentwicklung* ■

Übung 6.14

Die Klasse *CGraph* aus Beispiel 6.30 wird aus *CAbstractView* abgeleitet. Der innerhalb des Views erforderliche Zeiger * *pModel* auf das Modell ist bereits in der Basisklasse angelegt und muss daher in der abgeleiteten Klasse nicht mehr vorhanden sein. Aus diesem Grund entfällt auch die Notwendigkeit für *CGraph::setMPtr(CModel *).* ■

Übung 6.15

Wird das Strategiemuster verwendet, um die verschiedenen Algorithmen für das Zeichnen bzw. Berechnen zu kapseln, ist die bisherige abstrakte Basisklasse *CAbstractController* obsolet und wird nicht mehr benötigt. An ihre Stelle tritt die konkrete Klasse *CController*, die über ihre Zeigerattribute *pDesignOfCtr* bzw. *pTypeOfCtr* je eine *draw-* und eine *calcActualValue*-Methode nutzt.

Die Differenzierung zwischen Controllern, die quadratische oder kreisförmige Symbole nutzen und horizontal bzw. vertikal ausgewertet werden, liegt jetzt nicht mehr in der Controllerklasse, sondern wird in die Algorithmenklassen *CCtrDesign* und *CCtrTyp* ausgelagert. Sowohl zum Zeichnen des Controllersymbols als auch für die Umrechnung von Controllerposition in den neuen Wert des zugehörigen *CControllableObjects* muss der jeweilige Algorithmus auf Attribute des Controllers zugreifen. Daher erhalten beide Algorithmenklassen ein Zeigerattribut *pCtr*, das auf den jeweiligen Controller verweisen kann und bei der Instanzierung der Algorithmen auf „ihren" Controller gesetzt wird.

Die konkrete Erläuterung erfolgt anhand der Klasse *CCtrTyp*, gilt aber für die Klasse *CDesignCtr* sinngemäß.

Im Vergleich zu *CAbstractController* erkennt man an der Klassendeklaration von *CController*, dass

- sie die beiden zusätzlichen Zeigerattribute *pTypeOfCtr* und *pDesignOfCtr* besitzt.
- der überladene Konstruktor so erweitert wird, dass für beide neuen Attribute Initialisierungswerte übergeben werden.
- die Methoden *draw(..)* bzw. *calcActualValue(...)* nicht mehr rein virtuell sind.

```
class CController {
protected:
  ...
  CCtrTyp * pTypeOfCtr;
  CCtrDesign * pDesignOfCtr;
public:
  virtual ~CController();
  CController(CPoint org, CPoint act, CAbstractModel *pMod,
            CControllableObject *_pCO,
       CCtrTyp *_pCtrTyp, CCtrDesign *_pDesign, COLORREF _lineCol,
       COLORREF _areaCol);
  virtual void calcActualValue(CPoint _pos, CDC *pDC);
  virtual void draw(CDC * pDC);
  ...
}
```

Selbstverständlich muss der Destruktor die dynamisch instanzierten Algorithmen auch wieder löschen.

```
CController::~CController() {
  delete this->pDesignOfCtr;
  delete this->pTypeOfCtr;
}
```

Die nach wie vor abstrakte Basisklasse *CAbstractModel* muss ebenso angepasst werden: Ihr Attribut *controllerListe* kann jetzt ausschließlich Objekte vom Typ *CController* aufnehmen.

```
class CAbstractModel {
protected:
  vector <CAbstractView *> viewListe;
  vector <CController *> controllerListe;
public:
  ...
};
```

Die abgeleiteten Algorithmenklassen müssen ihren Algorithmus überschreiben. Für die Klasse *CCtrTypVert* lautet die Implementierung:

```
void CCtrTypVert::calcController(CPoint _pos, CDC* pDC) {
  pCtr->setActPointY(_pos.y);
  if (pCtr->getActY() > pCtr->getMinPx())
      pCtr->setActPointY(pCtr->getMinPx());
  if (pCtr->getActY() < pCtr->getMaxPx())
      pCtr->setActPointY(pCtr->getMaxPx());
  double actValue = pCtr->getPCO()->getMinVal()+((double)(pCtr->getActY() -
     (pCtr->getMinPx())))*(pCtr->getPCO()->getMaxVal()-
      pCtr->getPCO()->getMinVal())/
     ((double)(pCtr->getMaxPx()-
      pCtr->getMinPx()));
  // Setzen des "beeinflussten" Wertes im zugehörigen ControllableObject
  pCtr->getPCO()->setActualValue(actValue);
  // Modell neu berechnen
  pCtr->getPModel()->calcModel(pDC);
}
```

■

Das vollständige Programm „MVmitControllerStrategy“ finden Sie unter *https://www.thm.de/ei/uwe-probst/lehrbuecher#vorlesung-softwareentwicklung*

■

Das Konzept aus Übung 6.15 und Übung 6.16 bildet die programmiertechnische Grundlage der beiden virtuellen Labore für Leistungselektronik (*https://homepages.thm.de/~hg13555/Datenbank/lei/index.php/*) sowie elektronische Antriebstechnik (*https://homepages.thm.de/~hg13555/Datenbank/aat/index.php/*)

■

7 Beispielanwendungen

Lernziele

Der/die Lernende

- wendet die ersten drei Phasen der Softwareentwicklung bei konkreten Aufgabenstellungen an,
- deklariert Anwendungsfälle (Use Cases) zur Analyse der Aufgabenstellung,
- verdeutlicht die wichtigsten Zusammenhänge anhand von UML-Diagrammen,
- entwirft ein Klassenkonzept und setzt es in Programmcode um,
- testet das Projekt anhand einer konkreten Anwendung.

Die Lebensdauer von Programmen beträgt mitunter Jahrzehnte. Dies bedeutet, dass sie über einen längeren Zeitraum gewartet und ggf. weiterentwickelt werden müssen. Dies erfordert zwingend, dass Programme so gestaltet werden, dass sie lesbar und verständlich sind. Die Einhaltung von Programmierrichtlinien befördert das Schreiben von lesbaren und verständlichen Programmen:

- Namen von Konstanten werden durchgängig großgeschrieben (*#define MAX_DATA 360*).
- Klassen-, Methoden- und Variablennamen, die aus mehreren Worten bestehen, sind leichter lesbar, wenn der sogenannte CamelCase verwendet wird. Hierbei wird der Anfangsbuchstabe neuer Wortteile groß geschrieben (*listeDerKlassen*).
- Namen von Methoden und Variablen beginnen mit einem Kleinbuchstaben.
- Klassennamen beginnen mit einem Großbuchstaben, dem ein „C" vorangestellt wird (*class CBauelement*).
- Die Klassendeklaration wird in einer Headerdatei untergebracht, die den Namen der Klasse trägt (bauelement.h). Die zugehörigen Methoden stehen in einer gleichnamigen Datei mit der Endung cpp (bauelement.cpp).
- Attribute von Objekten sollten stets dem Geheimnisprinzip unterliegen und daher als private oder protected deklariert werden. Verzichten Sie auf globale Daten und Funktionen.
- Referenzen sind bei der Parameterübergabe an und der Ergebnisrückgabe aus Methoden heraus sinnvoll. Sie können die Effizienz der Datenübergabe beträchtlich steigern. Beim Codieren entsteht kein Zusatzaufwand, da Referenzen innerhalb der Methode wie ein Objektname verwendet werden.
- Die Verwendung von Initialisierungslisten statt Zuweisungen im Codeblock des Konstruktors trägt ebenfalls zur Effizienz von Programmen bei.

Im Internet gibt es eine Fülle von Dokumentationen, Programmiertipps und Newsgroups, die Sie bei auftretenden Programmierproblemen konsultieren können. Hier gibt es sehr oft schnelle und kompetente Unterstützung.

7.1 Visualisierung von Messwerten

Die Visualisierung von berechneten bzw. gemessenen Werten erfolgt üblicherweise in zweidimensionalen Koordinatensystemen. In Abhängigkeit einer vorgegebenen Größe x werden ein oder mehrere Werteverläufe $y_i = f(x)$ dargestellt.

Bei Zeitfunktionen wie z. B. $f(t) = \hat{U}\sin(\omega t)$ ist die Zeit t die unabhängige Größe. Dies muss aber nicht immer so sein: Bei Frequenzgängen hängen sowohl der Betrag $|F|$ als auch der Phasenwinkel φ nicht von der Zeit, sondern von der betrachteten Frequenz ω ab. Gemeinsam ist solchen Funktionsbeziehungen, dass zu einem x-Wert immer nur ein Wert y_i existiert.

Im Unterschied hierzu können bei allgemeinen Kurven im xy-Koordinatensystem, z. B. Kreisen oder Lissajous-Figuren, pro x-Wert mehrere y_i-Werte vorkommen.

Solche Diagramme wurden in den vorangehenden Abschnitten beispielsweise verwendet, um berechnete Frequenzgänge verschiedener Schaltungen zu zeichnen (vgl. Übung 4.10). Bei diesen Beispielen wurden die darzustellenden Werte zunächst in selbst erstellten Programmen berechnet und in einer Datei abgelegt. Die grafische Darstellung erfolgte anschließend mit einem Tabellenkalkulationsprogramm. Grund dafür war, dass eine grafische Darstellung bei Konsolenanwendungen nur mit großem Aufwand möglich ist.

Im vorigen Abschnitt wurde besprochen, wie mithilfe der MFC eigene grafische Oberflächen programmiert werden können. Vor diesem Hintergrund soll die Klasse *CDiagramm* entworfen werden, die es ermöglicht, Werteverläufe grafisch darzustellen. Sie soll so gestaltet werden, dass sie in beliebigen MFC-Anwendungen eingesetzt werden kann.

Beispielhaft werden für dieses Projekt die wichtigen Entwicklungsphasen Analyse, Entwurf, Implementierung und Test durchlaufen, um die theoretischen Erläuterungen aus Kapitel 5 exemplarisch nachzuvollziehen. Zur Anwendung kommt das Beobachtermuster in Verbindung mit einer grafischen Benutzeroberfläche.

7.1.1 Anwendungsfälle

Ein Anwendungsfall *(Use Case)* ist ein Begriff aus dem UML-Sprachumfang. Er modelliert ein bestimmtes, durch einen Namen charakterisiertes Verhalten, beschreibt aber nicht, wie dieses Verhalten im Detail aussehen soll. Verschiedene Anwendungsfälle und Akteure werden mit ihren jeweiligen Abhängigkeiten und Beziehungen untereinander in *Anwendungsfalldiagrammen (Use Case Diagrams)* dargestellt. Sie gehören zu den Verhaltensdiagrammen der UML, zeigen eine bestimmte Sicht auf das erwartete Systemverhalten und eignen sich aus diesem Grund für die Beschreibung der Anforderungen, die an das fertige Programm gestellt werden. Ein solches Use-Case-Diagramm stellt keine Ablaufbeschreibung dar. Stattdessen soll es möglichst einfach beschreiben, was das zu entwickelnde Softwaresystem leisten soll, welche Fälle der Nutzung es also gibt.

- Akteure, also Programmnutzer, werden als „Strichmännchen" dargestellt. Sie können sowohl Anwender als auch Administratoren des Systems sein.
- Einzelne Anwendungsfälle werden als Ellipse gezeichnet und mit einem kurzen Kommentar beschrieben. Vertiefende Einzelheiten des geforderten Verhaltens (z.B. einzelne Ablaufschritte, unterschiedliche Abläufe oder Sonderfälle) erfasst - losgelöst von der UML - ein begleitendes Textdokument.
- Linien kennzeichnen Assoziationen zwischen Akteuren und Anwendungsfällen.

Beispiel 7.1 Anwendungsfälle bei einem Zeichenprogramm

Stellen Sie grundlegende Anforderungen an ein Zeichenprogramm aus der Nutzersicht als Anwendungsfalldiagramm dar.

Lösung:

Mit einem Zeichenprogramm können geometrische Objekte konstruiert, dargestellt, gedruckt und abgespeichert werden. Bild 7.1 zeigt die dazu passenden Anwendungsfälle.

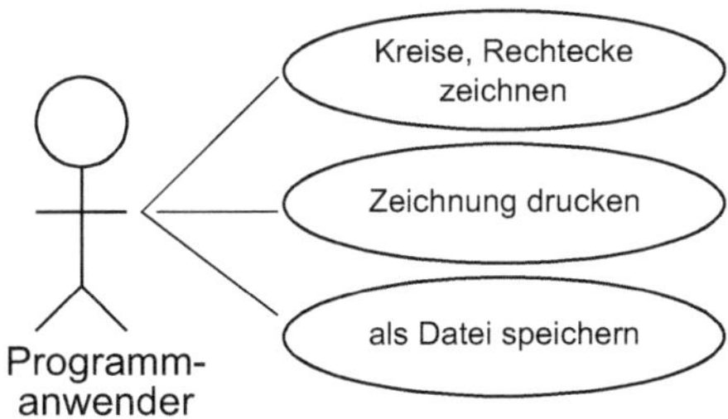

Bild 7.1 Anwendungsfalldiagramm zu Beispiel 7.1

7.1.2 Analyse

Zu Beginn der Arbeit erfolgt die Auflistung der Anforderungen an die zu erstellende Klasse. Im Anschluss daran wird überlegt, in welchen Anwendungsfällen die Klasse zum Einsatz kommen kann. Anhand dieser *Use Cases* werden die Anforderungen konkretisiert.

Häufig liegen die abzubildenden Datenreihen als diskrete Wertepaare (x, y) vor: Dem Abszissenwert x wird der Funktionswert y zugeordnet. Zur einfachen Darstellung solcher Werteverläufe dient die Klasse *CDiagramm*, mit deren Hilfe beliebige Zeitfunktionen, Frequenzgänge etc. gezeichnet werden. Folgende Darstellungsoptionen sind erforderlich:

- Einstellen von Breite und Höhe des Diagramms,
- Verändern von minimalen/maximalen Werten der x- und y-Achse,
- Ein- und Ausschalten von Gitternetzlinien,
- Auswählen von linearer oder logarithmischer Skalierung für jede Koordinatenachse,
- Vorgeben von Linienfarbe, -stärke und -art für alle Verläufe.

Bild 7.2 benennt die gewünschten Anwendungsfälle, die neben der Klasse *CDiagramm* auch die Messwertklasse *CData* betreffen:

1. Konfiguration eines Diagramms
   - Erstellen des leeren Diagramms unter Angabe der gewünschten Abmessungen
   - Änderung der Diagrammgröße durch Angabe seiner Ausdehnung in x- bzw. y-Richtung
   - Aufnehmen neuer Werteverläufe ins Diagramm
   - Löschen von Werteverläufen
   - Skalieren beider Achsen, Ein- und Abschalten von Gitternetzlinien
2. Anwendung des Diagramms zur Darstellung von Werteverläufen
   - Darstellung der dem Diagramm zugeordneten Werteverläufe
   - Parametrisierung der Kurvenzüge (Name der Datenreihe, Vorgabe von Linienfarbe, Linienart und Linienstärke)
   - automatische Aktualisierung der Darstellung, wenn sich Werte in diesen Datenreihen ändern

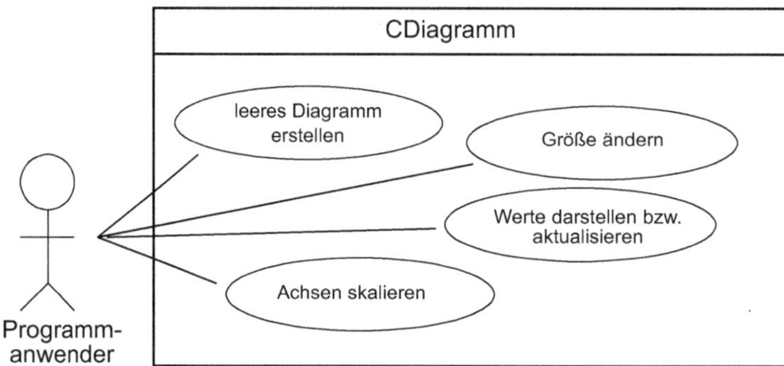

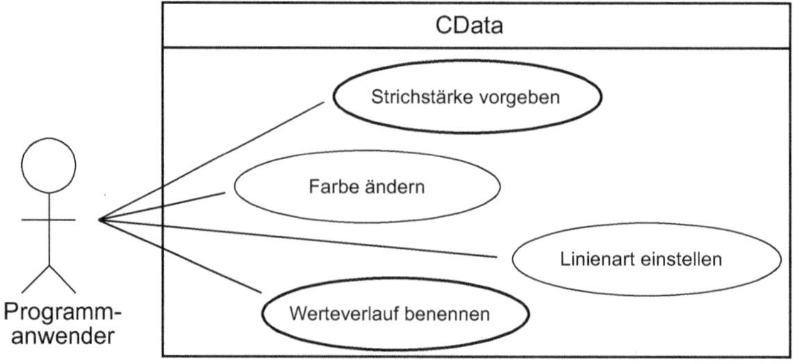

Bild 7.2 Anwendungsfälle bei der Visualisierung von Messwerten

Ein solches Diagramm wird angelegt, indem man ein Objekt der Klasse *CDiagramm* erzeugt. Bei dieser Instanzierung wird neben dem Diagrammursprung auch dessen Ausdehnung in x- und y-Richtung angegeben. Prinzipiell soll ein Diagramm eine beliebige Anzahl von Werteverläufen anzeigen können. Die Attribute für den Namen des Werteverlaufs, die Farbe, Linienart und -stärke der Darstellung usw. sind der einzelnen Datenreihe zugeordnet. Daher ist es sinnvoll, diese Informationen in der Klasse *CData* vorzuhalten. In jedem Fall muss *CDiagramm* auf die Attribute von *CData* zugreifen können.

7.1.3 Entwurf

Der objektorientierte Entwurf erfordert es, Klassen zu finden, mit denen das System modelliert werden kann, und deren Beziehungen untereinander herauszuarbeiten. Ein möglicher Ansatz ist es, über Substantive aus der Anforderungsdefinition auf beteiligte Klassen zu schließen. Die für diese Klassen erforderlichen Methoden finden sich dort gewöhnlich als Verben wieder.

Zentrale Begriffe in der Analyse nach Abschnitt 7.1.1 sind ohne Zweifel „Diagramm“, „Werteverlauf“, „Wertepaar“. Bei der Beschreibung des Diagramms fallen die Verben „konfigurieren“, Werteverlauf „hinzufügen“ bzw. „löschen“ sowie *„automatisch* darstellen“ ins Auge. Im Zusammenhang mit einem konkreten Werteverlauf taucht das Verb „parametrisieren“ auf.

Werteverläufe

In einer Datenreihe sind Wertepaare $(x, y = f(x))$ gespeichert. Es ist sicher sinnvoll, für die Anzahl der Wertepaare keine konkreten Vorgaben zu machen, da sie i. d. R. variabel ist. Hierfür bietet sich demnach der Einsatz von Feldern dynamischer Länge an. Die Feldlänge wird im separaten Attribut *length* festgehalten und ist für x- und y-Werte identisch.

Für die grafische Darstellung eines Werteverlaufs sollen die Linieneigenschaften individuell veränderbar sein. Dies erfordert entsprechende Attribute für die Angabe von Linientyp, -stärke und -farbe.

Die Klasse *CData* aus Kapitel 4 enthält bereits zwei Zeiger für Felder dynamischer Länge sowie die Möglichkeit, den Namen des Werteverlaufs zu speichern. Für den Einsatz in dieser Anwendung muss sie lediglich um die benötigten Linienattribute erweitert werden. Bild 7.3 zeigt das Klassendiagramm mit den notwendigen Attributen:

- Linienfarbe, -breite, -art,
- Anzahl der Wertepaare,
- Name des Kurvenzugs,
- zugehörige x- und y-Werte in je einem Feld dynamischer Länge, auf das über die beiden Zeiger *ptrXVal* und *ptrYVal* zugegriffen wird.

Bild 7.3 UML-Diagramm der erweiterten Klasse *CData* aus Kapitel 4

Die Parametrisierung der Werteverläufe, also die Zuweisung von Attributwerten, erfolgt mithilfe von set/get-Methoden der Klasse *CData*. Auch überladene Konstruktoren können zum Einsatz kommen.

Eine automatische Skalierung der Achsen stützt sich auf die Ermittlung der Extremwerte des zu zeichnenden Werteverlaufs. Dies leisten die Methoden *getMaxX(), getMaxY(), getMinX()* sowie *getMinY()*.

Diagramm

Für die Darstellung in Koordinatensystemen werden Wertepaare in Bildschirmpixel umgerechnet. Dafür sind mehrere Angaben erforderlich, die als Attribute in *CDiagramm* vorliegen müssen. Sie sind in Bild 7.4 wiedergegeben und bedeuten:

- *startX, startY:* Nullpunktkoordinaten des Diagramms innerhalb des Dialogfensters, Angabe erfolgt in Bildschirmpixeln.
- *orgX, orgY:* Bezugspunktkoordinaten des Diagramms in Bildschirmpixeln. Die Angaben *leftMargin* und *upperMargin* verschieben den Bezugspunkt relativ zum Diagrammnullpunkt.
- *width, height:* Breite und Höhe des aktiven Diagrammbereichs, in dem Wertepaare dargestellt werden; Angabe erfolgt ebenfalls in Bildschirmpixeln.
- $x_{\text{Min}}, x_{\text{Max}}, y_{\text{Min}}, y_{\text{Max}}$: Minimal- und Maximalwerte der jeweiligen Achsenskalierung. Sie werden manuell vorgegeben oder bei automatischer Skalierung aus den Extremwerten der Datenreihe bestimmt.

Die Parameterangaben erlauben die Transformation der numerischen *x*- und *y*-Werte eines Wertepaares $(x_{\text{Math}}, y_{\text{Math}})$ in Bildschirmpixel $(x_{\text{Px}}, y_{\text{Px}})$. Bei linearer Skalierung ergibt sich

$$x_{\text{PX}} = startX + leftMargin + \frac{x_{\text{Math}} - x_{\text{Min}}}{x_{\text{Max}} - x_{\text{Min}}} \cdot width \tag{7.1}$$

Für logarithmische Skalierung erhält man dagegen

$$x_{\text{PX}} = startX + leftMargin + \frac{\left(\log\left(x_{\text{Math}}\right) - \log\left(x_{\text{Min}}\right)\right) \cdot width}{\log\left(x_{\text{Max}}\right) - \log\left(x_{\text{Min}}\right)} \tag{7.2}$$

Alle Wertepaare einer Datenreihe werden mithilfe dieser Beziehungen in Bildschirmpixel umgerechnet.

Übung 7.1

Leiten Sie die Transformationsgleichungen für die *y*-Werte her.

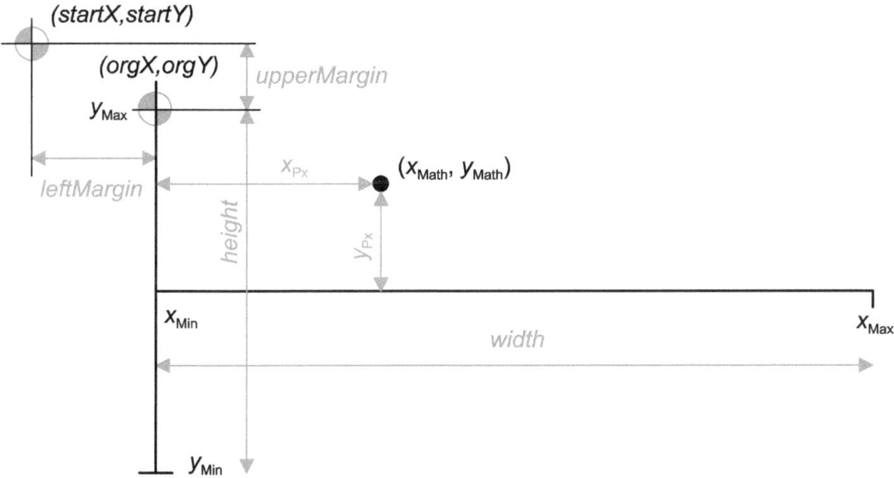

Bild 7.4 Angaben zur Umrechnung von Wertepaaren in Bildschirmpixel. Der aktive Diagrammbereich erstreckt sich von (*orgX*, *orgY*) bis (*orgX* + *width*, *orgY* + *height*)

Anwendung des Entwurfsmusters „Strategie“

Die Forderung, dass Programme einfach erweiterbar und gut zu warten sein sollen, wird durch eine lose Kopplung der verschiedenen Programmteile untereinander sichergestellt.

Laut Anforderungsspezifikation soll für jede Achse entweder eine lineare oder eine logarithmische Skalierung wählbar sein. Man erreicht das durch Umschalten des Transformationsalgorithmus:

- für die x-Achse zwischen Gl. (7.1) und Gl. (7.2),
- für die y-Achse zwischen Gl. (7.5) und Gl. (7.6).

Das Entwurfsmuster „Strategie“ aus Abschnitt 5.2.3 bietet sich für diese Aufgabe als Lösung an. Die Basisklasse *CTransformation* bildet die abstrakte Transformationsstrategie, aus der die unterschiedlichen Transformationsalgorithmen abgeleitet werden. Die Gl. (7.1) und Gl. (7.2) sowie die entsprechenden Ergebnisse aus Übung 7.1 werden daher als konkrete Klassen als Nachkommen der abstrakten Klasse *CTransformation* gebildet. Sie implementieren die Methoden *Math2PixelLinX()*, *Math2PixelLinY()*, *Math2PixelLogX()* und *Math2PixelLogY()*.

Zusätzlich zum Aufbau der Klasse selbst ist in Bild 7.5 auch der Zusammenhang zwischen *CData* und *CDiagramm* visualisiert. Aus der Forderung, dass man eine prinzipiell beliebige

Anzahl von Werteverläufen in *einem* Diagramm darstellen können soll, ergibt sich die unmittelbare Beziehung zwischen der Klasse *CDiagramm* und der Klasse *CData*: Ein Diagramm stellt einen oder mehrere Werteverläufe vom Typ *CData* dar.

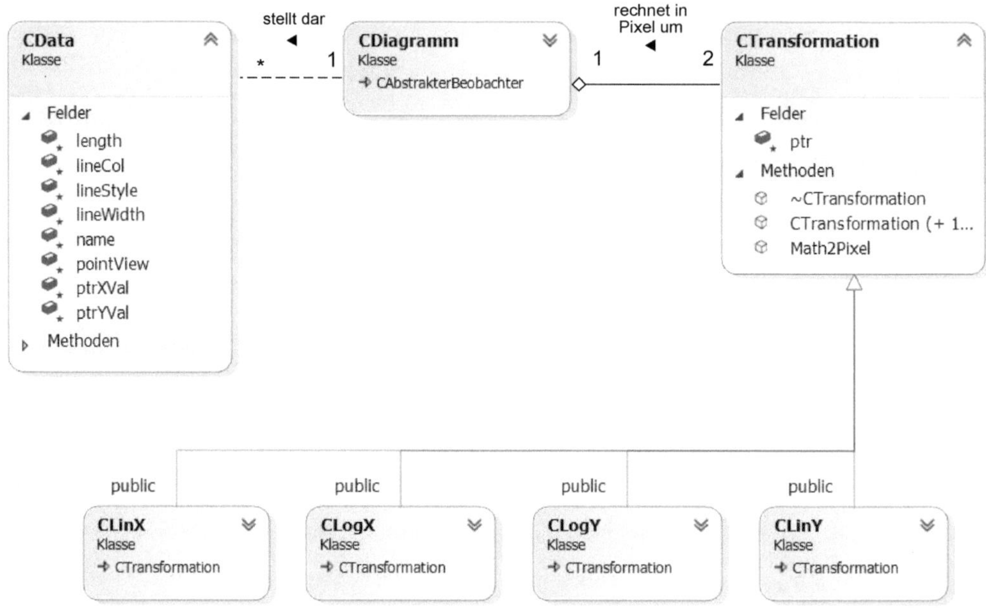

Bild 7.5 Zusammenhang zwischen *CDiagramm* und *CData*

Anwendung des Entwurfsmusters „Beobachter"

Im vorliegenden Fall sollen die Kurvenverläufe automatisch immer dann neu gezeichnet werden, wenn sich Daten ändern. Ein möglicher Entwurfsansatz ist es, die zu zeichnenden Datenreihen vom Typ *CData* als Bestandteile eines Models anzusehen und das Diagramm als dessen Beobachter aufzufassen. Das Model informiert alle Beobachter, also auch das Diagramm, unmittelbar über aufgetretene Änderungen in den Modeldaten. Jeder Beobachter aktualisiert daraufhin seine zugehörigen Anzeigen.

Dieser Ansatz setzt allerdings zusätzliche Erweiterungen voraus, die in Bild 7.6 als UML-Diagramm gezeigt sind:

- Die Klasse *CModel* ist notwendig. Sie muss von Beobachtern „abonniert" werden können. Dazu muss sie eine Liste erhalten, in der ihre Beobachter aufgeführt sind (vgl. Beispiel 5.20).
- Die Klasse *CDiagramm* wird um die Zeichenfunktion *void draw(CDC * _pDC)* erweitert. Sie erlaubt es der Klasse, die ihr zugeordneten Werteverläufe zu zeichnen. Der zugehörige Gerätekontext wird mit dem Zeiger *_pDC* angegeben. Alle für das Zeichnen wesentlichen Informationen wie beispielsweise Abmaße des Diagramms, wie seine Achsen skaliert sind usw. sind in Form von Attributen vorhanden. Farbe, Strichstärke und -art des Linienzuges sind Eigenschaften von *CData* und über entsprechende get-Methoden verfügbar.

- Die Klasse *CDiagramm* erhält durch Vererbung zusätzlich die Fähigkeiten eines Beobachters: Man definiert die Klasse *CDiagramm* als Nachkommen der Klasse *CAbstrakter-Beobachter* und sorgt so dafür, dass die Beobachtereigenschaften der Basisklasse zur Verfügung stehen.

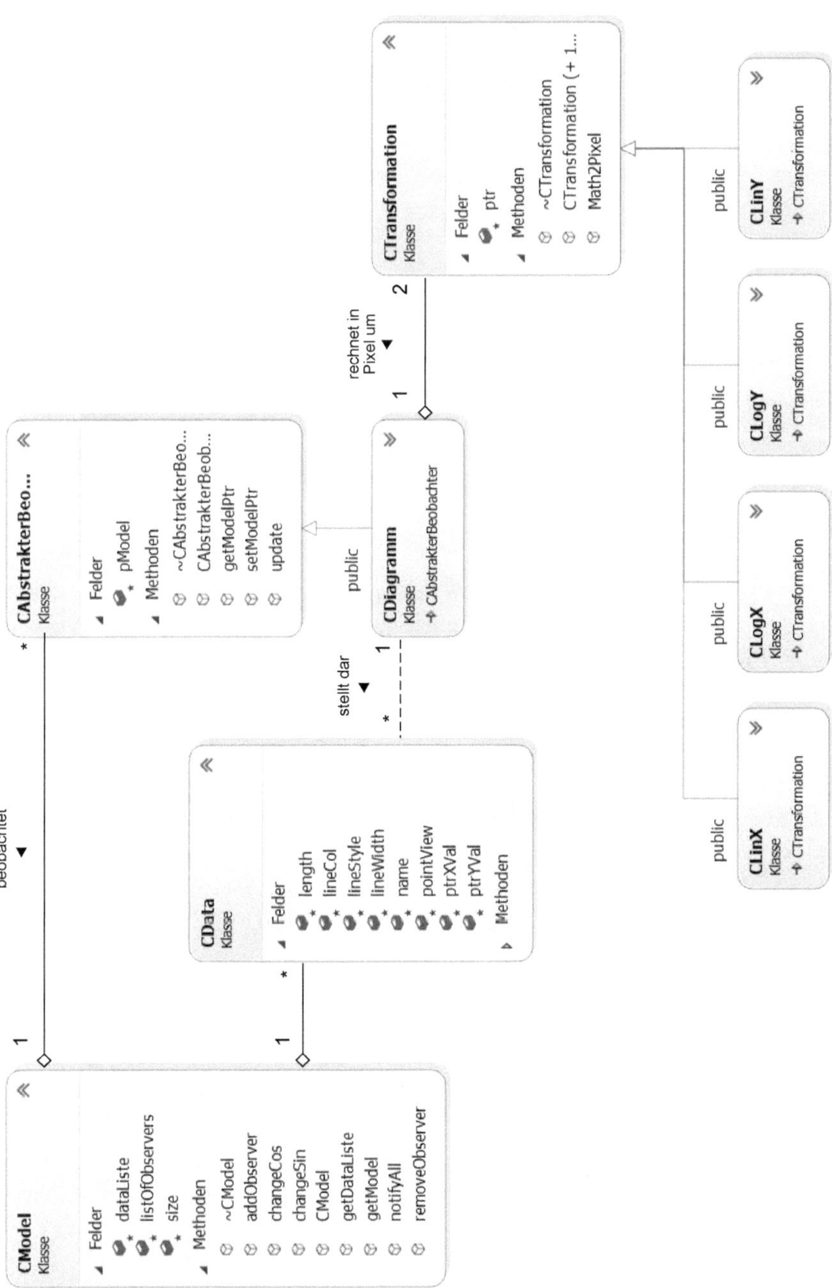

Bild 7.6 Zusammenhang zwischen *CModel*, *CDiagramm* und *CData*

Implementierung

Die Implementierung der Lösung erfolgt i.R. von Beispiel 7.2 unter Verwendung der bereits erstellten Klassen *CModel, CData* und *CAbstrakterBeobachter*, die passend erweitert werden.

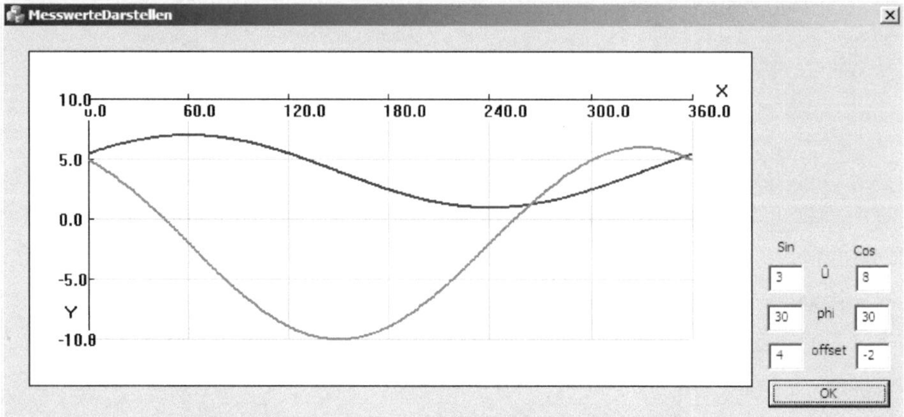

Bild 7.7 Dialogbasierte Anwendung zur Darstellung von Werteverläufen nach Beispiel 7.2

Beispiel 7.2 Darstellen von Werteverläufen

Erstellen Sie die dialogbasierte Anwendung nach Bild 7.7. Sie soll die Winkelfunktionen $f_1(\omega t)$ in blau sowie $f_2(\omega t)$ in rot über eine Periode darstellen und das Diagramm sofort aktualisieren, wenn einer der Funktionsparameter verändert wird.

$$f_1(t) = \hat{U}_1 \cdot \sin(\omega t + \varphi_1) + \mathit{Offset}_1 \qquad f_2(t) = \hat{U}_2 \cdot \sin(\omega t + \varphi_2) + \mathit{Offset}_2$$

Erläutern Sie den grundlegenden Aufbau anhand eines UML-Diagramms.

Lösung:

Alle Klassen aus Bild 7.6 werden dem Projekt „MesswerteDarstellen“ hinzugefügt. In der Dialogfeldklasse *CMesswerteDarstellenDlg* sind zwei Attribute wesentlich. Hierbei handelt es sich nämlich um Instanzen der entsprechenden Klassen aus Bild 7.6:

- In *model*, einer Instanz von *CModel*, werden die Datenreihen $f_1(\omega t)$ sowie $f_2(\omega t)$ als Objekte der Klasse *CData* angelegt und in der Liste *vector <CData *> dataListe* gespeichert. Daneben existiert mit *observerListe* ein weiterer Container, der alle angemeldeten Beobachter aufnimmt.
- Als Instanz von *CDiagramm* kommt in diesem Projekt das Attribut *diagramm* zum Einsatz. In der Rolle eines Beobachters ist es für die Darstellung der Werteverläufe zuständig.

Sechs weitere Attribute ergänzen die Dialogfeldklasse. Sie sind den Edit-Feldern des Dialogs zugeordnet und enthalten die jeweiligen Werte für $\hat{U}$, φ und *offset*. Jede Modifikation dieser Steuerelemente löst eine Nachricht aus und führt über zugeordnete Methodenaufrufe zu einer Änderung der betreffenden Funktionswerte von $f_1(\omega t)$ bzw. $f_2(\omega t)$. Das Modell informiert das Diagramm, das seine Darstellung daraufhin selbst aktualisiert. Bild 7.8 zeigt die Zusammenhänge in Form eines UML-Diagramms, bei dem zur Verbesserung der Übersichtlichkeit die Methoden in den Klassendiagrammen nicht aufgelistet sind.

Besonderes Augenmerk erfordert der Zugriff von *CDiagramm* auf die Datenreihen des Models, die dort in Form von *vector <CData *> dataListe* vorliegen. Dies gelingt gem. Listing 7.1 mit einer losen Kopplung zwischen *CDiagramm:: ptrDataListe* und *CModel:: dataListe.*

Der Aufruf von *diagramm.setDataListe(model.getDataListe());* setzt den Zeiger *ptrDataListe* auf die zu zeichnenden Datenreihen im Model.

Listing 7.1 Ausschnitt der Klassendeklarationen von *CDiagramm* und *CModel*

```
class CDiagramm : public CAbstrakterBeobachter {
protected:
  vector <CData*> * ptrDataListe;
public:
  void setDataListe(vector <CData*> * _ptrDataListe);
  ...
};
void CDiagramm::setDataListe(vector <CData*> * _ptrDataListe) {
  ptrDataListe = _ptrDataListe;
}

class CModel {
protected:
  vector <CData*> dataListe;
public:
  vector <CData*> * getDataListe(void);
...};
vector <CData*> * CModel::getDataListe(void) {
       return *dataListe;
}
```

■

Das vollständige Projekt „MesswerteDarstellen“ finden Sie unter

https://www.thm.de/ei/uwe-probst/lehrbuecher#vorlesung-softwareentwicklung

■

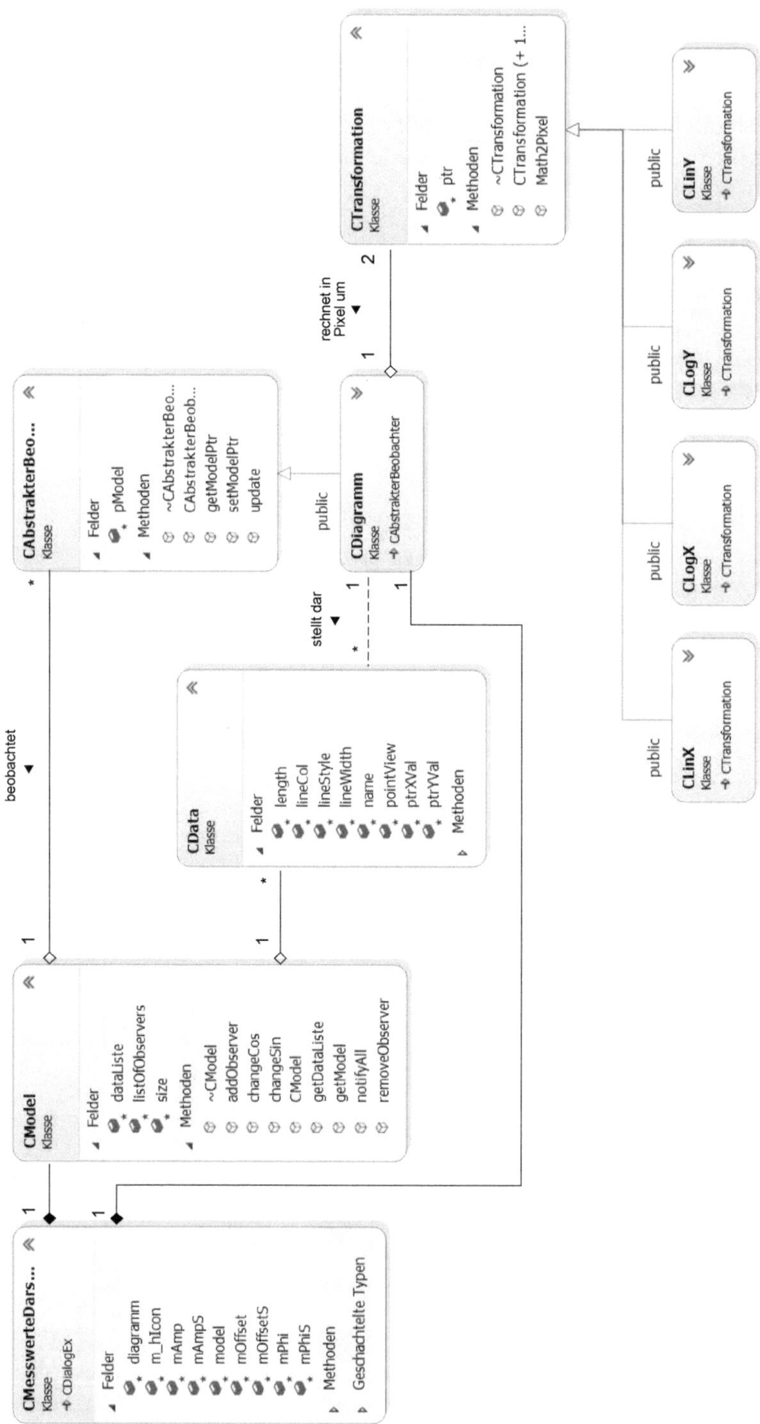

Bild 7.8 Klassendiagramm zur Lösung von Beispiel 7.2

Übung 7.2

Beispiel 5.21 benutzt im Model mit *CAbstrakterBeobachter * * CModel::ListOfObservers* ein dynamisches Array von Zeigern zur Speicherung der registrierten Beobachter. Die notwendigen Methoden zum An- und Abmelden von Beobachtern müssen Programmierer:innen daher selber implementieren. Alternativ kann auch für die Liste der Beobachter das Format *vector* der STL herangezogen werden. Das vereinfacht den Programmcode für das An- und Abmelden. Erweitern Sie *CModel* aus Beispiel 7.2 so, dass die Beobachterverwaltung mit *vector <CAbstrakterBeobachter*> observerListe* erfolgt. Erstellen Sie ebenso die Methoden für das An- und Abmelden der Beobachter.

In Beispiel 7.2 enthält das Modell bereits die Datenreihen, die sich unmittelbar als Werteverlauf im Diagramm anzeigen lassen. Das ist jedoch – wie z. B. in der Aufgabenstellung von Übung 7.3 – nicht immer der Fall.

Übung 7.3

Erweitern Sie die Lösung aus Übung 4.10 so, dass Amplituden- und Phasengang der Schaltung aus Bild 4.13 als Diagramm angezeigt werden. Stellen Sie das Grundkonzept als UML-Diagramm dar.

7.2 Erstellen von Bode-Diagrammen

Technische Anlagen bestehen aus unterschiedlichen gerätetechnischen Komponenten, deren dynamisches Verhalten durch einige wenige funktionale Grundtypen von Übertragungsgliedern beschrieben werden kann. Eine solche mathematische Modellbildung mithilfe von Übertragungsfunktionen erleichtert die Untersuchung der dynamischen Vorgänge außerordentlich. Zudem werden allgemeine Aussagen über das Verhalten der Regelung unabhängig von der gerätetechnischen Natur des Systems ermöglicht [Probst23].

Zur Durchführung einer Systemanalyse wird ein Programm entwickelt, das folgende Leistungen bietet:

- Eingabe von gebrochen rationalen Übertragungsfunktionen bis max. zweiter Ordnung,
- Zuordnung in den Vorwärts- oder Rückführzweig,
- Berechnung und Darstellung des resultierenden Frequenzgangs für Mit- oder Gegenkopplung,
- Skalierungsmöglichkeit für Betrags-, Frequenz- und Winkelachse.

Verwendet wird das Beobachtermuster in Verbindung mit einer grafischen Benutzeroberfläche.

7.2.1 Analyse

In der Praxis beschreiben Teilübertragungsfunktionen die Eigenschaften des betrachteten Systems und modellieren in ihrer Gesamtheit das Verhalten der Anlage. Auf der Grundlage der verbundenen Übertragungsfunktionen erfolgt die Untersuchung und Bewertung.

Für die Berechnung des Frequenzgangs wird ein Frequenzbereich vorgegeben, für den wiederum Amplituden- und Phasengang ermittelt und in Form eines Bode-Diagramms grafisch dargestellt werden. Die Auflösung der Diagramme muss durch Anpassung der Achsenskalierung veränderbar sein. Dies ermöglicht es dem Nutzer, bestimme Diagrammbereiche in hoher Auflösung zu sehen.

Eine Stabilitätsanalyse liefert grundlegende Aussagen über das Systemverhalten. Sie kann auf verschiedene Arten durchgeführt werden [Probst23]. In dieser Anwendung werden die komplexen Polstellen der Gesamtübertragungsfunktion berechnet. Das System ist stabil, wenn der Realteil jeder Polstelle negativ ist. Die zu behandelnden Anwendungsfälle sind in Bild 7.9 zusammengestellt.

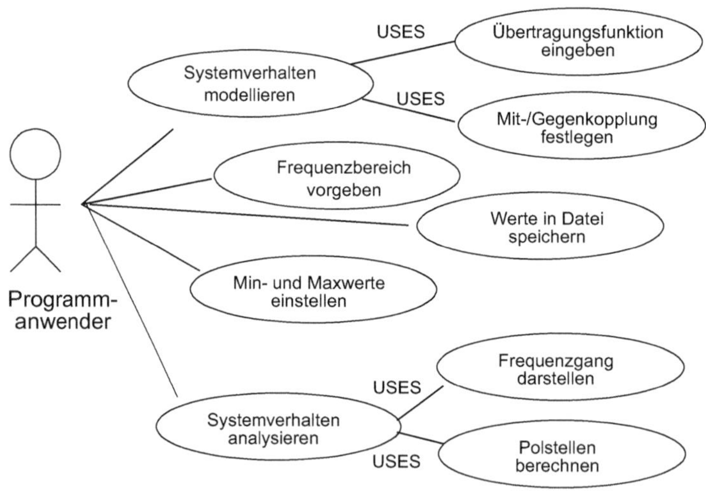

Bild 7.9 Anwendungsfälle bei der Berechnung von Bode-Diagrammen

7.2.2 Entwurf

Das System wird durch das Eingangssignal $x(t)$ angeregt und antwortet mit dem Ausgangssignal $y(t)$. Der Quotient der Laplace-Transformierten von Aus- und Eingangssignal $L(y(t))$ sowie $L(x(t))$ bildet die Übertragungsfunktion $G(s)$. Sie ist eine Funktion der Frequenz und beschreibt, welche Veränderung jede einzelne Frequenzkomponente eines Eingangssignals erfährt.

Modellierung der Übertragungsfunktionen

Nenner und Zähler von $G(s)$ werden als Polynome mit den Parametern a_0, a_1, b_0, b_1 und b_2 eingegeben, bei dem der Grad des Zählers immer kleiner als der Grad des Nenners sein muss. Die Parameter einer Übertragungsfunktion nach Gl. (7.3) werden in einer Instanz der Klasse *CGs* gespeichert.

$$G(s)=\frac{Y(s)}{X(s)}=\frac{a_0+s\cdot a_1}{b_0+s\cdot b_1+s^2\cdot b_2} \quad \text{mit } X(s)=L(x(t)) \text{ und } Y(s)=L(y(t)) \tag{7.3}$$

Mehrere Teilübertragungsfunktionen $G_{v,i}$ können durch Hintereinanderschaltung in einem Vorwärtszweig kombiniert werden.

Üblicherweise enthalten reale Systeme auch Rückkopplungen. In diesen Fällen ergibt sich eine Systemmodellierung nach Bild 7.10, die neben einem Vorwärtszweig auch eine Reihenschaltung von Übertragungsfunktionen $G_{r,k}$ in der Rückführung aufweist.

Unterscheidung von Mit- und Gegenkopplung

Erfolgt die Rückkopplung wie in Bild 7.10 mit einer negativ bewerteten Rückführung, entsteht ein gegengekoppeltes System. Eine Rückkopplung mit positiver Rückführung wird Mitkopplung genannt. Die resultierende Übertragungsfunktion des rückgekoppelten Systems aus Bild 7.10 wird nach Gl. (7.4) berechnet.

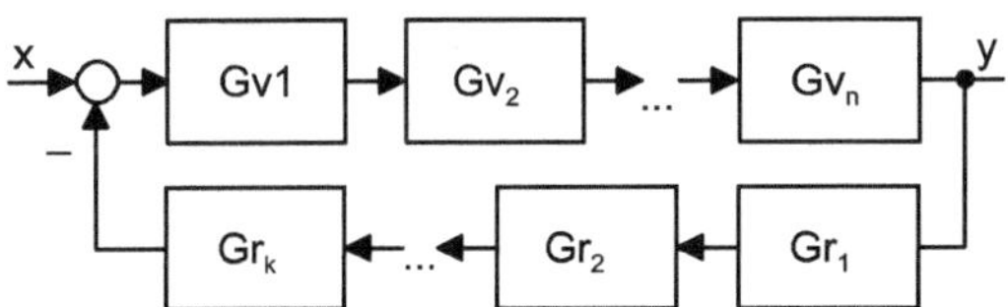

Bild 7.10 Modellbildung eines Systems bestehend aus Übertragungsfunktionen $G_{v,i}$ im Vorwärtszweig sowie $G_{r,k}$ in der Rückführung

$$\begin{aligned} G_{\text{ges,Gegenkopplung}}(s)&=\frac{Y(s)}{X(s)}=\frac{G_{v1}\cdot G_{v2}\cdot\ldots\cdot G_{vn}}{1+G_{v1}\cdot G_{v2}\cdot\ldots\cdot G_{vn}\cdot G_{r1}\cdot G_{r2}\cdot\ldots\cdot G_{rk}} \\ G_{\text{ges, Mitkopplung}}(s)&=\frac{Y(s)}{X(s)}=\frac{G_{v1}\cdot G_{v2}\cdot\ldots\cdot G_{vn}}{1-G_{v1}\cdot G_{v2}\cdot\ldots\cdot G_{vn}\cdot G_{r1}\cdot G_{r2}\cdot\ldots\cdot G_{rk}} \end{aligned} \tag{7.4}$$

Reihenschaltung von Übertragungsfunktionen

Sowohl Vorwärtszweig als auch Rückführung können aus beliebig vielen Teilfunktionen zusammengesetzt sein. Dies wird durch je ein Objekt einer Containerklasse *CListe* berücksichtigt. Die Berechnung von Mit- bzw. Gegenkopplung erfolgt ausgehend von der Klasse *CGsBerechnung* unter Verwendung des Strategiemusters mithilfe der gekapselten Algorithmen *CMitKopplung* und *CGegenKopplung*.

Darstellung des Bode-Diagramms

Es liegt nahe, die Diagrammklasse aus Abschnitt 7.1 für die Darstellung des Frequenzgangs zu nutzen. Auch die Polstellen sollen mit dieser Klasse visualisiert werden können. Insgesamt ergibt sich das Klassendiagramm aus Bild 7.11.

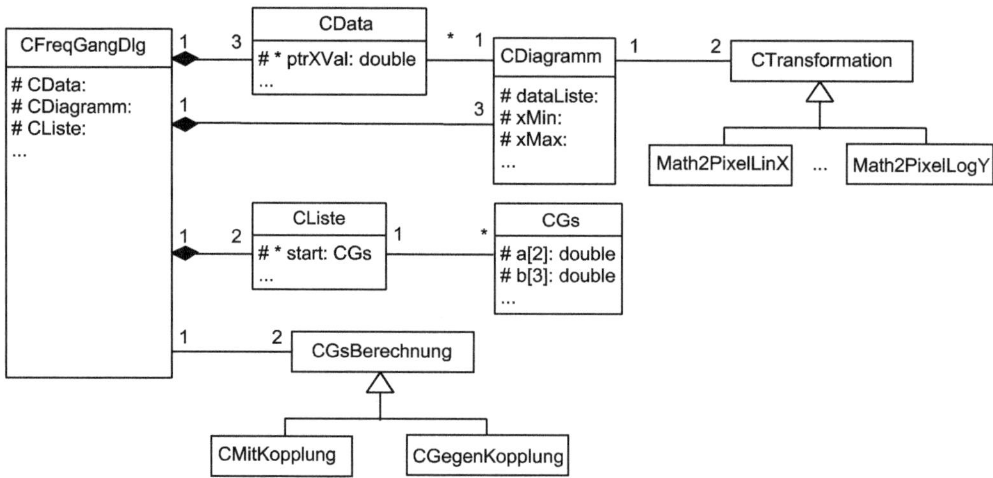

Bild 7.11 Klassendiagramm zur Berechnung von Frequenzgängen und Zeichnen der zugehörigen Bode-Diagramme

Der Frequenzgang des Gesamtsystems kann erst ermittelt werden, wenn alle Teilübertragungsfunktionen definiert worden sind. Eine Aktualisierung von Amplituden- und Phasengang unmittelbar nach der Eingabe einer Teilübertragungsfunktion ist daher nicht erforderlich. Aus diesem Grund wird in dieser Anwendung das Beobachtermuster nicht verwendet. Stattdessen erfolgt die Berechnung des Frequenzgangs und dessen grafische Darstellung nach Betätigen der Schaltfläche *darstellen* aus Bild 7.12.

Das vollständige Projekt „FrequenzgangBerechnung" finden Sie unter *https://www.thm.de/ei/uwe-probst/lehrbuecher#vorlesung-softwareentwicklung* ■

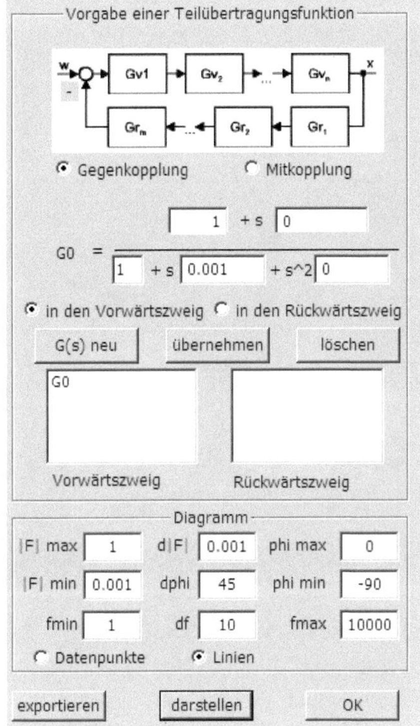

Bild 7.12 Ausschnitt aus dem Dialog zur Berechnung von Bode-Diagrammen

7.3 Lösungen

Übung 7.1

Für eine lineare Darstellung ergibt sich

$$y_{Px} = startY + upperMargin + height - \frac{\left(y_{Math} - y_{Min}\right) \cdot height}{y_{Max} \quad y_{Min}} \tag{7.5}$$

Für die logarithmische Darstellung erhält man

$$y_{Px} = startY + upperMargin + height - \frac{\left(\log\left(y_{Math}\right) - \log\left(y_{Min}\right)\right) \cdot height}{\log\left(y_{Max}\right) - \log\left(y_{Min}\right)} \tag{7.6}$$

■

Übung 7.2

Die Klasse *CModel* erhält folgende Deklaration:

vector <CAbstrakterBeobachter> observerListe;*

Die Methoden für das An- und Abmelden von Beobachtern lauten dann:

```
void CModel::add(CAbstrakterBeobachter* _ptr) {
  this->observerListe.push_back(_ptr);  // Anmelden
}
bool CModel::remove(CAbstrakterBeobachter* _ptr) {
  for (vector<CAbstrakterBeobachter*>::iterator it =
              observerListe.begin(); it != observerListe.end(); it++) {
    if ((*it) == _ptr) {
      observerListe.erase(it);          // Abmelden
      return true;
    }
  }
  return false;
}
```

Alle Beobachter werden vom Model mit *void CModel::notifyAllVector(CDC* _pDC)* über Änderungen informiert:

```
void CModel::notifyAllVector(CDC* _pDC) {
  for (vector<CAbstrakterBeobachter*>::iterator it =
              observerListe.begin();  it != observerListe.end(); it++)
  (*it)->update(_pDC);
}
```

Zwischen den beiden Lösungsvarianten kann mithilfe des Compiler-Schalters VECTOR in der Datei const.h umgeschaltet werden.

■

Das Projekt „MesswerteDarstellen" finden Sie unter

https://www.thm.de/ei/uwe-probst/lehrbuecher#vorlesung-softwareentwicklung

■

Übung 7.3

Das Projekt „BauteilListeMitDiagramm" wird ebenfalls als dialogbasierte Anwendung angelegt und um die Klassen aus Übung 4.10 sowie Beispiel 7.2 ergänzt.

CModel

- Die Containerklasse aus Übung 4.10 samt den darin enthaltenen Bauelementen wird unter dem Namen *schaltplan* ein Attribut von *CModel*. Um die Klasse aus Übung 4.10 nutzen zu können, wird *vector* aus der STL hier nicht verwendet.
- Die Datenreihen für Amplituden- und Phasengang sind als *vector <CData *>* ebenfalls Bestandteil des Models. Die Berechnung des Frequenzgangs findet in *CModel::calcModel(...)* statt.

- Laut Aufgabenstellung soll die Schaltung aus Bild 4.13 vom Programm analysiert werden. Um die Einbindung der grafischen Anzeige zu verdeutlichen, ist es ausreichend, die im Schaltplan aufgeführten Bauelemente mit ihren Bauteilwerten im Standardkonstruktor *CModel::CModel()* zu instanzieren und in den Schaltplan aufzunehmen. Selbstverständlich könnte mit einer aufwendigeren Programmierung auch eine wahlfreie Schaltplankonfiguration erreicht werden. Dies ist aber nicht das Ziel der Übung und wird daher nicht weiterverfolgt.
- In Programmen mit grafischer Nutzeroberfläche ist die Nutzung von *cout* nicht mehr möglich. Aus diesem Grund werden alle Methoden, die Aufrufe dieser Art verwenden, aus den Klassen *CSchaltplan*, *CBauelement* und deren Nachkommen entfernt.
- In den entworfenen Diagrammen können Objekte vom Typ *CData* angezeigt werden. Das Model benötigt die beiden zusätzlichen Attribute *betrag* und *winkel*. Sie nehmen die frequenzabhängigen Impedanzbeträge sowie die zugehörigen Phasenwinkel auf. I. R. der Methode *CModel::calcModel(...)* werden die berechneten Impedanzwerte in diese Objekte übertragen.

```
void CModel::calcModel(CDC * _pDC) {
  CComplex res;
  for (double freq = 1; freq < 10001; freq++) {
       res = schaltplan.calcSerienImpedanz(freq * 2 * PI);
       betrag[0]->setDataValueX(freq, (int)freq - 1);
       betrag[0]->setDataValueY(res.getBetrag(), (int)freq - 1);
       winkel[0]->setDataValueX(freq, (int)freq - 1);
       winkel[0]->setDataValueY(res.getWinkel(), (int)freq - 1);
  }
  notifyAllVector(_pDC);
}
```

CBauteilListeMitDiagrammDlg

- Neben dem oben beschriebenen Modell enthält die Dialogklasse die Objekte *ampGang* und *phasGang* vom Typ *CDiagramm* zur Darstellung von Amplituden- und Phasengang.

```
class CBauteilListeMitDiagrammDlg : public CDialogEx {
private:
  // zur Darstellung des Frequenzgangs
  CModel model;
  CDiagramm ampGang;
  CDiagramm phasGang;
  ...
};
```

- Die Konstruktoren der beiden Diagramme werden in der Initialisierungsliste des Konstruktors der Dialogklasse aufgerufen und sorgen dadurch für ihre Anmeldung als Beobachter beim Modell. Im Anweisungsteil des Konstruktors werden sie an der vorgesehenen Stelle des Dialogfeldes platziert und mit den gewünschten Parametern versehen. Üblicherweise wird der Amplitudengang doppelt-logarithmisch und der Phasengang halb-logarithmisch dargestellt.

```
CBauteilListeMitDiagrammDlg::CBauteilListeMitDiagrammDlg(CWnd* pParent
/*=NULL*/)
  : CDialogEx(CBauteilListeMitDiagrammDlg::IDD, pParent)
  , ampGang(&model)
  , phasGang(&model)
{
  m_hIcon = AfxGetApp()->LoadIcon(IDR_MAINFRAME);
  // Startpunkt des Amplitudengangs ist bei (20/20)
  ampGang.setStart(20,20);
  // Diagrammhöhen festlegen
  ampGang.setNettoHeight(150);
  ampGang.setNettoWidth(800);
  // Startpunkt des Phasengangs ist unmittelbar darunter
  phasGang.setStart(20,20+ampGang.getHeight()+150);
  // Achsenbeschriftung setzen
  ampGang.setAxesLabelX("f [Hz]");
  phasGang.setAxesLabelX("f [Hz]");
  ampGang.setAxesLabelY("|Z|");
  phasGang.setAxesLabelY("winkel");
  phasGang.setNettoHeight(150);
  // Doppelt-logarithmische Darstellung einschalten
  ampGang.setXAchseLogarithmisch();
  ampGang.setYAchseLogarithmisch();
  // Halb-logarithmische Darstellung einschalten
  phasGang.setXAchseLogarithmisch();
  phasGang.setYAchseLinear();
  phasGang.setNettoWidth(800);
  // die Diagramme holen sich die Verweise auf die Datenreihen
  ampGang.setDataListe(model.getBetrag());
  phasGang.setDataListe(model.getWinkel());
}
```

Den prinzipiellen Aufbau der Lösung zeigt Bild 7.13 als UML-Diagramm.

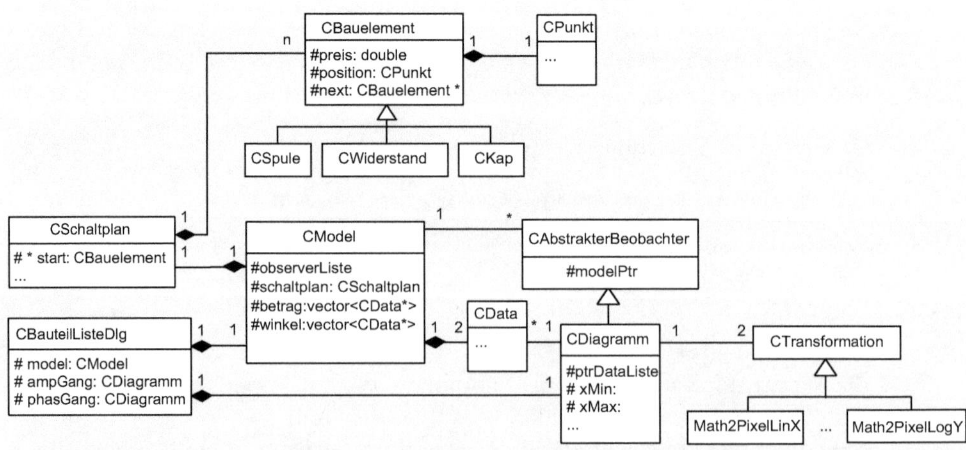

Bild 7.13 Schematische Darstellung der Lösung zu Übung 7.3 als UML-Diagramm

Das vollständige Projekt „BauteilListeMitDiagramm“ finden Sie unter *https://www.thm.de/ei/uwe-probst/lehrbuecher#vorlesung-softwareentwicklung*

Literatur

[Bre05] *Breymann, U.:* C++, Einführung und professionelle Programmierung; 8. Auflage, Carl Hanser Verlag 2005

[Bre09] *Breymann, U.:* Der C++ Programmierer; C++ lernen, professionell anwenden, Lösungen nutzen; 1. Auflage, Carl Hanser Verlag 2009

[Bronstein08] *Bronstein, N.:* Taschenbuch der Mathematik; 7. Auflage, Verlag Harri Deutsch 2008

[Erl04] *Erlenkötter, H.:* Objektorientiertes Programmieren von Anfang an; 7. Auflage, Rowohlt Taschenbuch Verlag 2004

[Freeman06] *Freeman, E. et al.:* Entwurfsmuster von Kopf bis Fuß; 2. Auflage, O'Reilly Verlag 2006

[Forbrig06] *Forbrig, P.:* Objektorientierte Softwareentwicklung mit UML; 3. Auflage, Fachbuchverlag Leipzig 2006

[Gamma96] *Gamma, E. et al.:* Entwurfsmuster: Elemente wiederverwendbarer objektorientierter Software; 1. Auflage, 4. Nachdruck, Addison Wesley Verlag 1996

[Hayes07] *Hayes, B.:* Der Strichpunkt-Krieg; Spektrum der Wissenschaft, Juni 2007, S. 98 - 104

[Probst23] *Probst, U.:* Servoantriebe in der Automatisierungstechnik; 3. Auflage, Springer Vieweg 2023

[Rieck02] *Rieck, S.:* OOP für Ingenieure, Beispiele in C++; 1. Auflage, VDE-Verlag 2002

[Som01] *Sommerville, I.:* Software Engineering; 6. Auflage 2001, Addison-Wesley

[Störrle05] *Störrle, H.:* UML 2 für Studenten; 1. Auflage, Pearson Studium 2005

[Zöller02] *Zöller-Greer, P.:* Softwareengineering für Ingenieure und Informatiker; Vieweg Verlag 2002

Skripte und Skriptteile, verfügbar über Internet

[Beh02] *Fischer, H.; Beham, M.:* Programmierung in C++; Skript zur Vorlesung Teil 1 - 3; FH Deggendorf, FH Amberg-Weiden

[Bre16] *Breymann, U.:* C++, eine Einführung; 1. Auflage, Carl Hanser Verlag 2016

[Dan04] *Dankert, J.:* mehrere Skripten zur Windowsprogrammierung; *http://www.haw-hamburg.de/rzbt/dankert/*

[Endl08] *Endl, B.:* Software Entwicklung; Skript zur gleichnamigen Vorlesung; Technische Hochschule Mittelhessen

[Endl12] *Endl, B.:* Softwareentwicklung, Lektion 9 und Lektion 10; Skript zur gleichnamigen Vorlesung, Technische Hochschule Mittelhessen 2012

[Endl21] *Endl, B. U.:* Unterlagen zur Vorlesung Höhere Informatik, Lektion 5, THM, 2021

[Grab01] *Grabert, M.:* Objektorientierte Softwareentwicklung mit C++; Skript zur Vorlesung; Fakultät für Mathematik und Wirtschaftswissenschaften, Universität Ulm

[Lang03] *Lang, B.:* Objektorientiertes Programmieren; Vorlesungsskript, FH Osnabrück

[Let01] *Letschert, Th.:* Skriptteile und Übungen zur Vorlesung SWT-I; FH Gießen-Friedberg 2001

[Probst22] *Probst, U.:* Leistungselektronik für Bachelors; 5. Auflage, Carl Hanser Verlag 2022

[Ve95] *http://www.cs.rpi.edu/~musser/design/blitz/meta-art.html*, abgerufen am 6.3.2023

[Wup98] *Rogat, A.: http://www.math.uni-wuppertal.de/~axel/skripte/oop/oop19_1.html*

Index